曾文正公手寫日記

（五）

同治六年歲次丁卯

正月初一日

五更三點起率僚屬拜牌黎明禮畢文武來賀見客二十餘次
辰初畢早飯後試筆清理文件至幕府賀喜圍棋一局又
觀人一局寫楷書一百字又作墓碑至二更畢約六百字共千
二百餘字中飯請幕中友兩席未刻閱本日文件見素良於十
二月十八日大敗幾於全軍覆沒賊勢日盛深恐其渡河竄晉
震驚京師申刻寫零字頗多二更後不復治事三點睡五
更醒兩日內作文甚覺艱難而本根尚弱成寐救之昔年
每作詩文徹夜不寐其近覺稍勝

附記

書箱樣　換幛銀寄任蕙妹　科九姪賀禮

初二日

早飯後清理文件見客坐見者一次立見者一次圍棋二局出門拜

年午初歸閱鄉射禮至未正止中飯後閱本日文件未正寫
沅弟信約六百字申正寫對聯三付挽幛一付將寫家中挽
任筱珊者與荔甫一談傷多小睡夜核批札 各稿未申之
閒坐見之客四次二更後溫韓文誌銘悟作文寫字二者
均以神完氣足為最難疲倦殊甚三點睡尚能成寐

初三日

早飯後清理文件圍棋一局又觀人一局寫少泉信一件閱
鄉射禮見客坐見者二次中飯後至荔甫處一談閱本日文
件坐見之客一次寫對聯九付橫披二幅約二百字至荔甫處
一談小睡閱稿夜核批札信稿甚多二更後背誦詩經
二十餘篇三點睡三更成寐五更醒

初四日

早飯後清理文件圍棋二局閱鄉射禮因心中雜事甚
多看書全不能入寫澄弟信一葉料理寄人四家之件

中飯後閱本日文件与恭邸府久談寫對聯九付新作書架八個圖指示木匠一切瑣事傍夕小睡旋核批札各稿頗多二更後温蘇詩七律三點睡四更四點醒後又不成寐

附記

罡公寨羣人李長仁 圍口東北隅 十二月廿二夜

勳右堂百餘人 譁言賊至

初五日

早飯後清理文件 圍棋一局又觀人一局 見客坐見者五次立見者二次收拾各件明日啓行赴徐有須親為料理者中飯後坐見之客一次立見者一次閱本日文件与恭邸府久談稚又清檢各件寫寬幅紙橫幅一件約百六十字旋略核各稿温古文氣勢之屬二更三點睡天氣嚴寒又因傍夕微雪殊以行路為慮

初六日

早飯後自周口起行，天氣陰寒微雪，行四十五里至李家集打
茶尖，又行十八里至陳州府城，未正到。見客，坐見者一次，立見者二次。中
飯後至城外太昊伏羲陵廟一看。夕清理文件。在輿中閱鄉
射禮。燈下將張皋文之圖一為核對，眼蒙不耐細看。二更後，路
朝霖來見，久談。路大令璜之子，號訪岩，年廿三歲，聰明美
常，送余五排五十韻，英器也。三點睡，通夕不成寐，五更二點
醒。

初七日

早飯後自陳州起行，行廿五里至臨蔡城打尖，見客，坐見者一次。
又行十餘里，天氣漸漸雪，道途泥濘，因改而坐車，行五十五里至
鄭平寨住宿，共行八十里，路甚艱窘，不意九十里之處屋荒
邑僅鹿邑。楊令來見一談。清理文件。中飯無大米飯，即以餅
為飯，近亦頗慣食餅矣。習字一紙，閱本日文件，在閱鄉射
禮，將本日在輿中所閱之鄉射批點一遍，燕禮則未點。二

更三點睡不甚成寐 是日接奉 廷寄因十二月十八日秦兵
之敗褫仙華職葉經告病開缺之負當籌軍務致有此阨窘
途風波之難測矣然得留籍安處脫然苦累擾為亂世居
大佳也不幸中之幸

初八日

早飯後自安平寨起行天氣放晴路仍泥濘難行〻四十里至
柘城縣中飯縣令余錦淮（號鏡泉）屬泰人辛丑進士公館有一聯云江
左依然懷謝傅淮西從此識裴公即該令所作也又行三十
里至扶湘城住宿共七十里實不啻八十矣見客坐見者二次
清理文件 與英中府一談 查與將葬禮閱畢閱大射禮十
葉 檢圍棋二局 閱批稿數件 二更後寫零字甚多 三點
睡 五更醒

初九日

早飯後清理文件 自扶湘城起行〻三十里至麻姑堆打尖於

又行三十里未刻至歸德府住宿在輿中閱大射儀又閱公牘五十餘件中飯後與藩府久談圍棋二局傍夕小睡風雨蕭寒天氣甚慘慄又閱公牘二十餘件將葬禮過單數葉二更後眼蒙殊甚不能治事三點睡五更醒

附記

陳州府 劉洪宸 號伯瑗 己亥甲辰 江西新昌

袁繩武 號鏡堂 捐班 直隸

歸德府 王祺海 號觀亭 癸卯甲辰 山東諸城

睢寧縣 路璜 號渭賓 壬辰乙巳 貴州

鹿邑縣 楊維宗 號雪峯 廣東

商邱縣 孫嘉臻 號芑堂 其父在商邱殉難 世襲雲騎尉 閩縣

柘城縣 余錦淮 號妙泉 壬辰辛丑 龍平 原籍山陰

初十日

因昨夜雨雪本日早間雪未斷遂小住一日未行 早飯後

清理文件見客坐見者一次圍棋二局核批札稿數件將
薛禮批點中飯後又批燈後方批畢未刻至藩府久談閱
本日文件寫沅弟信一封約四百餘字二更後眼蒙不復能
治事三點睡四更四點醒旋又小成寐天氣果奇冷為去冬所
未見

十日

早飯後自歸德起程雨雪紛紛坐車行五十里至王集寨小
坐旋又行二十里至虞城縣住宿未正即到小車及挑子等
則到甚遲在輿中不能看小字書將古文氣勢之屬
閱一過清理文件申正虞城縣令胡琳珊在二庭中嚷鬧
有喊冤之聲詢之則謂戈什哈賀獻臣撕毀衣服問其
僕則云尚未撕但執其衣不縱詢巡捕等皆云賀獻臣
鬧酒席單語言不順將單撕碎而並撕衣云云余以初七
日車夫控訴被賀獻臣所打兩次皆戈什哈不應管之事

遞行棍責革去在閱大射儀又閱古文辭類又閱
本日文件核批札稿數件二更三點睡三更後成寐
頗寒異常

十二日

早飯後自雲城起行因道途泥濘僅行三十五里即在大陽
集住宿路經亦近四十里矣清理文件寫沅甫信一件
中飯後与容圃棋二局是日在輿中將大射儀閱畢
申刻批點數葉多兼甫友來久談在又批點數葉二更
後眼蒙殊甚不復治事是日早飯後嘔吐舊有此病
近久不發竟日胸膈作惡三點睡五更醒

十三日

早飯後自大陽集起行五十里小陽集二十里小住旋又行三十
五里至碭山縣住宿未初即到清理文件見客坐見者一
次立見者二次中飯後圍棋二局与兼甫友久談是日在輿

中閱古文辭類纂將大射儀批點數葉胸膈間甚悶
惡是以本日吃飯較往日略少碭山去年秋災居民窮
苦異常饑飢老弱來道乞食有一僧名明亮者募化施
主養飢民一百一十七名因每人給錢一百以答該僧之意
又另發錢十五千分給各難民蓋杯水車薪耳 二更二
點睡屢醒尚能成寐

十四日

早飯後自碭山動身起行三四十五里至唐家寨打尖尖後又行四
十五里至郝家集住宿名為九十里實不啻百里至署蕭
縣令周力城來見又見之客二次少時曾讀子雲上林賦
未甚成誦年來好看漢賦亦未熟讀是日在輿中默誦
上林子雲賦細讀居然能背誦四遍酉刻始到止宿之處
校清理文件後又讀上林賦一段 二更三點睡 三更後成寐
屢醒

十五日

早飯後自郝家集行三十五里至郝家寨打尖徐州道李
督生及郡守高全等在此迎接与之久談又行二十里至
王家閘李少泉宮保在此丁雨生陳心泉等司道均在此
迎候坐談少頃又行二十里申正至徐州府城仍住考
棚之內見客坐見者二次立見者數次中飯後少泉來坐
甚久二更始去清理文件是日在輿中讀上林賦千餘
字略能成誦少時所深以為難者老年乃頗能之乃
聰明進於昔時乃由稍知節奏氣勢与用意之所在
故略記之然衰年讀書不數月亦甚忌之二更三點睡
三更夢魘旋又成寐五更醒

十六日

早飯後見客立見者九次坐見者四次談均頗久摺差自京
回閱邸抄京信等巳正至雲龍山拜少泉久談便飯

未正歸 又閱京信各件 與幕府久談 坐見之客一次
竟者一次 閱本日文件 核改上林賦 溫習 因日間說
話太多 疲乏殊甚 二更後紉眉生來談 良久 四點睡 不甚
成寐

十七日

早飯後清理文件 見客 立見者五次 坐見者五次 圍棋二局
出門拜客 多家均未拜會 歸 又坐見之客一次 立見者一次
中飯後與幕府一談 閱本日文件 寫紀澤信一件 見
客三次 改上林賦 讀羣(策那) 偏夕小睡 核批札各稿 二更
溫古文辭類 聞張敬堂編修(錫嶸)於初六日在西
安陣亡 痛傷之 至四點睡 不甚成寐

十八日

早飯後李少帥來 久坐 午刻始去 清理文件 又坐見之客
三次 中飯後坐見之客二次 圍棋二局 閱本日文件 核

批札各稿，與荔仙久談，傍夕小睡。是日出題三個，一題作小講，一題作搭比，一題作一段，令紀鴻兒與葉亭甥為之，夜略加批改。二更三點睡，尚能成寐，五更三點醒，近日無此美睡。

十九日

早起，飯後清理文件，見客二次，圍棋二局。巳刻，李少帥處送來江督及欽差關防二顆、鹽政印信一顆，行拜闕拜印各禮。又文武僚屬來賀，坐見者二次，立見者十餘次。潘琴軒來談甚久。中飯後閱本日文件，又坐見之客二次。申初少泉來久坐，燈後始去，諄勸余回金陵久任江督，言皆準情酌理。旋核批札信稿。二更後核奏稿一件，三點睡，尚能成寐。

廿日

早飯後清理文件，見客坐見者二次，立見者一次，丁雨生談甚久圍棋二局午刻出門至少泉處賀渠得湖廣總督之喜未刻歸中飯後見客坐見者三次閱本日文件是日已初改信稿一件傍夕與幕府久談核改信稿二件核批札各稿信稿多件與少泉通信二次二更三點睡四更醒

廿一日

早飯後清理文件見客立見者一次坐見者三次圍棋二局李眉生來久坐午正始去中飯後書見之客二次談頗久閱本日文件核各科稿件未畢與幕府久談傍夕小睡核再核各科稿件二更後溫漢書鄒陽傳蘇武傳子盡上牀二更三點睡四更未醒

廿二日

早飯後清理文件見客坐見者三次立見者三次圍棋二局寫沅弟信一件閱大射儀批點五葉中飯後

至幕府一談見客坐見者二次立見者一次丁雨生談甚久閱本日文件又與幕友久談核批札各稿核信稿甚多二更後温古文識度之屬朗誦數首二更三點睡三更二點成寐五更二點醒

廿三日

早飯後清理文件見客坐見者一次立見者一次圍棋二局已初少泉來久談因便飯申刻乃去閱本日文件與幕府鬯談核批札各稿寫祭幛二付傷多小睡核信稿二更後略教紀鴻及叶甥作文之法接李筱泉接江蘇巡撫而暫署楚督劉韞齋接湖南巡撫丁雨生接江蘇藩司從此諸事可以順手而沅弟亦得卸任為之喜慰二更四點睡四更二點醒五更漸得假寐

廿四日

早飯後清理文件見客坐見者一次立見者一次圍棋二局

出門至少泉處一談，未初歸，中飯後見客，坐見者
二次，立見者一次，閱本日文件，批紀鴻、葉甥之文，倦甚，不能
改一字，是日說話較多，舌端蹇滯，精神困乏，與幕客
談二次，傍夕小睡，植核科房各稿，二更後溫誦韓詩，氣
弱不能成聲，坐三點睡，尚能成寐，五更醒

廿五日

早飯後見客，坐見者一次，立見者一次，清理文件，圍棋二局，尚
高文來一談，又坐見之客一次，閱邸抄，見官相處分僅不
撤替而已，公道全泯，亦殊可怪，閱大射儀，中飯後與幕
友一談，閱本日文件，剃頭一次，核科房批稿，傍夕與幕
中久談，植核改各信稿，二更後溫杜韓七古，聞紀鴻喉
病又發，頗以為慮，三點睡，五更醒

廿六日

早飯後清理文件，圍棋二局，見客，坐見者二次，少泉來坐

甚久又坐見之客一次中飯後閱本日文件寫雲仙信一
件沅弟信一件共七百餘字見客坐見者一次立見
者一次傍夕與吳摯甫久談核改信稿二件改信稿
三件核科房批札稿多件二更後溫杜韓七古疲乏殊
甚洗浴下身四點睡五更醒

廿七日

早飯後清理文件見客坐見者二次立見者二次圍棋二局
又立見之客一次坐見者一次閱大射儀六葉中飯後清理
文件見客坐見者二次與幕府久談體中甚覺不適不
能治事寫對聯幛二幅對聯數付核批札各稿二更後
溫杜詩五律三點睡四更後成寐

廿八日

早飯後清理文件見客坐見者一次立見者一次圍棋二局
丁雨生（未）久坐閱大射儀午正請少泉便飯申正始散

閱本日文件 燈初始畢 與幕府一談 核批札各稿
習字一紙 寫小信二次 與少泉二更後又核公牘 三
點睡 四更未醒 旋又漸成寐

廿九日

早飯後清理文件 見客坐見者四次 圍棋二局 將大射
儀閱畢 又閱聘禮六葉 至未正畢 中飯後閱本日文件
甚多 丁雨生來談甚久 與幕府一談 核科房批札稿
傍夕小睡 夜申夫自京回 與之久談 二更後核批稿 三
稿 四點睡 不甚成寐 心中鬱鬱 常思得去要職以免
積謗 不覺夢魘 聲麤非常 從人皆爲驚起 自是
竟夜不得安眠 殊自懟 學養之未深耳

二月初一日

早飯後清理文件 圍棋二局 見客坐見者二次 立見者 二次
閱聘禮 午初李宮保來久坐 便飯 申刻去 閱本日文件

又坐見之客二次 立見者一次 又閱聘禮五葉 与幕友久
談 核批札各稿 二更後批叶錫文章 又核稿數件
四更三點睡 五更醒

初二日

早飯後見客 坐見者一次 立見者二次 圍棋二局 又見客
坐見者一次 立見者二次 出門至李宮保處送行 渠於明日
赴豫也 歸 午正見客二次 談稍久 中飯後又見客二
次 李眉生談甚久 閱本日文件 閱聘禮三葉 李宮
保來久坐 凌筱南來一坐 又立見之客一次 傍夕与幕府一
談 核閱子密所為先人年譜 核批札各稿 二更後 疲
倦殊甚 因本日說話太多 遂善衰頹不堪 者 蓋自此
學問德業日見其退矣 三點睡 五更醒

附記

○沈隨李

○何隨沅

○祝田豫直

〇鍾田高　三同月摺月評　各局白稟

〇胡蒲祠　二張詩卿各片

初三日

早飯後出門至城外二里三段家庄送李少泉出師赴豫

巳刻歸清理文件圍棋二局見客坐見者二次立見者

二次寫沅弟信一件中飯後閱本日文件見客坐見者

二次立見者二次閱聘禮二葉核批札各稿又坐見之客

二次傷夕小睡夜核科房稿件與幕友一談二更後

閱核信稿四件三點睡三更後成寐

初四日

早飯後清理文件見客坐見者三次圍棋二局巳初申夫

李眉生先後來談最久在此便飯申初散閱本日文件

又見客坐見者一次立見者二次核批札各稿傷夕小睡

夜又見客一次核摺件稿二件核信稿數件二更

三點睡。是日說話太多，疲乏之至，五更尚能成寐。

初五日

早飯後清理文件，見客坐見者三次，立見者四次，圍棋二局。又坐見之客，寫澄弟信一件，約四百字。閱《聘禮》。中飯後，申夫來久坐。又坐見之客一次，立見者一次。閱本日文件極多，近日所僅見。又閱《聘禮》。傍夕與莘友一談。小睡片刻，核科房批札稿。二更後溫古文氣勢類。三點睡，不甚成寐。

初六日

早飯後清理文件。張敬堂之子志（敔）與其師五河孫貢生淩先熙來久談，感念敬堂，彌增傷悼。圍棋二局。見客坐見者一次，立見者一次。閱《聘禮》。是日戲讀《羽獵賦》，陸續讀至一半，枉間頗能成誦。蓋余近年最好揚、馬、班、張之賦，未能迴環朗誦，偶一誦讀，如逢故人，易於融洽。蓋（但）衰年讀書，未必能久記。

午中飯後与芾府久談 閱本日文件 又閱聘禮出
見之客 核批札各稿 傍夕小睡 与筱泉甫談 又核信
稿二十餘件 温古文辭類 二更三點睡 後屢醒 幸成
寐

初七日

早飯後清理文件 見客坐見者一次 立見者一次 圍棋二局
又讀羽穢睦 閱儀禮聘禮 午初申夫來久談 便飯 申初去
閱本日文件 与芾府久談 又温羽穢睦 傍夕小睡 在
核科房批札稿甚多 二更三點睡 五更醒 是日招
明日摺弁 可料理三摺四片四清單 校閱完畢 申正寫
對聯六付

初八日

早飯後清理文件 見客立見者二次 圍棋二局 改京信稿二
件 約改五百餘字 閱聘禮 中飯後閱本日文件 又閱聘禮

李眉生來久坐 核批札稿二件 傍夕小睡 夜核科房稿件甚多 二更甚倦 是日陸續將羽獵賦讀一半 又讀長楊賦默誦二遍 小睡 三點睡 不甚成寐

初九日

早飯後見客 坐見者一次 立見者一次 清理文件 圍棋二局 讀長楊賦一半 午正閱聘禮畢 閱公食大夫禮 中飯後寫少泉信一件 閱本日文件 坐見之客一次 寫對聯九付 傍夕小睡 夜中丞來久談 旋核科房批札各稿 二更三點睡 三更後成寐 是日接臘月廿五日家信 紀澤稟富厚堂屋宇用錢共七千串之多 不知何以浩費如此 深為駭嘆 余生平以起屋買田為仕宦之惡習 誓不為之 不料奢靡若此 何顏見人 平日所說之話全不踐言 可羞孰甚 屋既如此 以後諸事奢侈 不問可知 大官之家子弟無不驕奢淫逸者 憂灼曷已

初十日

早飯後清理文件 見客坐見者一次 立見者一次 背誦羽獵長楊二賦 圍棋二局 又坐見之客三次 閱公食大夫禮 中飯後與幕府一談 方子可愷來一談 閱本日文件 又閱公食大夫禮 核批札各稿 核信稿二件 寫對聯八付 傍夕與幕府一談 復核信稿數件 二更後批葉甥與鴻兒之文 鴻因病僅作一小講而已 三點睡 五更醒

十一日

早飯後清理文件 見客一次 圍棋二局 又坐見之客二次 立見者一次 寫沅弟信一件 約四百餘字 接少泉信 言任賴從竄麻黃 恐鄂境久被蹂躪 沅將漸失民望 深為憂灼 午刻中丈眉生來久談 申初始去 閱本日文件 添陳舫仙密信一葉 歐陽宜果自湖北來一談 核批札稿 甚多 極始核畢 將葉亭文批畢 酉刻寫對聯五付 二更後眼蒙不復能

此事於核擬各稿竟不克爲之矣 三點睡 幸出成
蘇

附記

李安邦 營務處 牛廣烈 邱心坦

葉榮 管帳

十二日

早飯後清理文件 見客坐見者一次 立見者一次 圍棋二局 改
摺稿一件 約三百字 午刻閱公食大夫禮 中飯後與茂巾
府久談 閱本日文件 又改摺稿一件 核批札各稿 未畢
燈後始畢 酉刻寫對聯七付 核又改折稿一件 讀韓潮
四家之一 因近日讀書頗能悟誦擬撰文之尤其多讀熟
數篇以資諷味玩索之樂 惟老年記書 輒覺頭暈 或
因治公事太多 不能盡瑩焉 二更三點睡 五更醒

十三日

飯後將解嘲讀畢此篇本平日最好者故尤易於成誦
清理文件見客坐見者一次立見者三次圍棋二局寫紀澤兒
信一件午刻閱公食大夫禮至李少荃署內赴宴中久在
坐申刻歸閱本日文件閱邸鈔見御史阿淩阿劾余
驕縱（妄）蒙 聖諭鑒原解釋而羣疑衆謗殊萃自全之
道更約曷已改作稿一件約四（三）百餘字淩睢南來一誤在又
改作稿一件五百餘字二更後核批札各稿三點睡夢寐暖
熱久不成寐三更末始成寐五更即醒念沅弟屢被 朝旨
詰責而賊後蹂躪鄂省久不出境左右又無人贊助所處
殆如坐針氈霧仙雲仙皆見譏於清議而余又疊被臺諫
糾劾進退兩難展轉焦思深憚高位之不易居耳

十四日

早飯後清理文件見客一次圍棋二局閱公食大夫記閱
覲禮至末止閱畢自去年九月廿一日始讀儀禮至

是粗年老年於治此經雖嫌其晚猶勝於終不措
意昔張蒿庵三十而讀儀禮至五十九歲而通此經
為國朝有數大儒余今五十七歲略通此經精埴炳燭
之明惟蒿庵以前明儒窮治儀禮者絕少故於荊棘荒蕪
之中獨闢康莊故為大難余生本朝經學昌明之
後窮此經雖不下數十人有蒿庵之句讀張皋文之圖
康莊共由之道而又有人以扶掖之則從事甚易矣閱
本日文件並報三摺以後寫對聯以付覓之家一頁
與蓀甫夜談極核批札稿倦困殊甚蓋因昨日治事
太多題未安眠本日又用心精過適覺疲憊不堪二
更三點睡五更醒

十五日

早飯後劉眉生來久坐清理文件圍棋二局方元徽來一坐
寫沅帥信一封與蓀甫府一談中飯後出門至吾靄家

行中節歸　閱本日文件　清理積牘　核批札信稿多
件　以明日將起行也　傍夕與幕友久談〔至劉生兒之家一次〕　核又核信稿數
件　二更後批鴻兒叶亨文稿　困乏殊甚　三點睡　一
夢似佳　四更醒　醒後又稍稍成寐

十一日

早飯後自徐州起行　五十里至郭柳泉驛　打尖　見客二次
中飯後又行四三十五里至利國驛　打茶尖　見客一次　又行十二
里至韓莊　登舟　見客坐見者三次　立見者一次　是日在輿中背
誦詩經　其記不確者則翻書一對　至素風　未登舟後又溫
誦至豳風　未清理文件　極飯後中丞眉生來久談　至
二更三點始散　接家信　內有澤兒鴻兒之信　余深
用為憂　子弟文理淺澀如此　將為遠近所嗤　悔往前歲
年未認真查察也　睡後久不成寐　因與中丞眉生說話太
多之故　三更未睡成寐　五更初醒

十七日

早飯後清理文件 見客坐見者二次 立見者二次 開船行八十三里至台莊小泊 見客坐見者一次 立見者三次 旋又行三十五里至夾口 泊宿 風暴大作 舟中昏暗 幸河小無大浪耳 辰正圍棋二局 巳刻溫小雅 至二更後 溫不能成誦處頗多 勉強記之 至二更二點後 疲乏極矣 三點睡 幸能酣寢 五更醒

十八日

早飯後開船 行二十里至灘上稍一停泊 見客一次 旋又開船行三里許 大風不能復行 遂在此泊宿 竟日狂風 至四更始息 辰刻清理文件 旋將小雅昨日誦一遍 午初申夫來久談 共飯 未正始去 與客圍棋二局 剃頭一次 閱本日文件極多 酉正溫文王之什 燈後乘核批札稿頗多 二更二點粗畢 三更三點睡 不甚成寐

十九日

早飯後開船風不順而溜下行扯縴傍夕至九龍廟以下灣泊距宿遷尚近二十里是日行百二十餘里辰刻背誦詩經清理文件於圍棋三局巳正溫詩經生民之什蕩之什二十一篇至酉初始畢蓋後半殊生疏午刻坐見之客一次立見者一次酉刻坐見之客一次立見者一次接沅弟信閱澄弟之孫元五於二月一日殤已憂系之至家中人口不旺又子弟讀書全無法脈深以為慮旋搬移一船因至鴻兒等船上教以讀書之法於令歸紀澤之船中未久談二更四點始去睡後夢魘因說話太多也出殼成蘇

附記

八本　經　八情　八正　八雜

八德　八氣　八趣　八衰　八滯

廿一

早飯後開船風仍不順扯下水縴行數里風雨交作不復能
行遂至氏泊宿距宿遷仍只八九十里許 辰刻見岸二次
背誦大雅三十一篇雅溫周頌三十一篇午刻圍棋二局中
飯後溫商頌魯頌 申刻畢 自二十歲後未嘗背誦經書
老年形此經背誦一過亦頗有溫故知新之味 申亥來
久談論吏治以睢縣僕科 緝捕三者為要務 傍夕歐陽
健飛來談及民間苦況因念余自此征業經行數千里
除兗州略好外其餘目之所見幾無一人面無飢色無一人身
有完衣秦母為數省軍民之司命 憂愧實深 又除未
破之城外鄉間無一完整之屋而余家修葺屋宇用費
數千金尤為慚悚 夜核批札積甚多 二更後瞑之殊甚
三點睡甚能成寐

廿一日

早飯後清理文件 開船行四十里午刻過同年石襄臣等

達三船，渠由湖南藩司內召為太常寺卿，經此北上也。渠未船將至，余往回拜，鬯談時許。未刻後開船，行五十餘里，酉刻至眾興集駐泊。夜已間將詩經選八十篇，分為十種，每種八篇，以便諷詠玩味。午刻寫沅弟信一封。中飯後點誦詩經數十篇。核批札各稿。酉刻坐見之客三次，立見者二次。傍夕申夫來久談。旋閱本日文件。二更後又核批札稿，未畢。三點睡，尚能成寐。

廿二日

早飯後登岸，往看桃源防務，往返約六十里。先看成子河長圩，圩約十里。余看六里許，至南寨門止。去時由圩外行，回時由圩內行。至此寨門茶尖，出圩後由奶奶廟舊路回，看五堤頭長圩，圩約五里許。北抵運河南岸，北（南）抵南（黃）河南岸。成子河圩北抵卜家湖，南抵洪澤湖。午正回船，見客坐見者二次。中飯後開船，燈時至楊家莊，途次坐見之客三次，立見者一次。申酉

閱頻批札稿甚多閱本日文件未刻圍棋二局桓張學

書漕帥來迎談又坐見之客二漢竟見者一次巳二更二點矣

為鴻兒寫摺文略批二點疲勞之殊甚

二十三日

早飯後見客坐見者一次立見者一次於由楊莊登岸行二十里

至清江浦先後拜錢楞仙錢苕甫皆久談一時許午初至

張子青署內中飯飯後至其西荷舫書院一坐久談該處

養四鶴飼之以魚兒甚閒逸申初散至普應寺小坐

蓋余登岸時坐船即由楊莊下惠濟通濟等閘故

至此小息以候船到於至歐陽鎮署內一坐酉正登舟

見客坐見者五次立見者五次燈時吳竹如來久談渠於四五

年三月由戶部侍郎告病開缺寄居山東諸城至是歸

田居江南也又坐見之客一次二更後閱本日文件三更

點後睡三更後稍稍成寐接沅弟信報澤兒於正月

廿三早子時生如浔見自杭之信已於昨日接到矣

廿四日

早飯後見客坐見者三次立見者六次自清江開船行三十餘里已未灣泊於淮安府城之南圍棋二局見客坐見者五次立見者二次中飯後清理文件竹如來久談自未初至酉初後方去又坐見之客二次核批札各稿閱本日文件 二更三點睡 科房稿未核畢 睡後常不成寐

廿五日

早飯後見客二次開船行四十里至寶應之下停泊見客坐見者三次立見者二次圍棋二局閱潘四農全集八股宸勝詩次之書文次之中飯後至竹如船上一坐又開船行七十五里至馬棚灣之上十里許灣泊寫紀澤信一封核批札各稿酉刻坐見之客一次偏夕竹如來久談將二更時申夫又來圍全二家對談而余自閱本日文件 三點時客去即睡竹如

年七十五而精神強固娓娓不倦余則疲乏甚矣是日
未申閱胡儀禮詁訓鈔記雜數條

二十六日

早飯後清理文件逆風甚大勉強行十里至馬棚灣北出高郵湖
內以行風大不能去即在此灣泊去年六月廿九日清水潭決
口距馬棚灣十里程聲之觀察國熙承修此工於十一月廿二
日興工十二月初九日合龍凡修運河西堤四百〤〡〡丈實做埽
工二百九十丈余坐轎至該處驗工由西堤行至東堤工程僅
及三分之一尚只深塘埽工未做余始得見挂纜進占之
法閱畢即至敬之處便飯未刻回船得二次見客七次坐
見者三次丁雨生來久談核批札各稿未畢閱李昊
件畢傍夕至竹如翁船上一談夜核批札稿甚多二更
四點粗畢睡後不甚成寐

二十七日

早飯後清理文件，見客，坐見者二次。大風不能開船，仍泊馬桐灣守風。一日圍棋二局，將儀禮詁訓雜錄二十餘條，申刻畢。巳刻接少荃廿二日咨，知彭杏南十三壁於十八日在黃州之上六神口敗挫，憂系之至，急作書與沅弟，稍慰安之。中飯後接沅弟十七日信，知有三品官勳兼映餽送三千金之多，尤為屢憲再加賞一件。未刻坐見之客一次，立見一次。閱本日文件，核批札各稿，未畢。竹如來久談，說理論事皆中肯要，論及沅弟官相之事，深不以為非，自也慚。後又核批札各稿，二更三點始畢，睡尚成寐。

二十八日

早飯後清理文件，是日逆風尤大，守風一日，不能開船。見客，坐見者一次，立見者二次。圍棋二局，時沅弟將儀禮詁訓雜鈔十餘條。中飯後，申夫來談二次，程穎芝來談一次，又立見之客二次。閱本日文件，核批札稿，未畢。酉刻接沅弟十九日二信，知十八日又係大敗，与去年十二月初六郭松林之敗幾同，表弟彭杏南暨葛承霖等陣亡，親鄰中在該軍者甚多，想傷亡不知凡幾。沅弟久處順境，今忽處此非常艱難之遭，不知能自持否，實深憂灼。捻勢日盛，家國同患。燈後与兒輩一談，旋又核札諮批信各稿，二更四點粗畢。睡後念及湖北事，竟夕不甚成寐，稍寐輒即驚醒，有似怔忡者然。

附記

金陵行陳　〇探劉朱來

江西練兵　〇請少入鄂

〇張朱對調　〇質堂北征

練兵助鄂

二十九日

早飯後發二萬壽本章　閱本清理文件　見客二次

轉西北風開船出高郵湖行三十里至高郵州走湖中圍程三局寫少泉信一封黃軍門（昌岐）來見又坐見之客二次昌岐來坐中飯飯後又開船行六十六里至邵伯鎮泊宿寫沅弟信一封行船時見客四次閱潘四農李杜詩話鈔儀禮詁訓類記至傍夕畢夜見客坐見者六次立見者六次皆自揚州金陵來迎接者至一更四（五）點始休接沅弟二十日信憂危之狀可畫而字跡尚有精神二更後倦甚不能治事因睡夕未得熟睡也三點睡尚能成寐

二十一日

早飯後自邵伯開船辰末至揚州在舟見客三次清理文件又寫沅弟信一葉至揚見客坐見者五次立見者五次派賀縣臣坐輪船至蘇州看沅弟稍慰其焦灼之懷中飯後出門拜客會者二家申刻歸又坐見之客六次立見之客六次舌疲不能說話遂不復見客閱本日文件黃昌岐

來一坐，檢閱本日文件，核科房各稿甚多，二更四點始畢。睡後念湖北之賊匪雖退出福黃已時復灼灼，至三更後成寐。

三月初一日

早飯後清理文件，見客二次，出門至官秀峰船上拜會。巳刻歸，坐見之客六次，未見者一次，圍棋二局。午初至屠伯富荷家一敘，午正至丁雨生家吃飯。飯後看渠所藏書，其甲於江蘇之官紳，最精者有宋刻《世綵堂韓文》、《東都事略》等書，渠欲以之餉余。余素不奪人之好，因取其次等者如明刻《內經》、《東雅堂韓文》、《學澤堂叢書》三種，携之以歸。酉刻見客二次，均久談。招黃昌岐在此便飯，核閱本日文件，添舫仙函三葉，核批札稿，至二更三點未畢。是日大雨嚴寒，自廿九日過湖，雪霰至是，嚴寒三日。坐睡尚能成寐，五更三點乃睡。

初二日

早飯後坐見之客二次，談甚久。辰正開船，因河窄船大，倒退而行，行七里許。飯後順行，用小輪船拖帶。未初至辰洲，坐見之客三次，立見者三次。巳刻圍棋二局。寫沅弟信一書。中飯後坐船至新河看依棧及河堤東塢、西塢。余三年五月至此，議挖新河，設立依棧，為避颶擊之地。其時尚是荒江，竊冀之續，今則廛市樓閣千檣林立矣。舟去輿歸，偏多面船，經過約十八九里。又坐見之客二次，閱本日文件。申夫來久坐，二更三點始去。睡，三更後成寐，四更大汗，五更又成寐，後刻許。

初三日

早飯後清理文件，見客二次。又坐見之客三次，圍棋二局。午刻李質堂來，坐甚久，未正始去。逆風竟日不能出辰口泝江上行。堂岸小步，核批札各稿甚多。酉刻坐見之客二

次燈後黃昌岐來一坐　旋接沅弟二十四日信　於寄後信
一件　閱揚州鎮江均有輪船信局　二日可達湖北　因試立
此寄去　二更後讀韓詩五古　三點睡　尚能成寐

初四日

早飯後見客一次　清理文件　逆風甚大　不能開船泝江
上行　又坐見之客三次　圍棋二局　抄儀禮雅訓二十餘條
約八百餘字　中飯後　牽守風太久　心緒不寧　因命火輪
船拖帶　申初開行　酉正至儀徵泊宿　在舟習字一紙
讀離騷百句　夜又讀百句　均能背誦　寫李少泉信
一封　倦甚　夕坐見之客一次　立見者三次　二更三點睡　四更
醒　出汗　天氣已暖　犯病也

初五日

黎明自儀徵開船　行百四十里　申初至下關　申正至旱
西門泊宿　在下關見司道　在旱西門坐見之客八次　立

見之第六次早飯後又誦離騷六十句昔年本未成誦之書勉強記誦殊為吃力心怔頭眩遂不復讀之習字一紙中飯後抄儀禮雅訓雜記在疲倦殊甚不能治事寫雪字百餘二更三點睡尚能成寐

初六日

卯正自旱西門登岸東行西門進城民間家家香燭爆竹迎接殊覺內愧至公館見客坐見者十次立見者三次說話太長舌強而津乾深以為苦中飯後又坐見之客三次竟日夜清理文件誦離騷七十四句雖頭目暈眩而業已讀熟大半不能已也傍夕小睡核閱本日文件二更後因目痛不敢治事三點睡三更後成寐

初七日

早飯後清理文件見客坐見者八次立見者十一次疲乏殊甚圍棋二局誦離騷三十餘句凡離騷三百七十四句誦畢

年讀生書成誦稍補少壯之缺陷亦一樂也中飯後見客坐見者二次立見者三次李秀荃談甚久疲乏殊甚剃頭一次寫澄弟信一件傍夕小睡在核批札稿日內積壓科房稿件甚多僅能核料十分之一二更後朗誦離騷目光不復能辨以事誦書聊省目力耳 三點睡幸能成寐

初八日

早飯後清理文件 摺差自京歸閱京信京報等件見客坐見者六次立見者六次已正彭雪琴營保來久坐又坐見之客二次中飯後李小湖周縵雲陳霓臣二人先後來久坐圍棋二局疲倦殊甚小息片刻閱核批札各稿傍夕睡頗久核科房各稿至二更三點僅核十分之四睡不甚成寐 是日卯刻背誦離騷一遍

初九日

早飯後清理文件 見客六見共八次每次十餘人皆佐
雜及武職等其見之者一次圍棋二局彭雪琴來坐
因与同至湖南会館觀方子愷所爲大地球圓既罷中
名屋雅至李少泉署中与季泉一談并見其太夫人及
諸後輩 又至雪琴船上一談午末歸 中飯後見客坐
見共四次六見共二次閱初一至初五日文件皆已甚至
逢次而又折回共直至夜二更始得閱華傷夕小睡片
刻二更後繙閱四書因明日考四書院久不理八股頗棼棄
故出題頗費審慎讀宋玉九辯三章 三點睡

附記
華吟差　　　尉渠夏　　　勖澄訟
勉素忠　　　太湖章　　　江西章
寄綫幅

初十日

早飯後清理文件見客坐見者一次立見者四次圍棋二局出門拜客會者四家至朝天宮看新修文廟午正回署中飯後吳竹如來久坐申正始去又坐見之客一次立見者三次習字一紙閱本日文件核科房各稿傍夕小睡核又核科房各稿二更二點粗畢溫韓詩七古三點睡

十一日

早飯後清理文件見客坐見者二次立見者三次圍棋二局已正出門至城北拜將軍旋拜李小湖又親拜之客數家未正歸中飯後李雨亭來久坐習字一紙閱本日文件甚多疲倦殊甚未能核批札諸稿傍夕小睡核科房稿甚多半月內積壓之件至是打發淨矣二更後朗誦離騷三點睡三更後成寐

十二日

早飯後清理文件見客坐見者四次立見者二次請龐省三

倪豹岑來閱文書院甄別〻文已正出門至陳亮臣家拜
壽其母九十生日也又拜客会者二家親拜五家未正歸
中飯後与豹岑等略談李壬琳等來久談是日早間賀
滕臣自鄂歸聞鄂沅弟體氣尚好民望未減為之一慰
巳刻圍棋二局申刻寫沅弟信一件約五百餘字核
科房批札稿傍夕小睡夜又核批札稿至二更後疲乏極
矣尚未核完三更三點睡幸能成寐

十三日

早飯後清理文件見客坐見者二次立見者二次圍棋二局習
字一紙核信稿三件疲倦殊甚不能多治事中飯後見客
三次坐談頗久閱本日文件核批札信稿內劉韞齋丁雨生
各信沈吟良久傍夕小睡夜核科房批札稿至二更三點未
畢尚餘三分之二是夜不甚成寐

十四日

早飯後清理文件見客坐見者三次圍棋二局核昨日科房
批札稿又核信稿六件午刻坐見之客三次中飯後与客
閱卷無久談閱本日文件周錫璽来久談申正核批札
稿甚多至酉正三刻畢傍夕小睡旋改覆紀壽璧信稿至
二更三點畢鴻兒於初八九作三文一詩十一二作經文五篇
本日作策三道頗聞腰疼頭疼如站立不穩者因命其
不必再作又聞其日間不能吃飯殊深憂灼睡後久不成寐
念兩兒与諸姪體氣皆弱懸系之至四更始睡稍即
醒

十五日

黎明至文廟拈香行三跪九叩禮歸早飯後請李小湖周錫
璽来書院課卷与之久談清理文件圍棋二局時至外間
与諸君商定考卷午刻核信稿數件請小湖諸君小宴
未初散昨日派輪船至岳州接劉韞齋中丞未刻出城迎接

申初同入吾署久談至酉正方散即在署中便飯後閱本日文件傍夕小睡極核批札各稿二更三點睡三更三點成寐

十六日

早飯後清理文件見客坐見者四次圍棋三局又坐見之客一次立見者一次核信稿二件未畢請劉韞齋楊厚庵中丞小宴未刻畢閱本日文件甚多紀鴻昨日睡不能起本日服余舊藥附苓藥吐瀉大作舌有芒刺乃知前此之病非僅因溫經之業太勞也實有外感伏於其中請涂閬仙石芾南先後來診略帶疫症尚不重耳核李筱泉信稿未畢燈後始畢又核科房各稿二更後未畢倦乏之至極不能治事矣三點睡勞乏之餘不甚能酣眠

十七日

早飯後清理文件見客一次圍棋二局又坐見之客一次出門

至船上拜別韞西，久談，巳正歸。吳竹如來看鴻兒病，因在此中飯，談至申正方去。閱本日文件。酉刻至幕府一談。小睡。戌刻核核批稿，至二更二點未畢，三點睡，不甚成寐。

十八日

早飯後清理文件。見客，坐見者三次，立見者一次。辰正出門，至鍾山書院送諸生上學，旋至鳳池書院，看將留為竹如攜眷屬之地。又至錫麐宅中，送尊經書院諸生上學。午初三刻歸。圍棋二局。中飯後竹如來久談，至申初始散。寫紀澤信一封，寫沅弟信一封。閱本日文件，核科房批稿。傍夕向料理醫藥等事。核又核批札各稿，二更畢。核摺稿一件。紀鴻之病，是日加重，竹如以犀角生地治之。傍夕譫語壯熱，夜服藥二次，熱漸減，而舌有芒刺。蓋初病由於虛弱之症，用心太過，十六日誤服參耆朮附，遂致邪熱日盛，深為焦灼。

十九日

早飯後清理文件見客坐見者一次圍棋二局劉伯山等來久談巳刻請竹如來看鴻兒編身瘡子發得極滿大便亦通而壯熱不退舌苔不減竹如謂須服石膏因議定服一帖李小湖來一談中飯後韞齋來一談有一湘潭劉姓醫來診鴻兒之病純瘡也痘也余聞之尤為憂灼益悔先四日率之藥並一不錯也旋請一老痘科劉叟來診果痘也編身並一隙地舌上喉中髮際皆有各客紛紛來看閱本日文件粗粗一遍乃打掃屋宇掃花園中廳淨室設奉痘神傍夕沐浴燈後拈香行禮核批札各稿二更後寫李少泉信一件是日已看習字一紙申刻核行稿一件二更三點睡念鴻兒年已二十體氣素弱比次錯服諸藥痘多而重竟夕不能成寐四更後至其窗下潛聽氣息尚匀為之少慰

二十日

是日衙門星期因心緒怫亂而絕諸客早飯後清理文件
鴻兒之症甚險而尤可慮者在咽喉不能進飲食蓋一則
毒火沖塞喉嚨間二則舌上喉內痘顆甚多三則平
日虛火喉間發蛾多痰比際蛾愈大而痰愈壅以致
藥難入本日劉中吏所開之藥方午刻灌入六匙
未刻強服米湯半茶碗不咽因喉澀已疏通之意酉刻吃
黃松魚及鴨翅掌湯一茶碗燉後又服米湯半茶碗二更
後吃乾飯一杯由是喉關稍通漸漸有生機矣早間
痘色尚闇午後漸覺紅潤及至燉後面上之闇而低者
亦有起色闇黯者之稍脹余竟日未甚治事午正未正共
圍棋四局已初習字一紙未初閱本日文件酉刻見客一次
核批札各稿均草草了事餘則續寫剪皇而已已刻發
報二摺五片申刻接澄弟及紀澤信澤兒寄七律十
五首力學蒙山而單行峭拔處亦彷似山谷 二更三點

睡三更三點成寐五更醒

二十一日

早飯後清理文件見客坐見者二次立見者二次圍棋二局出城
至船上送劉韞齋歸又見客三次陳心梅談甚久習字一紙
中飯後至幕府一談閱本日文件申正核批札各稿
傍夕小睡在溫誦離騷及揚馬各賦二更三點睡五更
始醒鴻兒之瘧是日大有轉機自黎明至三更凡吃飯
一次吃米湯三次吃黃松魚鴨翅湯二次吃肉湯一次
吃藥二次前數次均喉間疼痛後數次漸覺其易瘧
色一律紅潤飽滿已至五六分可靠蓋全賴神佑非由人
力欽感曷已

二十二日

早飯後清理文件見客坐見者一次立見者一次圍棋二局又坐
見之客三次中飯後至幕府一談寫沅弟信一件紀澤

條一件閱本日文件申正核科房批稿傍夕黃軍門來一談擬將儀禮雅訓雜記錄畢　是日鴻兒瘧症與昨日相似漸漸痊瘳凡吃藥一次吃魚湯一次肉湯二次米湯五次色但紅潤余以二更三點睡三更後成寐

二十三日

是日恭逢　皇上萬壽寅初起至貢院拜牌寅正一刻行禮貢院新添號舍二千八百間因与司道同去查視一遍卯初二刻歸飯後清理文件圍棋二局習字一紙李雨亭來暢談午刻核條稿數件中飯後又核二件　閱本日文件申正核批札各稿未正閱五禮通考中饗蓋禮十葉傍夕小睡戌刻擬又核批札各稿二更後溫古文氣勢之屬三點睡甚好成寐五更醒　是日鴻兒之瘧甚為穩順凡吃米湯四次每次三茶碗肉湯鴿子湯四次藥一次燕窩兩次各症漸瘳四五分色但紅潤

二十四日

早飯後清理文件 見客坐見者三次 圍棋二局 習字一紙 午
刻核改信稿二件 閱五禮通考中饗禮 又立見之客二次 申
飯後見藩府一談 閱本日文件 閱昏禮 講以後二十葉
核批札各稿 趙元青來一談 傍夕小睡 旋核批札稿 昨
日考惜陰書院諸生經解 本日將各卷略一繙閱 凡繙
百餘卷 二更後溫古文辭賦類 三點睡 是日鴻兒瘧症
尚屬平順 惟灌漿不甚飽滿 又大便二次 醫者以爲不宜
凡吃米湯五次 肉湯四次 燕窩三次 藥一次 胸中煩躁不
願蓋被 雖由天氣本熱 究因陰虛發躁 不殊以爲慮

二十五日

早飯後見客坐見者三次 衙門期也 清理文件 圍棋二局
習字一紙 又坐見之客二次 午刻核信稿二件 中飯後至
藩府久談 閱本日文件 申正核批札各稿 又坐見之客

一次。閱嘉禮隋唐未畢。傍夕小睡。夜核批札稿，閱今體詩選。二更三點睡，屢醒不甚成寐。是日鴻兒瘧症甚順，吃粥五次，每次四茶碗，凡二十碗；燕窩三次，肉湯二次，每次半碗許；吃藥一次，內有大參一錢，及黃耆、熟地等味。九日已滿，余之憂系少釋，惟日內未接鄂信，深為系念。

二十六日

早飯後見客，坐見者二次，立見者一次。圍棋二局。清理文件。黎福保來，攜呈其尊人樾喬侍御新刻詩集，與之久談。客去，閱其詩數十首。習字一紙。午刻核信稿二件。中飯後至幕府處談，旋坐見之客二次。閱本日文件。剃頭一次。朱星樵自臨淮來，與之久談。核批札諸稿。傍夕小睡。夜看五禮通考唐嘉禮未畢。二更後溫古文傳誌類。三點睡。是日鴻兒瘧症甚為順適，頭面業已結痂，身上均有灌漿。

共喫粥四次每次多少不等並窩肉湯及補藥與昨日同已能嚼精肉目光能開視矣

二十七日

早飯後清理文件見客立見者一次坐見者二次圍棋一局又坐見之客三次陳虎臣等坐甚久習字一紙午刻核信稿二件又坐見之客一次中飯後至幕府一談核閱本日文件申刻核批札各稿龐省三來久坐核閱昏禮儀夕小睡核閱昏禮隋唐章二更後假合眼甚不能治事三點睡甚能成寐鴻兒瘧症順暢如常是日食粥四次每次五六碗不等食肉湯並窩補藥均與昨二日同

二十八日

早飯後清理文件圍棋二局見客立見者二次習字一紙接少泉信內有宋國永等公稟出能軍門受病甚重

處之函核公牘稿數件中飯後至幕府一談閱本日文
件申刻見客一次核批札信稿多件近日因夏熱太過
左下牙肚齒疼甚酉正後久睡約半時許午刻及申刻
寫沅弟及紀澤兒信二件植料理各信擬派人至鄂看
饒羊間之病二更後溫東坡七古三點睡是日鴻兒痘症
平順如常食粥四次凡二十碗蓋竟比昨日減一次未服
人參換以洋參肉湯鴨湯均能食其精痘痂亦落
十之一二此次由至險而得至安實為意所不到一則賴痘
神祐助一則劉叟之老練精慎叶尊之勞苦維持均
難得也

二十九日

早飯後見客坐見者二次清理文件圍棋二局又立見之客一次
坐見者一次寫李少泉信四葉料理調婁雲慶及各人
至湖北各園牘中飯後至幕府一談坐見之客一次習字

半紙閱本日文件申刻会客二次談均甚久核批札各稿手痒殊甚傍夕小睡極倦甚不能治事略看劉隨州集二更後小睡三點果睡竟夕熟寐是日鴻兒瘧症平安所食諸物与昨日同

四月初一日

早間謝絕諸客飯後清理文件習字半紙圍棋二局請繆雲及諸君閱敬敷書院卷与談頗久閱昏禮二十葉至申刻畢午刻坐見之客一次核信稿五件中飯後与閱卷諸君久談与筱帥府一談閱本日文件申正閱核批札集各稿倦甚小睡傍夕又睡極溫古文穀梁頗精神不振二更後不復治事三點睡是日鴻兒瘧症平順所食諸物与昨日同但改食乾飯四頓耳

初二日

早飯後清理文件見客坐見者三次立見者一次圍棋二局習字

半年余近習字能求字佳老年指硬殊有如董華借

古帖以運動稍活耳季君梅來久坐省三等來閱卷与

之久談李小湖代看惜陰書院課卷畢余稍一翻閱閱

五禮通考中昏禮畢陪閱卷者園麟倪諸公中飯飯後久

談閱本日文件李雨人來久坐核科房批札各稿將五禮

通考近日所閱二冊題識書面傍夕小睡複將九辯末一

首讀熟文選僅選前五首余前亦僅熟前五首茲添讀

末首至六七八三首則不讀之矣二更三點睡不甚成

寐鴻兒瘧症平安如昨三日惟叢已十八日尚不能起

床坐立益甚其病極重幸而醫治得法耳

初三日

早飯後坐見之客二次立見者一次清理文件圍棋二局与閱

卷者園倪麟諸公一談李君梅來久談閱鄉饗甚禮中儀

禮並禮戴記並簽与園倪諸君中飯飯後閱本日文件

又坐見之客二次 立見者一次 核臣科房批稿 習字半紙
閱畫秋亭蒸禮一卷 并題識書面 李壽蓉言迎李希帥
之摺 折銀壺一把 為炖人參燕窩之用 費銀八兩有奇 深為
愧悔 今小民皆食草根 官員亦多窮困 而吾居高位 驕奢
若此 且盜廉儉之虛名 慚愧何地 以後當於此等處痛
下針砭 傍夕小睡 夜溫古文識度之屬 溫書經堯舜典
皋陶謨 二更三點睡 是日鴻兒痘症平安如常 仍服
清潤之藥 未服補劑

初四日

早飯後清理文件 見客坐見者二次 立見者五次 圍棋二次 出門
至河下拜季君梅 李雨人兩處 談均久 巳正歸 見客坐見
者三次 立見者一次 習字半紙 中飯後至彥帥府一坐 又坐見
之客四次 閱本日文件 寫對聯七付 祭幛一懸 核批札各稿
未畢 傍夕小睡 夜又核批札各稿 至二更二點始畢 溫雜

騷九爺二更三點睡尚未成寐是日鴻兒痘症平安如
常各處痂已落畢惟頭面與腳板尚未盡落

初五日

早飯後清理文件見客坐見者四次圍棋二局習字半紙午
刻閱公食大夫禮寫說帖一件中飯後見客坐見者二
次君梅翁行談甚久閱本日文件閱潭唐繼堯禮寫
對聯六付白綾寫天地正氣等餅字五幅核科房各稿
未畢酉正坐見之客一次傍夕小睡極核沅弟廿二日信
竟又寫字點手痒殊甚人言弟精神氣色好及每日
看書皆寬慰余之翁昨黃冠此見余亦言弟氣色
尚好退而見朱心檻則言弟容頗憔悴焦灼之至陳賊
退出境外別無可寬弟心之事也惟閱鄂中官民於弟并無
怨言似可稍慰核批札各稿畢核奏稿一件二更三點睡
三更四點成寐

初六日

早飯後清理文件，見客坐見者一次，立見者二次，圍棋二局，料理各件，派人送信回湘，又坐見之客二次，習字半紙，閱宋元明饗燕禮，中飯後潘伊卿來久談，至幕府一談，閱本日文件，核饗燕禮書面題識，申正核批札咨稿，酉刻至城上一眺，又至幕府一談，戌刻核信稿偏，夕小睡，旋核改信稿一件，二更三點睡，是日鴻兒之瘧平安，如常，面上痂尚未脫，亦未服藥

初七日

早飯後見客坐見者二次，立見者一次，清理文件，圍棋二局，旋又改信稿，習字半紙，閱五禮通考大射儀、鄉射禮中，至幕府一談，中飯後見客坐見者一次，立見者二次，閱本日文件，旋核批札稿，寫對聯、匾額，閱經傳各射禮題識書面，偏々，小睡，旋莜批一摺四行，再核批札咨稿，二更三點睡，四更久

醒五更略睡 是日鴻兒藥中用遼參六分以服清涼之劑太
多故補之

初八日

早飯後清理文件 是日禮送痘神 余作祭文一首四言四十
二句 令叶亭繕寫 辰初讀文 行四拜禮 金陵之俗 送
痘娘娘出 紙紮狀元坊一座 紮綵亭三座 又紮紙傘
紙旗之類 親友亦以傘旗及爆竹送禮 是日送紙傘共二
十餘把 爆竹十万餘 辰正禮送出門 余許以二千金修
痘神廟 保金陵城內男女永無痘災 亦於祝文中詳言
之 圍棋二局 見客坐見者二次 寫沅弟信一件 習字半
紙 午刻請醫生江寧劉叟蔚堂 湘潭劉竹村小宴 黃
昌歧濤作陪等同飲 李小湖來久談 中飯後閱本日文
件 旋至篤府一談 申正核批札各稿 傍夕小睡 核又
補核各稿 淮揚道請辦淮水仍復故道大工 細閱全案

一閱。二更尚未閱畢。倦甚，小睡。三點睡。

初九日

早飯後清理文件，見客，立見者一次，坐見者二次，圍棋二局。旋又
坐見之客兩次，寫郭雲仙信一封，習字半頁，閱《五禮
通考》中核喪禮。倦甚，小睡。至幕府一談。中飯後尤倦，不
能治事。余向於夏月飯後疲乏不堪，蓋脾困也。至後園一
閒游。閱本日文件。申正核批札、各稿，酉正粗畢。
傍夕小睡，夜又核二稿，閱益陽民藍於斯一寃獄案，復
閱錫雲信，批定書局章程。二更後溫古文識度之屬，
三點後睡。念鴻兒瘟症用錢太多，恐情過於禮，蹈薄孝
厚慈之譏，悚惕無已。

初十日

早飯後見客，坐見者三次，立見者二次，清理文件，圍棋二局。
習字一紙，接沅弟信，悵悼劉深若進惠弟亦甚望

家中兵房丁口繁盛不出家運如何殊如吾兄弟之期望否又見客立見者三次將射禮鄉飲酒禮一本閱畢又閱飲食禮二十葉申初閱畢中飯後至春帝府一談旋閱本日文件申正漸睡片刻以息目力蓋看書稍多目光蒙翳甚習田雅核批札洛稿至酉正三刻畢傍夕小睡復核信稿數件二更後閱古文趣味之屬三點睡是日鴻兒漸患腹瀉將滿一月而面龐尚有一半未脫蓋脾虛氣弱之故耳

十一日

早飯後清理文件驗看江西武官二員出門至楚軍昭忠祠察墨之　御碑亭之所周視一遍巳正歸見客坐見者三次汪梅村等談家散文園摺二局閱飲食禮之姓氏族中飯後至春帝府一談吳竹如來久談申正二刻始去閱本日文件核批札洛題各稿習字半紙傍夕小睡復又核批札信稿內應送一信家有關係二更三點核畢疲乏殊甚

三點睡，三更三點後癬感癢，竟夕不得安眠。

十二日

早飯後清理文件，見客，立見者一次，坐見者一次，圍棋二局，習字半紙。寫沅弟信一封，紀澤兒信一件。李壬耕來一坐，圍棋二局。又坐見之客二次。閱《飲食禮門》中十五葉。中飯後至幕府與鍚雲久談。閱本日文件。見客一次。朱南桂遣其姪來，此欣然願來帶勇者，為之一慰。申正後核批札信稿，酉正二刻畢。傍夕小睡。核將淮安舉人丁晏所陳淮水復故道議，細讀閱一遍。二更後倦甚，不能治事。三點睡，極得酣眠，四五日

鴻兒下床，與鄭范徐坐談大半日

十三日

早飯後坐見之客二次，清理文件，圍棋二局，習字半紙。閱楊性農寄來所刻論古文。閱《飲食禮門》中歷代傳叙宗族揭

差自京回，閱京報。中飯後至幕府一談。見客，坐見者二

次，午刻雨，下午談甚久，閱本日文件，申正閱核批札諸案稿，酉正三刻未畢，傍夕小睡，吳竹如示以方植之先生所爲大意尊聞，錄子弟之言也，未申間閱數十條，夜又閱數十條，將批札各稿核畢，又閱淮陰故道之案，二更後粗畢，眼蒙不復能治事，三點睡，頗能酣眠

十四日

早飯後清理文件，見客，坐見者一次，立見者一次，圍棋二局，雜坐見之客五次，習字一紙，閱飲食禮門中宗法，余素不講宗法之說，是日批札於書眉中，飯後至幕府久談，閱本日文件，申刻核批札諸稿，至酉正未畢，傍夕小睡，夜將各稿核畢，沐浴一次，李雨亭言求雨之法，覲華書南方朱雀之神，風雲雷雨之神，雨師位黃紙朱書，又親筆朱書祈雨文，迎神於大堂，三跪九叩，禮畢即迎於淨室，屏去從人，親自讀文，兩跪叩以每日早晚兩次，獨自拈香行禮，餘

仿照常熟文公集是據以祭文六言凡三百字三更半睡

後不能成寐

十五日

早間上院不見客飯後用黃紙親寫祭文 至大堂行九

叩禮迎神入花園之中庭親自讀文讀畢行六叩禮

旋見客坐見者一次立見者二次圍棋二局寫字半紙閱飲

食禮中三後之屬 午刻見客坐見者一次立見者二次中飯

後至幕府一談核摺稿一件 坐見者（之客）一次閱本日文件寫

對聯七付 又坐見之客二次 核批札奏咨各稿 暝時辛小

睡片刻 燈後對摺片各件 改信稿二件 二更三點睡

是日寫楷書較多 泥書（百）甚艱 又以枯旱不雨憂慮之至

不甚成寐

附記

沅信交瑞

岩川送行

京信稿

鴻兒家信　黎陶林

十六日

早飯後見客坐見者一次立見者一次圍棋二局出門至李太夫人處送行又至倪豹岑處一坐巳正見客三次習字半紙核京信稿二件陳虎臣來久談中飯後會客一次久談閱本日文件至幕府一談申正寫對聯六付核批札稿閱秦蹤銳意渡河犯晉又天久不雨憂灼之至傍夕小睡燈後因目蒙過甚倦乏不能治事吳摯甫來久坐二更後小睡三點後睡〻床尚能成寐未正寫沅弟信一件

十七日

早飯後見客坐見者二次立見者三次圍棋二局習字半紙閱主後門張嘉皆〻自京來陳作梅自蘇回先後談甚久中飯後至幕府一談見客坐見者二次閱本日文件申正寫對聯四付核改丁雨生信稿凡改八百餘字至燈後始畢核

核批札各稿，二更後倦甚，不能治事，三點睡

十八日

早飯後清理文件，見客，坐見者一次，立見者二次，圍棋二局，習字半紙，又坐見之客二次，立見者一次，閱五禮通考飲食禮，閱畢，中飯後至幕府一談，見客一次，葉雲岩送各項洋槍來看，閱驗良久，閱本日文件，核改總理衙門信稿，又核批札各稿，至二更三點始畢，傍夕小睡，三點睡，三更後漸成寐，五更初醒

附記

○解陝餉

十九日

早飯後清理文件，圍棋二局，出門至小湖竹如處暢談，至新衙門一看，午正歸，中飯後習字半紙，至幕府一談，閱本日文件，見客二次，核批札各稿，剃頭一次，傍夕小睡，夜核信稿數件，二更二點溫離騷，三更睡

二十日

早飯後見客坐見者二次立見者三次圍棋二局習字半紙寫少泉信一封午刻坐見之客二次中飯後至幕府一談旋閱本日文件坐見之客二次寫對聯八付閱本日文核批札各稿傍夕小睡極閱核信稿二更後粗溫韓詩七古三點睡甚能成寐

二十一日

早飯後清理文件見客坐見者一次立見者二次圍棋二局習字半紙臨梅未久坐又見之客一次閱五禮通考三葉中飯後至幕府一談閱本日文件坐見之客二次寫沅弟信一件已刻至甘露庵求雨酉刻核批札各稿傍夕小睡極核改淮後道批二更三點畢比葉經營兩月至是始能完讌行之睡後不甚成寐

廿二日

早飯後步行五里許 至甘露庵求雨歸 清理文件 圍棋二局 見客二次 又坐見者一次 戈什哈自湖北歸 詢及鮑春霆之病 久不能言 面色如炭 各傷皆發 頭上一傷流黃水 流血已極 惟尚能吃米湯少許 耳聾甚 惟有生機耳 又詢沅甫氣色尚好 鬚鬢與余極相似 僅豐已孚德於軍心 頗歸市處 惟天旱 而賊久不退 市心焦灼殊甚云云 李壬叔來久談 又坐見之客二次 習字半時 閱開元禮鄉飲酒禮 中飯後閱本日文件 至幕府久談 寫對聯五付 核批札各稿 倦多以睡 稍久 又核批札稿 溫古文序跋類 三點睡

廿三日

早飯後步行至甘露庵禱雨 歸 清理文件 見客坐見者三次 潘季玉 馮魯川坐談甚久 圍棋二局 閱五禮通考中學禮一卷 中飯後再圍棋二局 題識書面二本 寫對聯

又付偏核批札各稿未畢 傍夕小睡 巳刻習字半紙 傍
核改批札稿 核畢 溫杜詩五古 二更三點睡 殊甚疲乏

二十四日

早飯後步行至甘露庵禱雨 出門時業已微雨 至廟中則大雨 歸
途尤大 直至未刻雨始停 約田中可長水四寸許 見客坐見者四
次 又見者二次 習字半紙 圍棋二局 閱學禮一卷 中飯後
至幕府久談 閱本日文件 見客坐見者二次 核批札各稿
傍夕小睡 核改信稿一件 黃昌岐來一談 二更後溫古文情
韻之屬 三點睡 三更三點成寐

二十五日

早飯後至甘露庵謝神 旋歸 後清理文件 見客坐見者二次
又見者二次 圍棋三局 習字半紙 閱學禮二十葉 中飯後至
幕府久談 閱本日文件 潘伊卿來久談 核批札各稿 倦甚 久
睡 核改信稿數件 二更後溫韓詩數首 三點睡 明日移居

是日木器皆已搬去，諸不方便

附記

報銷奏　四條通飭

二十六日

早飯後清理文件，習字半紙，圍棋二局，核改信稿甚多，閱[illegible]數頁。午初移居新衙，本造為江寧府署，去年李少泉宮保借居，遂改作總督衙門也。傍絕各客，旋見客四次，坐頗久。中飯後坐見之客二次，閱本日文件，至幕府并各處一看。傍夕小睡，核批札稿，溫古文聲調，頗朗誦甚久。二更三點睡，尚能成寐。

二十七日

早飯後清理文件，旋圍棋二局，見客坐見者五次，中如潘季玉、李雨亭、陳作梅三次，談均久，倦甚。吃墨物，小睡，又坐見之客一次，立見者一次，閱《學禮》八葉。午正，吳竹如來，何子永自京來久談。未正一刻至黃昌岐處赴宴，申正三刻散。閱本日文件，疲倦殊甚。閱學禮十葉。傍夕小睡。核批札、咨稿。二更後溫杜詩五古。三點睡，多不成寐。

二十八日

早飯後清理文件。習字半紙。見客，坐見者二次，立見者二次。圍棋二局。閱學禮。劉開生來久談，又觀渠與紀鴻圍棋一局。午刻見客，立見者一次，坐見者二次。陳虎臣坐甚久。中飯後閱本日文件。坐見之客一次。將連日所閱學禮重閱一編，題識書面。傍夕小睡。核批札各稿。二更後倦甚，小睡。三點睡，五點成寐。三更三點醒，旋又成寐。日內天氣亢旱，雖有二十四日之雨，鄉間尚不能插秧，焦灼之至。五更二點醒。

廿九日

早飯後清理文件。閱學禮十葉。圍棋三局。是日見客極少，僅巳刻倪豹岑來，申刻潘伊卿來，及趙惠甫來，署內往三

人多擾而已陸續閱學禮五十葉至未正畢閱本日文件
習字半紙寫對聯挂屏半時許將書函題識傍夕小睡
~~核~~核批札信各稿二更後溫書經數篇三點睡屢次驚醒
不甚成寐

五月初一日

早間以絕賀朔之客飯後清理文件圍棋二局坐見之客一次
閱學禮律唐取士何子永來久坐午初習字半紙寫沅弟
信一葉午正請竹如子永等便飯申初二刻客散閱本日文
件天久不雨焰熱殊甚枯旱已久農家失望憂灼之至又閱
學禮數葉核批札信稿傍夕小睡在初更將批札稿核畢二
更後溫古文論今類三點睡二更後陰雨甲盛三更雨止為禾
動簷水

初二日

早飯後清理文件坐見之客二次立見者一次圍棋二局又坐

見之客三次 竟見者二次 習字半紙 閱五禮通考中唐
宋取士門 是日步行禱雨 自署至甘露庵僅四十步許 至
庵候諷誦 水陸約半時許 巳正行禮 中飯後天氣燥熱
手瘡殊甚 閱取士門八葉 閱本日文件 至幕府久談
酉正核批札各稿 戌初畢 傍夕小睡 枕間手瘡癢異常 至
於左輔下竊而摩動 各處皆瘡 不復可忍 二更三點睡
三更後專孫成疥 屢次驚醒 瘡殺惶稍少愈

初三日

因手瘡晏起 黃軍門來等候已久 因同行至甘露庵禱雨 歸
後清理文件 見客一次 習字半紙 圍棋二局 又睨 不久睡 雖不
成寐 而不復用心 以息浮火 午刻出見之客一次 閱取士門
十餘葉 中飯後 幕未刻李雨亭來久坐 閱本日文件
寫對聯七付 核批札各稿 將取士門題識書面 自未刻下
雨 至二更三點方住 為時甚久 惜雨太小 簷溜始滴而不成

緣成熟可潤新秧，雨不能栽插。傍夕小睡，溫蘇黃七古。
三點睡，三更二點成寐。

初四日

早飯後至甘露庵禱雨，清理文件，見客，坐見者二次，立見者一次。
圍棋二局，習字半紙，閱學禮取士門二十葉，坐見之客一次，立
見者一次。中飯後閱本日文件，坐見之客二次，核批札諸稿。
書局新刻之五經、四書、公羊、古今詩二選，局中送二十部來，
分送幕中諸友，因細繙一徧。又閱俞蔭甫新刻羣經平議（三十五卷），讀
余所序之，粗繙數處。至惠甫處一坐。傍夕小睡，核新刻姚
培謙左傳與鮑刻一對。倦甚，不能治事，在房久睡。二更三點
上床睡，幸能成寐。

初五日

早飯後步行禱雨，因天旱而戒屠，絕賀節之客。清理文件，圍
棋二局，閱學禮取士門、養老門三十葉。午刻寫沅甫信一件。

夫人信一件各約三百字中飯後閱本日文件小睡二次見客
一次至惠甫處一坐閱儀禮題識書函數字事畢又至幕府
一坐核批札各稿傍夕小睡夜閱蘇黃各七古詩二更三點睡

初六日

早飯後步行禱雨旋至舊時龍王廟風神廟草草竟瓦礫之中了
無遺跡可尋又至關帝廟昭忠祠一坐已刻歸汪梅村來敘
談又坐見之客二次圍棋二局閱儀禮二十葉中飯後閱
本日文件至幕府一談閱龔定庵文集坐見之客二次立
見者一次午後瘡癢殊甚繞屋旁皇不能治事又圍棋二局用下
荊油擦於左輔下酉刻又用熟石膏塗於輔之內外而癢不少止
夜間癢尤甚至二更則癢極不復可忍極至三更之後癢漸減二
點後稍稍成寐是日聞賊出鄂境略一寬慰而吳楚千里
亢旱又憂灼慚悚若無地自容者

初七日

早飯後因昨晏起出門禱雨歸始早飯清理文件見客三次圍棋一局又觀人一局未正英國公使阿禮國來拜談三人與談良久巳正去習字一紙又坐見之客三次閱五禮通考中巡狩禮午刻小睡半時中飯後至幕府一談閱本日文件題識書面申正寫對聯挂屏見客一次久坐核批稿二三件天已暝矣小睡極核稿批甚多至二更二點止僅核昨日之牘本日之件尚未核也三點睡

初八日

早飯後禱雨畢至彩軍營一談歸圍棋一局又觀人一局至惠甫處一坐巳正小睡午刻閱巡狩禮見客王原常先謙來久坐又坐見之客立見之客各一次中飯後閱本日文件閱巡狩禮二十葉至幕府一談核稿批甚多傍夕小睡夜又核稿批兩日積牘核畢閱漁洋古詩選二更三點睡三更二點成寐

初九日

早飯後出行禱雨歸清理文件圍棋一局又觀人一局見客立見者一次坐見者二次習字一紙閱巡狩禮巳正小睡午初再閱五禮通考中飯後閱畢題識書面見客四川孫半汪叙疇来一談閱本日文件至幕府久談申正寫對聯挂屏酉初核稿批戌初小睡是日自巳刻起微雨如絲時作時止直至二更未動簷溜殊深焦灼旋再核稿批至二更二點畢温杜韓七古三點睡

初十日

早飯後出行禱雨歸清理文件圍棋二局習字半紙閱五禮巡狩巳正小睡見客二次午刻閱巡狩禮畢中飯後閱本日文件至幕府久談申正寫對聯六付核稿批倦夕小睡旋又核稿批二更三點温蘇詩七古朗誦十餘首疲乏殊甚三點睡是日陰雲竟日微雨如絲未動簷溜

存則月出放晴，憂灼之至。

十一日

早飯後清理文件，步行禱雨，歸，圍棋二局，午睡，美常竟日不能治事。見客坐見者三次，立見者一次。巳午間屢次小睡。中飯後閱本日文件，至趙惠甫處一坐，至幕府久坐，屢次小睡。又圍棋二局。本日晴，日益燥，大旱之象已成，鹽河無水，各鹽不能出場；運河無水，錢糧難至運東，寸心焦灼之至。午睡甚倦，夕小睡，略坐數息。夜核各稿，批核信稿十餘件。二更三點睡，尚能成寐。

十二日

早飯後步行禱雨，旋至何子永處久談，歸，清理文件，圍棋二局，寫少泉信一件。見客坐見者二次，立見者五次。閱觀象授時十葉，至惠甫處一坐。中飯後寫沅弟信一件，閱本日文件，見客坐見者二次，至幕府一談，寫對聯六付，掛屏一幅，核稿，批札未半，傍夕

小睡 校對稿 批核畢 二更後倦甚 靜坐片刻 三點睡 是日
亢晴 燥熱而無雨 令人意憂悶之至

十三日

早五更三點起 至關帝廟率屬行三獻禮 旋步行至甘露庵禱
雨 歸 早飯後清理文件 見客坐見者一次 立見者一次 圍棋二局
又坐見之客一次 立見者二次 習字半紙 閱錢象棋時十五葉
至趙惠甫處一坐 中飯後坐見之客一次 立見者二次 閱本日文
件 至幕府一談 小睡片刻 改信稿三件 片稿二件 偶多不
睡 核批札各稿 二更後溫杜韓排律 詩分抄 四類 仿古
文四象之類分選抄一分

十四日

早飯後至甘露庵禱雨 旋至姜子偲處 觀張近年所得書
收藏頗富 內有汲古閣開化紙初印十七史 天地甚長 又有白紙初
印五禮通考 其標字相傳係秦文恭公手校 又有通志堂

并刻之禮記釋文又有明刻十家注杜詩均善本也歸後
子偲以杜詩本見餉嘉靖丙申玉几山人校刻竟不知為何人也
見客坐見者三次立見者三次接奉 廷寄知已晉官大學士正值
軍務棘手大旱成災而反晉端揆適以重余之不德耳圍
棋二局閱觀象授時十葉中飯後閱本日文件改薛
府文談寫對聯付掛屏百餘字核奏片稿核批札稿傍夕
小睡核又核批札稿二更末倦甚三點睡二更後叶亭明進
三京敘訓米一刻許

十五日

早飯後清理文件見客二次圍棋二局至甘露庵禱雨呈日
又在靈官寺請雨黃昌期來一坐倦甚因小睡閱觀象授時
十二葉中飯後與幕友一談閱本日文件坐見之客三次寫
扁對掛屏一時許核信稿三件接沅弟五月初十十二日信知
湘鄉有哥老會滋事為之焦灼核批札稿校對摺件燈時

荅摺三摺五片小睡片刻核批稿畢核信稿二十餘件二更四點畢睡不甚成寐

十六日

早飯後至甘露庵求雨歸見客坐見者一次立見者二次圍棋二局清理文件旋坐見之客四次李壬叔劉開生等坐俱久又叶亭甥進京等語李載珪案覆均處之以格言說話太多遂覺神疲已極閱觀象授時格格不入中飯後至子密處一談閱本日文件困倦殊熱申初一刻睡直至酉初三刻方下床來向來畏熱雖未甚成寐因不能治事故久臥不起也酉正核核批札稿傍夕又小睡片刻燈後將批札稿核畢核信稿二件二更後溫古文識度之屬閱誦數首是日熱甚而風不息夜間皓月皎潔實常全無雨意焦灼之至聞湖北於初九日已得大雨蘇松太等處初九十日雨尤深透為之少慰

十七日

早飯後禱雨，旋至竹如處久談，歸，清理文件。圍棋二局，坐見之客二次。午刻寫紀澤信一件，沅弟信一件。中飯後與蕙甫一談，閱本日文件，核批札各稿，見客一次，倦甚，閱觀象授時，不能深入。傍夕小睡，夜核信稿二件。二更後溫杜詩，三點睡。是日微雨，甫動旋晴即止。

十八日

黎明出城，至靈谷寺，取水往返約四十里許。歸，至甘露寺行禮畢，至巳正二刻矣。歸署，清理文件。午刻徐河清來，山東萊州人，壬子進士，貴州即用知縣，現為候補道，起為胡文忠所賞，余雅識重其筆，曾經奏調，暢談大半時。中飯後與惠甫一談，閱本日文件，旋核批札稿，核總理衙門信稿，未畢，傍夕小睡，夜核總署信稿，核畢。二更後溫古文序跋類，三點睡，三更二點成寐。

十九日

早飯後至甘露庵禱雨歸　黃兒之客三次　二兒之客三次　清理文件
圍棋二局　與趙惠甫一談　巳正小睡　午刻閱觀象授時十六葉
中飯後　寫本日文件　至子密處久談　申正核批
札各稿　傍夕小睡　夜閱俞蔭甫所著經說　申約世兒之客
二次　言見其一次　二更後朗誦韓　歐七古　昨日自雲台山
請船西大風竟日　有傾壚拔木之力　江中斷渡　昨夜皓月如畫
絕無雨意　本日辰刻陰雲密布　轉得小雨　未得霑洒
自未刻至酉　鍾山雲氣甚厚　雷電交作　他處必有大雨
惜金陵城中未沛甘霖　憂愧無已　二更三點睡

二十日

早飯後至甘露庵禱雨　緣定明日夏至　即行停止　不再禱求　歸
清理文件　圍棋二局　辰正即得大雨　直至申未　始止　查吾鄉
約有五渡船　至惠甫處一坐　巳正小睡　午刻閱觀象授時
中飯後至子密處久談　閱本日文件　寫對聯八付　核稿

批札各稿，倦，夕小睡，擬核底稿二件。二更後溫書，文識屢云屬題，誦數首。二更三點睡。夢先君竹亭公著衣甚多，新鮮溫厚。是日閱邸抄，御史佛爾國春參劾沅弟以劾官相為肅黨不實，倒應反坐，鍾經請旨平反開缺，而痕跡甚重，吾家為眾人所側目，思之悚慄。

廿一日

早飯後至甘露庵，洵將送神，因命以四千金將靈谷寺漱加修葺。蓋請水四次，均有靈驗，四月廿一日兩次取水，五月十八条取水均得大雨，於二日省三取水，十五日聽蓮取水均得小雨，相傳先即寶誌和尚之八功德水也。歸見客，坐兒毋三次，圍棋二局，小睡片刻，午刻坐兒之客二次，中飯後閱觀象授時十葉，余於天文全無所解，故茫然莫不入，將以素味經之條理井然，故須編觀一遍耳。閱李日文信一函，藩府一談，寫對聯七付，校批札各稿，倦，小睡，擬寫沅弟信

二一件。是日閱湘鄉会匯全數，掃除為之少閒，閱總匯已

渡運河，又為大惺將批札稿核畢。閱曹子建詩，倦甚，

不能誦詩。近日常疲困思睡，豈老年精力衰頹，累忽眠

補劄耶。二更三點睡。

廿二日

早飯後清理文件，圍棋二局。陳虎臣來久談。吳蓀儀自湖

北來，商營壘統屬之事，詢及沅弟容顏，言不甚憔悴，惟

大旱，已成初九日之雨，實不甚大，不能栽插，且苗種已遲，卽

續得透雨之田，業散矣，不似此間向例夏至後猶可栽插

也。又湖北欠餉太多，營不得力，遣散又苦無資云云，聞之不

勝焦灼。沅弟公私不順，宜其怫鬱度日如年也。閱觀象授時

十餘葉。至惠甫處久坐，中飯後吳竹如、李雨亭來久坐。閱

本日文件，申刻寫對聯八付，核批札各稿，傍夕小睡，夜又核

一批稿，將沅詩酬荅諸人之賀和兩詩，竟以神思疲困不能下

華衰頹如此可嘆亦可怪也　三點睡

廿三日

早飯後清理文件見客一次圍棋一局又觀人一局閱鄧家接時十餘葉巳正小睡午飯後閱書午正請婁峻山劉子眉等便飯飯後閱本日文件俞蔭甫樾自蘇州來久談留在署中居住旋至藩府一談傍夕小睡夜核批札各稿二更後核信稿未畢四點睡直至四更始稍成寐酉初寫屏二百餘字對聯三付巳初習字半紙是日聞捻渡運河後經杞泰安勢將至濟青登萊數府蹂躪之至大局日壞恐不久吾又將奉　命北征矣

廿四日

早飯後清理文件見客坐見者三次立見者一次圍棋二局又坐見之客三次立見者一次朱武星檻潘伊卿先後來久坐談及湖北久旱沅弟憂灼恐怖鬱鬱之至太多或致生

旋閱觀象授時三葉 中飯後彭孫生來言及沅甫容顏憔悴 尤為之廑慮 談之甚久 即在署中居住 閱本日文件 酉刻至花甫府一談 旋又與孫生談 寫對聯六付 掛屏二幅 傍夕小睡 核批札稿甚多 二更後核戴氏叢書 陸理另行裝釘 四點睡 本日說話太多 幸尚成寐

附記

沅信○ 復信○ 丁信○

二十五日

早飯後清理文件 見客坐見者二次 立見者一次 衙門期也 圍棋二局 又坐見之客三次 巳正小睡 午刻閱觀象授時六葉 江慎修糾正梅勿庵歲實之說 讀之 花農兩錄 午正請俞蔭甫便飯 陪者山長周縵雲 倪豹岑二人 書局張嘯山等六人 及莫子偲等 凡二席 申初散 閱本日文件 寫對聯六付 掛屏四幅 與彭孫生一談 核告示稿一件 傍夕小睡 在

彭頤生、劉子梅先後來談。二更後因紀鴻明日回家，教訓一編。核批札各稿，直至二更五點始畢。三更睡，床久不成寐。是日自午至三、四更大雨不息，深透極矣，惟天氣太寒，又慮秋潦為害，亦殊慮之。

二十六日

早飯後清理文件，見客二次，又立見者二次，寫沅弟信一件，添筱泉信一葉。紀鴻兒偕眷由輪船赴鄂回籍，料理諸事，圍棋二局。已正小睡，午刻閱《觀象授時》，江慎修排梅氏平氣定氣之說，亦莫所解。中飯後至惠甫處一談，見客，坐見者二次，閱本日文件。至蔭甫處一談，申正寫對聯六付，核稿批多件。傍夕小睡，夜寫丁雨生信二葉，核稿數件。二更後溫杜韓七古，高聲朗誦。三更睡。是日陰雨竟日，時大時小，十分霑足，但嫌太寒耳。

二十七日

早飯後清理文件，見客，坐見者三次，立見者二次。圍棋二局。至惠甫處一坐。巳刻小睡。午初閱《觀象授時》中冬至權度錄，其所錄亦勉為細讀一遍。中飯後閱本日文件。至蔭甫處一談。改少泉信稿，寫扁二方。核批札稿，未畢。傍夕小睡。夜與鼓陬生一談，將批札稿核畢。二更後溫李杜七古。三點睡。三更末始克成寐。近日常覺憊乏不支，老境摧頹，而身所應了之事多未了，為之歎息。

二十八日

早飯後清理文件，旋坐見之客二次，立見者一次。圍棋二局。又坐見之客三次。巳正小睡。午刻閱《觀象授時》十餘葉。中飯後坐見之客一次。閱本日文件。至荃帥府久談。申正寫對聯六付，習字半紙。剃頭一次。核批札稿，未畢。傍夕小睡。夜又核批札稿。二更三點畢。是日陰曀，申酉間有將雪之象，方以為喜。夜深又復大雨，淒寒已似深秋時令，失序可憂

悝曾已

附記

鄧信 英信 劉信

二十九日

早飯後清理文件見客二次圍棋二局習字半紙已正閱刑案現
審二件批定小睡片刻午初閱觀象授時十葉至好相廬
兩亭及兩邑公請赴宴申初席散登五鼓樓一覽目極二三百
里殊為曠快酉初歸閱本日文件摺差歸閱京信邸鈔等
件核批札稿未正小睡核文稿批稿二更後溫蘇詩
七古在京買得大板通鑑輯覽書長尺二寸寬七寸每葉
二十八行每行二十五字略加涉獵殊覺心開目明

三十日

早飯後清理文件旋見客坐見者二次圍棋二局習字半紙已
正小睡午刻閱觀象授時十餘葉中飯後見客一次閱本日

文件 至蔭甫處一坐 竹如來久談 核批札各稿 傍夕小睡 夜温核信稿三件 約改四百字 二更後温古文識度之屬 朗誦數首 三點睡 是日屢次下雨 至夜尤大 三更後大雨如注 又憂淫霖為災 殊切焦慮

六月初一日

黎明至文廟拈香 歸後絕賀朔之客 飯後圍棋二局 見客一次 与彭雪琴久談 清理文件 巳正小睡 午刻閱觀象授時 中飯後又閱數葉 坐見之客一次 閱本日文件 至蔭甫處一談 申正寫對聯六付 核批札稿未畢 傍夕小睡 夜又核批札稿 二更後温揚馬各賦 朗誦數首 三點睡 是日屢雨屢雲 燈後徹夜大雨如注

初二日

早飯後清理文件 見客坐見者二次 圍棋二局 巳正刻改信稿五件 約三百字 巳正小睡 午正刻閱觀象授時 伊卿來

久坐中飯後與鈍生久談閱本日文件寫沅弟信一件改李筱泉信一件與薩甫一談寫對聯六付核批札稿傍夕小睡極又核批札稿至二更二點半疲倦殊甚是日申正自家來詳詢親族各家三點睡屢次夢魘余向來神思疲困則魘憊極則屢魘本日困憊尤甚老景如此不復堪居此高位矣

初三日

早飯後清理文件見客坐見者一次立見者一次出門拜客竹如處久談小湖處久談閱觀渠所藏法帖一曰褚書孟法師碑筆意似雲麾與而結體絕似歐陽率更與褚公他書不類一曰丁道護書啓法寺碑隋碑而字體有類晚唐矮方而勻整聞嘉湖侍郎以千金購之蘇州陸恭家一曰宋搨雲麾碑即嘉湖侍郎曾經翻刻者也一曰善才寺碑名為褚河南書實魏棲梧書仿褚法耳又看晉唐小楷種共十一種其中樂毅

論東方貫絕佳乃悟古人用筆之道如鵝鵉引滿蓄而不發帰途做詩二句云側勢遠從天上落橫波旋向弩端迴又拜客八家均未拜会帰坐見之客一次午刻閱觀象授時六葉中飯後至惠甫處久坐閱本日文件申刻寫對聯付核批札各稿酉正三刻畢傍夕小睡抄溫古文識度之屬朗誦十餘篇二更三點睡夢境不佳深以陳中湘軍為慮

初四日

早飯後清理文件見客坐見者三次圍棋二局旋又見客一次小睡片刻習字半紙午刻看書二葉莊子偲濤伊卿先後來久談中飯後至蔭甫處一談閱本日文件坐見之客一次寫對聯六付掛屏三幅約二百餘字与趙惠甫久談天氣甚熱將核稿而憚其難在室中偃仰久之傍夕小睡植核稿批甚久二更三點睡

初五日

早飯後清理文件，見客坐見者三次，立見者一次，圍棋二局。又見客坐見者一次。清泉舉人劉端詳送其父及外祖所著書，略看一過。巳正小睡。午刻閱觀象授時，申天歌。中飯後天氣甚熱，余畏熱特甚，坐臥不安。閱本日文件，核習字一紙。申正寫挂屏三幅，對聯三付。熱極驟雨，雨後至惠甫處久談。傍夕小睡，桓核札批各稿。二更後誦韓歐七古三點。睡半桓大雨如注，殊慮所湧為災。

初六日

早飯後清理文件，見客坐見者二次，圍棋三局。寫澧侯弟信一書，核信稿二件。巳刻坐見之客一次，小睡片刻。午刻閱觀象授時中之推步法、句股割圓記一卷，所解殊用為恥。中飯備八盤，請彭翼生、甲七姪便飯。未刻閱本日文件，至俞蔭甫處一談，汜梅來一談。核批札稿，酉正二刻畢。

竟棋一次閱鄉飲酒篇中飯後二更前與幕府久談飯後閱本日文件寫寸大楷字二百又至幕府將車單細核為正月移營之用寫對聯十付見客坐談者一次閱傍夕又與幕府友久談旋又寫楷字二百前寫二紙與鴻兒二紙與叶甥以呢幕年本日所寫四紙寄瑞姪官姪各二紙核批札信稿頗多二更後溫杜公及王右丞五言律詩三點睡五更醒

廿七日

早飯後清理文件見客多一次談頗久圍棋一局又觀人一局與幕府友久談閱鄉射禮至申初畢中飯後閱本日文件申刻寫對聯七付橫披一幅約百餘字傍夕與幕府友久談核核批札各稿是日接沅弟信廿四日言十九二十日接仗獲勝為之一慰午初後信并將密考武弁人送去核信稿頗多二更後溫文選蜀都賦三點睡三更成寐四更四點醒

常〻江鶴臺談甚久 申刻寫扁五幅 對六付 酉正核批札稿 寫雲仙信一葉 傍夕小睡 核核批札稿 二更二點 三點睡

初八日

早飯後清理文件 見客 唯見者三次 圍棋二局 習字一紙 疲倦殊甚 不願治事 巳正小睡 午刻閱鄧象授時 中飯後與眉生久談 閱本日文件 陳雲崖來一談 閱邸鈔 因賊竄青納沅弟奉　旨摘去頂戴 交部議處 少泉亦有戴罪圖功之責 大局日壞 軍勢難振 不勝焦灼 請伊卿來一談 囑其至湖北一行 疲乏異常 行坐不安 在室中大椅偃臥良久 核咨札批稿 傍夕小睡 燈核摺稿一件 信稿一件 因疲倦不能治事 與惠甫眉生先後談病狀 二更三點睡

附記

韓琳近對

初九日

早飯後清理文件 圍棋二局 見客坐見者一次 習字一紙 疲乏殊甚 似有感冒 在室中桄細形 與蘭甫 惠甫久談 蔡貞齋來久談 改函 恩摺 至午正畢 中飯後與眉生久談 閱本日文件 閱寫匾字二十餘个 對聯三付 掛屏四幅 核批札稿 朱星檻自湖北歸 問及沅弟不甚憔悴 爲之一慰 閱家信等件 傍夕小睡 核改摺稿一件 改稿一件 二更三點睡 是日本有小瘧 勉強治事 甚多支撐過去

初十日

早飯後清理文件 見客立見者一次 坐見者五次 習字一紙 圍棋二局 疲倦不能治事 午刻將陳雪廬所著經說略一繙閱 午正小睡 中飯後與眉生久談 蔭甫來一談 閱本日文件 寫對聯掛屏頗多 至藩府久談 發報五摺三片 傍夕小睡 核批札各稿 二更三點睡 三更成寐

十一日

早飯後清理文件習字半紙 寄諭二道是日請藩司麦孟元武湖看荷花辰刻余出門先拜羽軍已初至太平門与諸藩君相会同坐小船每船約受三人長約八九尺牽行於荷花之中自太平門外曰行三里許至蔣湖一望程後下船蔣湖之西北為趾湖為光湖其西南為長湖為彭湖之上向有百餘家亂後遂不及一半舍行五里許至神策門登岸進城凡行荷中八里許 天氣陰而微雨既不涼亦不熱是日賓主樂之自神策門行至妙相庵約十里許午未置酒申初散送俞蔭甫彭雪生自此赴上海諸客并回署中閱本日文件見客三次与惠甫一談傍夕小睡 核批札各稿溫古文氣勢之屬朗誦十餘首二更三點睡三更後大雨如注直至次日辰刻未少停深慮淮縣為災焦灼曷已

十二日

是日為先妣江太夫人忌辰，棄養已十六年，不孝不承奉顏色者二十九年矣。早飯後清理文件，圍棋二局，習字半紙，旋見客，晤見者四次，立見者二次。巳午之間，陳心梅、熊秋白先後來久坐。閱《觀象授時》中歷代正朔。中飯後至惠甫處一談。閱本日文件，寫沅弟信，料理輪船赴鄂應清各件，核批札稿甚多，又至幕府一坐。傍夕小睡，覆核信稿二件。二更後溫韓詩七古，三點睡。是日早間大雨，直至巳正始止，下半日晴霽。

十三日

早飯後清理文件，習字半紙，圍棋二局，見客立見者一次，坐見者二次。瘧病殊甚，小睡半時許。閱《觀象授時》中夏小正二十葉。中飯後遶室閒步，閱本日文件，至幕府子密處久談。歸，病之殊甚，行坐不安，再与耕耘圍棋二局，寫對聯五付，坐床久睡，幸頗成寐。旋核咨札批稿。二更後病困殊甚。劉開生等診脈，甚盡草方，黃芪、熟地等味，並將而不敢服，恐有濕熱風寒之外症也。換大布衣絝襖之綢衣綢襖，稍爲適體。甚涼恬蕭索之意，睡後亦頗成寐。

十四日

早飯後清理文件，習字半紙，圍棋二局，疲病殊甚，不能治事。至上房偃臥避風，直至午刻。李朝斌、高梯先後來，始一見客，亦不迎送也。閱《觀象授時》中《月令》三十餘葉。中飯後閱本日文件，旋與惠甫一談，請其診脈，兩盡弱。中漸有外感，頭暈眉疼，亦似外感。久坐室中偃臥，旋將本日札批稿核畢。傍夕與惠甫久談。燈後粗飯，旋復久臥，直至二更二點始起，三點後睡，三更後成寐。上身出汗，蓋午刻吃蔥韭煮麵，至是始發，病可舒矣。天氣太涼，與深秋相似，殊以歲事爲慮。

十五日

因二病仍絕賀朔之客清理文件　習字半紙圍棋二局兒窗
生見其一次三見其一次小睡半時接少泉信言倒守運河
籌策因於地圖兵力細加籌度午刻閱觀象授時中
之讀時令條觀象授時門閱三年　素不曉天文算學閱數
未閱也　中飯後李質堂陳作梅先後來久談因畏風留
在上房相見閱本日文件申正核咨札批稿　傍夕惠甫來
久談　夜核信稿二件二更後溫東坡七古三點睡是日天
氣甚涼病體未愈禁風一日申刻以後治事甚多亦尚
足支持耳

十六日

早飯後清理文件習字半紙圍棋二局與幕府友一談寫紀
澤等信一件　小睡片刻午正閱通鑑擇覽從宋看起
因五禮通考義蘊殊深病中難於用心故改閱史耳閱十
七葉中飯後與惠甫久談外感漸輕而疲困如故閱本日

文件申刻寫對聯七付挂屏一副接蔡貞齋入署居住与之久談又与惠甫一談核批札各稿傍夕小睡極疲困殊甚竟不能作一事背誦詩經數首二更三點睡未能成寐

十七日

早飯後清理文件圍棋二局習字半紙見客坐見者二次与貞齋等一談午刻閱通鑑輯覽宋廿三葉中飯後兩常十未久坐閱本日文件旋寫對聯五付核信稿六件核稿批未畢極又核稿批与惠甫一談核稿直至二更二點粗畢精神日憊公牘日繁實不能了三點睡

十八日

早飯後清理文件拜發萬壽賀表習字半紙圍棋二局寫叶亭甥信二葉巳正小睡午刻閱通鑑輯覽宋紀二十葉中飯後与惠甫一談閱本日文件見客坐見者二次立見

坐一次。寫沅弟信二葉。核稿批札，未畢。傍夕小睡。核批稿批核畢。溫古文氣勢類，朗誦數首。二更三點睡。是日病將全愈，幸以不藥勝之。本日酷熱，為今年所初見。驟雨三次。夜二更大雨，直至三更後未息，深以霖潦傷稼為慮。

十九日

早飯後清理文件。習字半紙。圍棋二局。小睡片刻。汇梅來一坐。又坐見之客一次。閱通鑑宋真宗年。劉竹如來久談，一時半。申初始中飯。飯後閱本日文件。吴竹莊來久談，困乏殊甚。又與惠甫一談。傍夕小睡。夜核稿批，二更二點畢。是日說話太多，疲極不復能自振。三點睡，尚能成寐。

二十日

早飯後清理文件。見客，坐見者二次，立見者二次。習字半紙。

圍棋二局 旋又坐見之客二次 閱通鑑宋紀仁宗二十三
葉 午正小睡 中飯後閱本日文件 熱甚 小睡 寫對聯八
付 核稿批畢 小睡一時許 燈後與惠甫久談 旋改信
稿十餘件 二更三點睡 是日酷熱 與去年六月廿日條
在南陽湖等處相似

廿一日

早飯後清理文件 圍棋二局 見客一次 習字半紙 趙惠甫
來一談 小睡片刻 午正閱通鑑宋紀仁宗二十三葉 中飯後至
幕中一談 閱本日文件 坐見之客一次 申刻寫對聯
六付 核批札各稿 至上燈時 雲叔一談 傍夕小睡 植熱甚
不能治事 與惠甫在院中乘涼 二更二點後寫信一
葉 三點睡

廿二日

早飯後清理文件 坐見之客二次 圍棋二局 本日上江學

及朱久香先生進城，余至渠公館等候迎接，晤談良久。旋至南門城樓一望，巳正二刻歸。午刻閱通鑑宋仁宗十八葉。中飯後睡，與子密、惠甫一談，旋閱本日文件，習字半紙，寫對聯五付，核稿批頗多。傍夕至惠甫處一談。旋睏甚，不願治事，溫相如子虛賦四首，旋又溫韓文詔令類。二更三點睡，直至三更四點乃克成寐。

二十三日

早飯後清理文件，見客，坐見一次，圍棋二局。見安慶調來之委員一人、紳士四人，言安慶豪蠹霸湖塗一事，所辭不覺生怒，嚴責良久乃已。旋又見客，立見者二次，坐見者三次。小睡片刻。中飯後閱本日文件。李輔堂寄其父文恭公年表、議稿、詩文集、墓誌、神道碑之類來，續閱良久。寄沅弟信。潘伊卿自湖北歸，一談，言沅弟肝病甚劇，云志甚決，為之歎息。閱通鑑宋仁宗十八葉。傍夕與惠甫

一談 極核批稿甚多 二更三點睡

二十四日

早飯後清理文件 朱久香先生來久坐 程尚書來暢談 小睡
甚久 午刻閱通鑑宋仁宗英宗二十葉 中飯後至惠甫處一談
閱本日文件 習字半紙 寫對聯五付 掛屏二幅 核稿
批多件 傍夕小睡 極核信稿 二更後溫史記數首
三點睡 是日酷暑異常 殊以為苦

二十五日

早飯後清理文件 見客坐見者二次 小睡片刻 習字半紙
閱通鑑宋神宗二十葉 寫雲仙信一封 中飯後閱本日
文件 惠甫來一談 核批稿各件 天氣奇熱 繞屋閒步
不能治事 傍夕至後院乘涼 一睡 極核信稿多件 極溫
古文辭賦類 朗誦離騷 二更三點睡 酷暑有似上年在
宿遷時 幸尚成寐

二十六日

早飯後清理文件　接見之客二次　閱通鑑宋神宗十葉　小睡半時　又閱十葉　習字半紙　午初吳竹翁朱久翁來便中飯　直談至申正方散　接閱本日文件　天氣奇熱　不能多治事　傍夕至後院竹床久睡　夜核稿批　二更後添丁雨生信一葉　温史記一首　三點睡　三更後成寐

二十七日

早飯後清理文件　習字半紙　接見之客四次　立見者一次　小睡片時　閱通鑑宋神宗哲宗二十三葉　中飯後閱本日文件　圍棋二局　核批稿　又核薪水單一件　傍夕至蔡貞齋處一坐　又至惠甫處一坐　夜核信稿多件　二更後温史記李廣傳儒林傳　三點睡　是日天氣酷熱　若再得半月不雨　歲乃或可有秋

二十八日

三一五早飯後清理文件習字半紙見客坐見者三次吳竹莊程尚齋談
皆極久小睡片時已正閱通鑑宗哲宗二十三葉中飯後酷暑
異常不能治事旋閱本日文件寫沅弟信一封坐見之客
二次核批稿多件傍夕在後院與客久談粗核信稿五
件二更二點后大暑侵人疲乏殊甚不復能溫古文矣三點
睡三更後成寐

二十九日

早飯後清理文件習字半紙坐見之客一次小睡大半時巳
正閱通鑑宋哲宗徽宗二十五葉中飯後酷暑異常閱本日
文件又在竹床上偃臥良久雜核批稿核信稿粗畢與蔡
貞齋等在後院乘涼夜飯後仍至後院乘涼二更入內室
將苦熱不能治事之意吾深居廣廈之中而晨興如此前敵
軍士居一單布帳棚鍋竈均在其旁防剿不能少休其
苦樂相懸何止千倍深用愧悚

同治六年七月初一日

早飯後清理文件吳竹莊來久坐在竹床小睡良久閱通鑑宋徽宗二十三葉習字半紙中飯後至惠甫處一談閱本日文件旋核批稿潘伊卿來久坐是日酷暑異常有流金爍石之象傍夕至後院乘涼直至二更方入內室溫杜韓七古三點睡直至三更三點始稍成寐

初二日

早飯後清理文件坐見之客三次立見者一次酷熱在竹床久睡陸續閱通鑑宋徽宗二十四葉午刻習字半紙未初請客吳竹莊等便飯申初散閱本日文件又在竹床屢睡令人搖扇核批稿各件寫沅弟信一葉傍夕至後院乘涼與竹莊惠甫久談直至二更方散溫史記三首三點睡

初三日

二七　早飯後坐見之客三次　清理文件　天氣奇熱　屢在竹床小睡　令人搖扇　閱通鑑宋欽宗二十五葉　午正習字半紙　中飯後閱本日文件　又屢在竹床久睡　極熱　神昏若有病者　酉刻核稿批偏　夕至後院乘涼　復在竹床久睡不能一合　二更三點仍在竹床上睡　三更登床　苦熱不能成寐　四更三點後起　至竹床睡片時　天明止　二日之熱與上年五月十二三在盱眙雙溝等處相似　老年不能堪此

初四日

早飯後清理文件　坐見之客二次　在竹床屢睡　閱通鑑宋高宗二十二葉　習字半紙　中飯後閱本日文件　在竹床久睡　申正後風雲變色　似有雨意　暑氣為之少減　核稿批各件　燈後又核積壓之稿數件　二更後溫古文識度之屬　三點睡　天氣稍涼　差得佳睡

初五日

早飯後清理文件　見客三次李小湖坐甚久旋至竹床久睡閱通鑑宋高宗二十四葉習字半紙中飯後閱本日文件又至竹床小睡閱方植之文集抄本核稿批各件至惠甫處一談後院彩泥一樓粗成登高眺望旋至竹床上久睡擬出明日決科題目二更後溫左太沖陶淵明詩朗誦甚久三點睡是日較之前三日暑氣已少退矣

初六日

早飯後清理文件　坐見之客四次習字半紙在竹床小睡閱宋高宗二十四葉中飯後閱本日文件與子密一談在竹床久睡核稿批頗多午（未牟）刻寫澄弟信二葉申刻寫紀澤信二葉寫少泉信二葉與執甫一談傍夕與客坐後院彩樓旋核稿批三年二更後溫漁洋

五言古詩選

初七日

早飯後清理文件 屢在竹床小睡 閱通鑑宋高宗二十六葉 見客 溫習字半紙 中飯後閱本日文件 體中小有不適 在竹床久睡 核稿批多件 傍夕至後院樹中一眺 檢溫史記選 宋槧之屬八首 識度之屬八首 三點睡 近日風大而不雨 田水將盡耗涸 殊以為憂 日巳刻 申刻閱方植之所為古文及桐城鄭福照所為姚惜抱年譜 方植之年譜 粗涉一遍

初八日

早飯後清理文件 方存之 陳虎臣先後來一談 龐省三 倪豹岑先後來 代閱課卷與之一談 在竹床久談 閱通鑑宋高宗二十五葉 坐見之客一次 習字半紙 中飯請龐省三等便飯 飯後閱本日文件 批甚 在竹床久睡 申刻

寫對聯五付　移又以睡　核批稿未畢　傍夕坐後院亭
樓　核批稿　批核畢　又核信稿三件　二更後閱史記　溫
誦三首　三點睡　是夕三更後頗涼

初九日

早飯後清理文件　坐見之客一次　龐省三等來閱課卷
與之久談　在竹床處睡　圍棋二局　閱宋孝宗二十二葉
習字半紙　中飯請龐省三等小宴　閱本日文件　至
惠甫處一談　申刻寫對聯五付　核批札各稿畢　至
後院樓上一覽　與惠甫一談　二更後溫古文氣勢之屬
三點後大汗　四更後成寐

初十日

早飯後清理文件　坐見之客二次　立見者一次　在竹床
上小睡良久　閱通鑑宋孝宗光宗　午刻習字半紙　中
飯後與貞翁久談　閱本日文件　熱甚　在竹床久睡　閱

楊樸庵所選四書文中實兼畢各篇，核批札稿，至
後院樓上乘涼，樓係月初九日興工，本日蔵事，惠甫
負高爾等僅來，乘涼直至二更始散，溫古文識度之屬
三四點睡，天仍鬱熱，四更後屢醒

十一日

早飯後清理文件，在竹床小睡片刻，劉開生來久談，圍
棋二局，巳正閱通鑑宋寧宗三十二葉，午刻習字半紙
中飯後畏熱，閱本日文件，會見之客一次，在竹床久睡
令人搖扇，申正寫沅弟信一封，約三百字，核批札稿未
畢，傍夕至後院樓上乘涼，惠甫客來共其多，擬在院中
睡，二更三點即在院外睡，三更後入室就床，久不成寐
天仍鬱熱，四更未稍成寐

十二日

是日恭逢
慈安皇太后萬壽，五更三點至貢院南屋

行禮於閣祝直院修葺各處燈晚還樓一鐙展刻將早
飯後坐見之客一次竟見者一次在竹床房睡已正閱通鑑
宋寧宗宋二十四葉習字半紙中飯後閱本日文件天氣
奇熱行坐不安惟在竹床偃臥丈人搖扇不止酉刻
核批札稿未畢至惠甫處丁小偶夕燈後院小樓乘涼
直至二更始下將批稿各件核畢在院中小睡三更入
室睡酷暑侵逼神魂不寧夢魘四次

十三日

早飯後清理文件於坐見之客三次在竹床小睡屋內閱
通鑑宋寧宗理宗二十三葉習字半紙中飯後散步甚久
閱本日文件天氣酷暑在竹床久睡核書朝斌不歸卒
宗丁批一件吳竹莊送碧紗廚一架置於上房西間於
核稿批各詩子密未久談閱燈後院小樓乘涼燈後
核飯客散後余又燈樓直至二更才下仍在庭院竹床

上房涼三點入室三更三點始得成寐

十四日

早飯後清理文件旋坐見之客三次在竹床久睡閱通鑑宋理宗二十三葉中飯後習字半紙閱本日文件核批札各稿閱魏剛己所為詩名著默深先生子也在竹床久睡得李少泉信出膠萊河之守局不可恃焦慮之至傍夕至後院小樓上房涼極在上房院中乘涼久臥竹床二更三點入室睡尚能成寐余性畏熱近來竟日昏睡不能治一事念世變方殷賊匪遲迴將竄蘇境為切膚之災而余忝竊高位大名不能捍禦深為愧歎而已

十五日

是日酷熱絕無客至早飯後清理文件在竹床屢睡旋寫李少泉信四葉閱通鑑宋理宗二十四葉中飯後習字半紙閱本日文件申刻大風雨略解酷暑未動燈後酒而寐

高、氣勢之一法。醫中清諸道人。核批札各稿。酉刻核
信稿多件。傍夕小睡。後閱小楷。與子密久談。日更，初寫張
子青信，至二更四點方畢。是日治事稍多，睡後亦能成
寐。

附記

〇青公二周禀　　查張　　〇張蔚先軍策

〇林植棠　　〇卞張胡禀　　〇蔡譚〇艦

十二日

早飯後清理文件。見客三次。朱守謨坐頗久，歷訴馮邦棣
之壞。李竹浯來。小睡。旋閱通鑑宋理宗十八葉。熊范潭學政來，
久談。午刻出門回拜熊學政。午正二刻歸。中飯後補閱
通鑑三葉。閱本日文件。酷暑若樾閣圍棋二局。習字半
紙。申正陰風，頗覺清涼。核批札稿。未畢。傍夕小睡。核
涼，已覺秋氣襲人。核批札稿。核畢，又核信稿數件。二

更後溫誦經離騷頭誦已久三點睡

附記

鄧金星蔚 寧國物 孔薦平 差

十七日

早飯後清理文件 在竹床小睡數次 閱通鑑宋理宗度宗帝昺共二十六葉 午前習字半紙 中飯後閱本日文件 圍棋二局 天氣悶熱 累日雲雷而不成雨 殊以為田禾憂 核批札各稿 傍夕至雍甫開一坐 不赴華申甫中將一月令稿核改稿三件 二更後閱漁洋五古詩選中之唐宋家 三點睡 但更後略能成寐

十八日

早飯後清理文件 在竹床屢睡兒寐 少覓共二次 竟兒此二次 習字半紙 閱通鑑帝昺元世祖共二十三葉 中飯後少覓之寐一次 閱本日文件 在室中繞屋散步 又

坐竹床久睡，後閱海文傳十餘葉，與圍棋二局，核批札稿。是日酷熱異常，思覓金石於流土山皆進，傍夕登樓亦不覺涼。清源、接澄弟等六月廿二日家信，知鴻兒將以七月初四日赴省鄉試，並未接余六月十六之信，深慮其不能完卷，於文理紕繆見嘆於人。夜過熱，極不能治事，至惠甫處久談。二更三點睡。天晴不雨者又一月矣。聞沿江亢旱，求雨甚切，可憂灼之至。

十九日

早飯後清理文件，坐竹床屢睡，閱通鑑廿三葉，午刻習字半紙。中飯後熱極，得驟雨一陣，雖不甚寬廣，而頗覺深至約二寸許。旋坐見客一次，閱本日文件，至惠甫處一談。酉刻核批札稿，傍夕登樓乘涼，夜改劉峴庄信稿約千三百字。二更四點末睡，尚成寐。

二十日

早飯後清理文件 見客坐見者四次立見者三次 小睡二次

閱通鑑元紀 二十二葉 中飯後習字半紙 閱本日文件

至惠甫處久談 坐竹床久睡 乘涼 圍棋二局 核批札各

稿 傍夕坐樓上乘涼 極改信稿一件 約四五百字 二更後

溫韓文名碑銘三點 睡 本日業已出伏 尚酷熱令人難

堪 閱安慶滁和一帶旱象已成 江寧府屬高田亦甚歉收

裏下河縋得河中給 不知十五日開車邏堤後若何雨害

否否受文象之至

二十一日

早飯後清理文件 見客坐見者四次 潘季玉 朱久香 談俱

已正散 小睡片刻 閱通鑑元武宗二十三葉 中飯後閱本

日文件 天氣酷熱侵人 圍棋二局 旋習字半紙 閱李

宮保信一件 將沅弟所分送各友之船山遺書三冊

部依人分送一 至惠甫處久談 傍夕小睡 極核批札

各稿後溫韓文碑誌眠院中竹床小睡二更三點入
室三更眠床笫蒸熱之氣猶不少減

廿二日

早飯後清理文件見客坐見者三次圍棋二局閱通鑑元
仁宗英宗泰定帝二十三葉中飯後閱本日文件甚熱
極後陰雲濃雨少覺清涼至惠甫處少談寫沅弟信
三葉約三百餘字核批札各件傍夕與方濬一談夜
接沅弟及紀鴻兒信添沅信一葉寫紀兒信二葉二
更後溫古文序跋類三點睡尚能成寐

廿三日

早飯後清理文件李雨亭來久坐又坐見之客二次在竹床小
睡良久巳正閱通鑑元明宗文宗順帝二十三葉中飯後睏
甚閱本日文件在室中偃臥竊覺不勝酷暑之侵逼習
字半紙酉刻核批札各稿未畢惠甫來久坐核批札

稿畢，改京控案摺稿未畢。二更後溫古文雜記類，三點睡，尚能成寐。

附記

復○松生信

二十四日

早飯後清理文件，見客，坐見者二次，小睡數次，閱通鑑元順帝二十四葉。中飯後酷熱異常，閱本日文件，又坐見之客二次，在室中坐臥不寧，畏暑特甚。至惠甫處一談。申正風雲變色，酉刻大雨傾盆，連宵達旦，十分深透。近日江寧各屬望雨極切，得此可望有年，為之欣慰。而淮安裏下河一帶又恐雨多隄決，為之憂系。燈後核批札稿畢，改二案諸條摺稿，至二更四點改畢，睡後不甚成寐。是日未正習字半紙。

二十五日

早飯後清理文件見客一次圍棋又見客二次衙門畫到也
出門拜潘季玉朱久香兩處坐談頗久又值大雨巳正二
刻歸閱通鑑元順帝二十二葉中飯後閱本日文件
圍棋二局在室中偃臥良久核批札各稿傍夕至惠甫
處久談核倦甚擬改摺稿而竟不能下筆因在室中
徘徊久之二更後將溫古文亦以疲倦不能成誦蓋衰態
也二更三點睡三更後稍能成寐

二十六日

早飯後清理文件見客坐見者六次說話太多疲乏已極
在竹床小睡將妻翁尹墨德所呈文集一閱午初閱通
鑑元末明初十六葉中飯後又閱五葉閱本日文件小睡
片刻改摺稿一件約改二百餘字傍夕與蔡貞齋一
談圍棋核批札稿申刻一客一次談頗久二更後疲困
殊甚不能多治事三點睡不甚成寐本日又大雨

連兩三日又患淫瀉，爲之屢急之至

附記

○送名元卷

二十七日

早飯後清理文件，於出門至貢院一看，令號對棚及各棚遮眼之物一概拆去，以便點名時可以嚴密。於又至吳竹如處一談，已正歸。彭頌生自蘇州回，與之一談，又見之客一。後閱通鑑輯覽明太祖十一葉。中飯後又閱十葉。閱本日文件。疲倦殊甚。至惠甫處久談。於核批札各稿，傍夕與頌生久談。核改摺稿一件，約三百餘字，酉正未畢。二更後溫古文，哀祭類、奏議類、贈序類三點。睡。本日又後陰雨，天之氣已涼，秋色蕭然矣。

二十八日

早飯後清理文件，於赴鮑華亭處會考拔貢，恆貢出題

德不孤二句　子路曰願車馬二節　巳初四刻圍棋二局　坐見之客一次　閱通鑑明太祖建文帝　十五葉　中飯後又閱七葉　閱本日文件　李雨亭　魏蔭庭先後來久談　改摺稿　後半至燈前畢　又將織造名案再三檢校　疲困之至　因至惠甫處一談　而本日批稿各簿竟不能閱核矣　旋至室中偃息　二更後小睡　三點睡　尚能成寐　特以用心太過　困乏殊甚耳

二十九日

早飯後清理文件　見客坐見者四次　立見者二次　改信稿一件　將昨日應核之稿批各簿核畢　旋圍棋二局　睏乏殊甚　請開生診脈　中飯後與朗生一談　閱本日文件　申正寫對聯八付　疲倦之至　本日不能看書　傍夕蘊亭來久談　旋偃息　不能治一事　將摺件核對　拜發四摺　三片　三點睡　三更後稍能成寐

八月初一日

早謝絕各客。飯後清理文件，坐見之客二次。將那日應核批稿核畢。閱通鑑明成祖二十二葉。中飯後畢閱本日文件。鮑學政來久坐。寫對聯七付。又立見之客一次，坐見者一次。至惠甫處一談。傍夕小睡。夜將本日稿批核畢。二更後溫杜韓七古。三點睡。是夜服補藥一帖。

初二日

早飯後清理文件，見客，坐見者一次，立見者一次。出門至學院處會考，簾官出題，有截搭類兩章。巳正歸署，見客，立見者二次，坐見者三次。寫叶亭信一件。閱通鑑明成祖十一葉。中飯後閱本日文件，見客，坐見者三次，立見者二次，說話太多，疲乏之至。傍夕與貞幹等一談。夜核批稿各件。二更後手勞困殊甚，心若將脫，氣若不能接續者。三點睡，尚能成寐，五更醒。

初三日

早飯後清理文件見客坐見者三次寫沅弟信一封改陳松生信又添一葉閱通鑑明仁宗宣宗十一葉小睡片刻午刻魏蔭亭來久坐中飯畢後閱本日文件坐見之客二次圍棋一局寫對聯四付挽幛一付潘伊卿來一談傍夕與客坐談後核信稿小睡片刻核批稿各件二更後畢眼蒙殊甚不能治事三點睡

初四日

早飯後清理文件見客坐見者二次立見者一次接沅弟信山東膠萊河之防被賊潰圍衝出焦灼之至閱通鑑明宣宗英宗二十三葉中飯請魏蔭亭錢秋白等便飯閱本日文件疲倦殊甚將考廉卷閱看數本寫信與鮑春霆李雨亭來久坐剃頭一次傍夕坐核一看見客一次核批札各稿二更後將張皋文詞選二卷一閱三

點睡三更後成寐

初五日

早飯後司道接見談頗久旋至貢院演試新舊鎗礮四營放圍視良久巳初歸清理文件見客坐見者一次立見者二次閱通鑑明英宗景帝二十二葉中飯後閱本日文件明日主考來本署入簾宴照料委員等鋪設諸物寄滬弟信一封約四百餘字至惠甫處一談旋又與子密久談傍夕小睡旋核批札各稿二更後閱張皋文詞選二卷略為諷誦三點睡五更醒

初六日

早飯後清理文件閱通鑑明景帝英宗十二葉辰正餞主考朱兩學使來巳初到鍾山通副有銘王玉文編修紫瑄兩編修來余與學使司道至大堂迎接恭請聖安旋陪至二堂當中平列五席兩邊八字分列七席司道陪坐末国

一條高戒節丙入闈宴筵澤青僅有果碟獻茶三道畢陪
主考至花廳小敘更換朝衣後又至大堂向 恩望闕行三跪
九叩禮 主考學政後至花廳小坐即送之入貢院送朱學
政回公館午初畢又閱通鑑十一葉中飯後閱本日文
件 小敘 睡一刻 酉刻核批札各稿 雅與惠甫久談 傷多小
睡 擬復少泉信稿一件 二更後溫韓詩七古 倦困殊甚
三點睡 四更三點醒 五更後又略成寐

附記

○宋撤委　○朱吳中秋　○凌鼓書交熊　○朱甌信寄

初七日

五更二點起至文廟丁祭行禮 辰初歸
早飯後清理文件 見客坐見者一次 立見者二次 前日會考之拔
貢優貢俱來等見分作兩次接見 閱通鑑明英宗憲宗
七葉 陳作梅來久坐 倦甚小睡 中飯後閱本日文件 維
秋自來久坐 小睡半時 接奉八月初二日 廷寄 嚴旨詰責

少泉有糜餉殃民甚咎甚重等語。寫對聯八付。至惠甫處久談。小睡片刻。旋核批札各稿，核信稿一件。二更後誦古文識度之屬。三點睡，尚能成寐，五更醒。

附記

○書館吳信寄揚　○仲仙信託子

初八日

早飯後清理文件，旋見客一次，談頗久；又立見之客一次。閱通鑑明憲宗二十三葉。午刻核信稿二件。中飯後閱本日文件。是日貢院點名，屬派人看視，因彰德添高等燈旗，全不擁擠，惟點進時甚為遲延，自寅初至未正僅點一半，因兩次寄信催之，自申刻至亥正，比前半較為迅速，三更點畢封門。申正核批札各稿，未畢。傍夕登樓一覽。在又核稿至二更始畢，疲倦殊甚，頭痛。三點睡。

初九日

早飯後清理文件，旋閱通鑑明憲宗孝宗二十葉。巳初至太平門請吳竹如、朱久香同看荷花，至長洲郭湖隄岸左民家小坐。該處湖中又有小湖，上有小山，雅田船。午正驕陽正熾，燥熱殊甚。未初至城樓中飯，久香等坐即席作七律一首。申初歸，散回署。閱本日文件。申正李雨亭來，久坐。閱錢臣於廿八日至贛撫入江蘇境進攻之。至王惠甫處一談。核批札稿，二更後核信稿一件，約改三百餘字。三點睡，三更二點成寐。

附記

○核信抄底稿

初十日

早飯後見客，兩談頗久。清理文件。又見之客一次。又至教場考驗都司一員。閱通鑑明武宗十八葉。陳宪臣來，久坐。中飯後至將軍處赴宴，將軍與織造二人公請也。未正

將所進書畫取出賞玩隱寄樓圖縵雲李小湖兩山長摺
入屏羅列孫氏近年之金陵為罕見者酉正始散到家已
上燈時候閱本日文件摺核批札各稿二更三點鐘睡
後幸能成寐四更未醒

十一日

早飯後清理文件摺見客坐見者二次陳涼人汪梅村談頗
久閱通鑑明世宗二十三葉午刻涼梅來一談中飯後清
理本日文件天氣炎燥不能治事丕惠甫來一談賀勝臣
自京師歸閱京信及邸抄等件寫信一件覆朱學
使核批札稿未畢傍夕坐椅靠涼核稿畢二更
後溫穀梁上下傳似有所會三點睡五更醒

十二日

早飯後清理文件摺見客立見者二次晏同甫彭雪琴先
後來久坐寫沅弟信一件陳松生信一件添寫澄信二葉

三共約五百字 趙蔗泉來一談 本擬作彭頌生等人之墓表 因天氣太熱 不能下筆 閱通鑑明世宗十三葉 中飯後 坐見客一次 立見客一次 閱本日文件 酷熱如前 三伏時在竹床小睡 圍棋二局 李鳳章來久坐 傍夕登樓乘涼 極核批札各稿 二更後倦之殊甚 在竹床小睡 三點睡

十三日

早飯後清理文件 旋見客 坐見者一次 圍棋一局 後局未終 彭宮保來久坐 直至中飯後 余不能久陪 申在竹床小睡一次 又坐見之客二次 未刻閱本日文件 燥熱殊甚 不能治事 在竹床久睡 申正核批札 酉正至戌寫匾字十餘個 傍夕與耿生等久談 極熱甚 二更後擬作墓表 甫起草三四行 即二更三點矣 睡後未能成寐 五更醒 難又小睡寐

十四日

早飯後清理文件，唯見之客一次，作彭太翁墓表，天氣熱甚，在竹床屬睡。中飯後閱本日文件，又作墓表，至酉刻未畢。燈後稍微涼，核批札各稿。二更後溫朱子文，後燈熱倦甚，不復能治事。三點睡，不甚成寐。

十五日

早間絕各賀節之客，飯後見客一次，旋出門回拜客。彭雪琴、晏彤甫二處，巳正始歸。雪琴旋來一坐。午正又作墓表數行。中飯請蔡貞齋等小酌。飯後閱本日文件，天氣奇熱，在竹床屬睡，不能成寐，頭稍昏暈。申正後疲甚，不能治事，旋將本日稿批各信稿核畢。酉正二刻請幕府諸友在樓上置酒，月出已高，為雲所掩，熱極，移時雨而未成，涼風頗勁，稍息炎蒸之氣。一更五點散。二更後又作墓表數行，未畢。三點睡，久不成寐，燥熱異常，三更後

在枕上思及墓表反覆不輟昔在京每作詩文纖瑣不眠今又蹈此病矣擬將墓表及銘發作平罷二點始得成寐

十六日

早飯後清理文件於見客坐見者五次立見者三次將應來文稿謄出已正閱通鑑明世宗廿一葉申中飯後閱本日文件雲梁來鬯談是日余請雲梁便飯朱久香請余與竹如便飯約移酒肴至余署因議定余與朱二人為主吳與彭二人為客申刻朱因痔病不能來其夫人送肴饌余與吳彭三人共飲申正入坐酉正散散後擣京涼燈後客去余至惠甫處一談於樣批稿各條清單頗倦殊甚二更後小睡三點睡著始成寐

十七日

早飯後清理文件於見客坐見者二次閱通鑑明世宗穆

宗又出見之客二次閱書共二十一葉中飯後年於閱
李日文件雪琴來譚久觀余寫扁又請渠代擬詞
中扁聯書之魁將軍來一坐雪琴至鏗財始去在
核批稿各件二更後小睡二點睡三更二點成寐

十八日

早飯後清理文件見客坐見者三次閱通鑑明穆宗
神宗二十七葉中飯後閱李日文件李雨亭來一
坐寫朱久香處信一件申正圍棋二局核批札各稿
傍夕至幕府久談在假之殊甚閱歐陽公王介甫所
為墓銘至二更三點睡四更三點醒旋又成寐夢先
太夫人之靈柩將發引而為數百紅棹桿所攔阻不得出門又未
盼大槓早為修整倉卒恐不成禮憂恐而醒

十九日

早飯後清理文件見客坐見者二次圍棋二局閱通鑑明

神宗二十三葉，中飯後與惠甫一談，閱本日文件，朱久香翁來久談，核批札稿，各信稿未畢，小睡，核核批稿數件，核信稿一件，二更後閱王介甫墓銘數首，三點睡，屢醒屢寐

附記

丁信薦俞院　應信託俞子

二十日

早飯後清理文件，坐見之客四次，圍棋二局，惠甫來一談，閱明史神宗十七葉，中飯後閱本日文件，丁雨生自蘇州來，未正晤談，直至酉末方散，舌端蹇澀，深以多言為苦，傍夕小睡，核核批稿各簿，二更後閱歐陽公碑銘，朗誦數首，三點睡，五更醒，是日風寒陰雨，秋色蒼然矣

附記

西論沙田子倪　漕折酌減子

廿一日

早飯後清理文件，坐見之客二次，圍棋二局，閱通鑑明神宗二十七葉，至惠甫處一坐，中飯後閱本日文件，未畢，丁雨生來久談，核批文件，閱畢，精神疲困，若不勝。少頃又至惠甫處一坐，戴子高來一談，核批稿各簿，未畢，倦甚小睡，核批稿，核畢，又核信稿數件，二更後溫古文辭序跋類，三點睡，四更四點醒

廿二日

前閱彭頤生言用驢皮膠蒸老母雞餌之七八次，而積年陰虧虛弱之症全愈，余以未得真黑驢皮膠，昨日買阿膠蒸母雞服之，湯太濃而膠太膩，午飯犯飯，飲食之太多，胸膈間已覺作惡，又向來惡食腐乳，本日早飯因食腐乳而觸動，昨日脾胃膈逆大嘔吐，不適者良久，圍棋二局，閱通鑑明熹宗、莊烈帝廿七葉，中飯後丁雨生來署小

往與之暢談，閱本日文件，寫紈扇一柄，寫沅弟信一件，核
批稿各件未畢，坐見之客二次，傍夕小睡，夜核批稿，畢，溫
古文碑銘類，讀之，至二更三點睡

廿三日

早飯後清理文件，與雨生一談，圍棋二局，出門拜朱久
香學政，巳正歸，閱通鑑明莊烈帝，救葉李雨亭來
與雨生同中飯，飯後閱本日文件，閱通鑑又十餘葉，睏
倦殊甚，買六十家詞一部，繙閱一遍，王惠甫處一談
核批稿各件，傍夕小睡，夜閱蘇辛及晏小山各家
詞，二更後倦甚，小睡，三點後睡，不甚成寐

附記
○竹亭信，買小信書　○落船信
○皮小船信，言撤銷○

廿四日

早飯後清理文件，與雨生一談，罷即回歸。旋接坐見之客
四次，圍棋三局，又閱通鑑明莊烈帝二十葉，疲倦之至。
又坐見之客一次。中飯後閱本日文件，愈加疲乏之至。
昨夕不甚成寐，而本日下棋太多，益覺委頓不堪。
見客，坐見者二次，立見者一次，至惠甫處一談。在室
中偃仰久之，將改摺稿，而不能下筆。傍夕小睡。夜核
摺稿一件，核批稿各簿。二更後小睡，三點睡。

二十五日

五更三點起，至昭忠祠行禮。禮畢，即與司道至祠，早飯。飯後
徧閱祠中，將就傾圮，擬拆後四棟，改修兩進兩廂，又擬於
東邊修金陵官紳昭忠祠，祀向和部下將領及揚州鎮江
兩軍之死事者，咸豐破城官紳之殉難者；又擬西邊修
楚軍水師昭忠祠。三祠并列，庶春秋祀典，可垂永久矣。
祠回署，見客，坐見者二次，核信稿二件，閱通鑑明莊烈

二十葉。中飯後，宗國永來久談。閱本日文件。至惠甫處
一談。申正後倦甚，小睡極久。看核批稿，各信，核信稿二
件。二更後閱《易學啟蒙》，溫古文識度之屬。三點睡，屢
寤。

二十六日

五更三點起，至大程子祠行禮，禮畢，至新造之布政司衙
門看視工程。歸，早飯後清理文件，見客一次。圍
棋二局。閱《通鑑》明福王十[illegible]一葉。中飯後又閱本日
文件極多。至惠甫處一談。魁時軍、李小湖、吳竹如
先後來談極久。寫王叶韞信一件，寫對聯九付。瞑時
至貞高處一談。小睡片刻，看核批稿各信。二更後
閱《稼軒詞》。倦困已極，三點睡。

二十七日

早飯後清理文件，坐見之客三次，立見者一次。圍棋二局。閱

通鑑明福王十三葉，通鑑輯覽自宋初至明末閱畢。自六月十六日起至是七十一日矣。老來記性愈壞，掩卷仍自茫然。中飯後閱本日文件。朱久香來鬯談甚久，申末去。寫對聯五付，與貞高等一談。傍夕小睡片刻。夜核批稿簿極多。改告示稿一件。二更後溫古文數首，高聲朗誦，眼蒙殊甚，不能開視。三點睡。

二十八日

早飯後清理文件，見客，坐見者三次，立見者二次。圍棋二局。旋閱五禮通考，考而憚至難，旋小睡片時。中飯後閱本日文件。王惠甫處一談，寫對聯五付，掛屏一幅。見客，坐見者三次。倪豹岑談頗久。傍夕小睡。夜核批稿各簿，又核信稿一件，改四百餘字。二更三點畢。溫韓歐七古十餘首。四點睡。接廿二日廷寄，責少泉處置案殊為峻厲，於余亦有微辭。又聞人言，淮勇近日驕惰騷擾，實不可用。

大局日壞而忝居高位憂灼曷已

附記

○沅信寄朱書交宗

二十九日

早飯後清理文件見客二次圍棋二局閱五禮通考卷首序例及作述源流二十一葉寫沅弟三葉午刻至室中偃仰少息又坐見之客一次中飯後閱本日文件寫對聯九付至子密處一談核批稿信稿未畢坐見之客一次至惠甫處一談傍夕小睡在核批稿畢核信稿十餘件二更二點粗畢小睡三點睡三更後成寐

附記

○朱託鹽官朱　○買碗　○借張書

○送劉財　○寄丹閣耕奠

三十日

早飯後清理文件，坐見之客一次，圍棋二局，出門拜客朱久香、吳竹如、李小湖三家，皆久談，本日遂不能看書。午正二刻歸，中飯後閱本日文件極多，倦甚。至惠甫處一坐。陳虎臣來一談，寫對聯九付，酉刻剃頭一次，傍夕小睡，夜核批稿各簿，核信稿五件，疲乏殊甚，靜坐片刻，二更三點睡，甚能成寐，醒已五更二點矣。

九月初一日

早飯後謝絕各客，辰正，鮑華潭來久坐，圍棋二局。巳正改信稿一件，約改四百字。午初閱五禮通考中禮經述作源流。中飯後閱本日文件，至惠甫處一談，寫對聯九付，至蔡貞齋、錢子密處先後晤談，疲甚，不願治事，故批核批稿各簿，又核信稿二件，約改四百字。二更後倦甚，上床小睡，三點睡，屢寐屢醒，體中總覺孱弱不能自適。

初二日

早飯後清理文件，旋見客，坐見者三次。閱五禮通考卷首禮制因革十四葉。巳初出門拜鮑華潭，久談。旋至久香學史處，因張子遠然得順天分房，羣戲索喜酒，渠即請余與竹如、鄧孝鳳同坐船至妙相庵小飲。由南門登舟，經過貢院東水關後復成橋等處，約舟行十里，舒至通賢橋登岸，又陸行二里許至妙相庵中飯。申初歸。閱本日文件，寫挽幛二件，對聯二付，與貞幹、惠甫等先後一談。傍夕小睡。核核稿批件，甚覺勞心。二更後不復能治事，坐床小睡。三點睡，直至五更方醒。

初三日

早飯後清理文件，旋見之客一次。拜本，行三跪九叩首禮。圍棋二局。出門至劉伯山家，回甫巳刻，歸。改信稿三件。中飯後閱禮制因革十三葉。吳竹如來久談，至未正方散。閱本日文件。至惠甫處一談。申正寫對聯十付。旋治他事而天已瞑。坐小睡時半。燈後核批稿各件。溫古文論著類詞賦類，朗誦十餘首。小睡片刻。二更三點睡，屢醒屢寐。天氣燥熱，體中覺小有不適。

初四日

早飯後清理文件。見客一次。圍棋二局。改信稿十餘件。午初閱禮制因革圜丘祀天二十葉。請薛右臣吃便中飯。飯後閱本日文件。至惠甫處一談。寫扁字十餘字。至執甫處久談。傷多，小睡。旋核批稿各件。溫漢書公孫賀、楊王孫等傳。倦甚，小睡。二更三點睡，屢寐屢醒。聞李雨亭生一毒，甚劇，殊以為慮。

初五日

早飯後清理文件。見客，坐見者三次。旋至萬前道考驗。圍棋二局。寫沅弟信一封。改信稿四件。午初閱

圜丘祀天二十葉至未正止閱本日文件至惠甫處一談
渠近作書懷五章又錄舊作詞十調見示皆未全章
也於又寫扁對十餘件 傍夕至貞翁處一談小睡片
刻 在榻批稿簿甚多 溫漢書二卷 二更三點睡三
更後成寐

初六日

早飯後清理文件見客一次旋出門至雨亭處看病渠
於小腹左股間生一毒名曰腹陰疽其勢甚重 巳刻歸
圍棋二局又出見之客二次 甫看圜丘祀天而手疼殊
甚不能治事在室中徘徊偃仰而已 中飯後閱本日文
件至惠甫處久坐因手疼不敢用心寫對聯六付又至
幕府一談 傍夕小睡 在榻批稿各簿 溫漢書 二卷
二更三點睡不甚成寐

初七日

早飯後清理文件，見客，坐見者三次，圍棋二局。法國天主教司鐸雷遁驤來坐談片刻。辰正出門，至瘟神祠拈香。今年三月所許新修之廟，至是落成。其廟與吳竹如住宅相接，旋至吳處略談，午初二刻歸。閱圜丘祀天十四葉。中飯後閱本日文件。周縵雲來久談，旋又與惠甫一談。寫對聯五付，壽幛一幅。天氣陰雨，接沅弟及李筱泉信。襄河大水成災，氣機甚為不順，而群捻久萃海州一帶，勢將竄入裏下河，殊深焦慮。旋與子密久談傍夕。小睡，旋核批札各稿甚多。二更溫古文識度之屬，朗誦數首。三點睡，頗長，醒早，反不得熟睡，老態絲絲也。

初八日

早飯後清理文件，見客，坐見者一次，立見者一次，圍棋二局。添黃華農信二葉，文輔卿信二葉，寫郭雲仙信三葉未畢

午初方看書二葉，而牙疼殊甚，因至惠甫處久談。午正
二刻請鮑花潭學政、小宴山長三位，陪之。至申初散。閱
本日文件，申正寫對聯六付。至子密處一談。又添寫雲仙
信二葉半，約共五百字。核核批稿各簿。二更後溫古文
識度之屬，眼蒙不能看字，因默坐背誦杜詩七律。是
日接澄弟及紀澤等七月廿六日信。三點睡，尚能成寐。

初九日

早飯後清理文件，坐見之客一次。倪豹岑之祖母九十壽，因前
往拜壽，吃麵，歸。坐見之客四次，曹西垣、朱久香談均久，說
話太多，倦甚，不能治事。中飯後閱本日文件，改信稿二件，
寫沅弟信一件。至惠甫處一談。晡時將畫一覽，小睡。
傍刻核核稿，批各簿。二更後將溫古文，而小有不適，晡
時食二棗，覺腹中不勝生冷者，遂不復治事，坐室
中，徙倚良久。三點睡，幸能成寐，五更方睡醒。

初十日

早飯後見客坐見者三次衙門期也圍棋二局閱圖
丘犯天二十葉中飯請惠甫便飯渠將赴湖北也閱本日
文件寫對聯八付核批稿各簿核信稿十餘件傍夕至
天密處一談在惠甫處久談力勸余接全眷來署一則
萬無務開缺僅駐防一處之理一則湖南必非安靜之土
反覆詳言頗多中肯之處余深恐妻子住官既久將
來即不返故里輕去其鄉而如渠所言亦深以為然展
轉不能自決二更後朗誦易繫辭三點睡四更四點
醒不復寐

十一日

早飯後清理文件見客坐見者一次立見者二次辰正至南門
外西洋礮局觀其製造各機器皆用火力鼓動機輪備
中如造洋火銅帽鋸大木如切豆腐二者尤為

核□午刻核改覆正祀天十八葉中飯後閱本日文
件見客三次習字一紙寫對聯七付至惠甫處一談
傍夕小睡核核批稿各簿二更後倦甚喉間亦甚不適
故因閉目靜坐片刻三點睡三更成寐四更四點醒旋又
稍寐

十二日

早飯後清理文件見客坐見者三次說話太多已覺疲困
又因浮熱喉間淋痛圍棋二局又坐見之客一次尤覺疲甚
不能治事坐室中偃仰良久中飯後閱本日文件改信
稿二件約改四百餘字又親書丁雨生信一葉至惠甫處
一談李采臣運使來一談寫對聯四付傍夕至惠
甫處論後院太寬將來若作花園須鑿池堆山種樹造屋
之所惠甫因繪一圖核核稿批各簿二更後倦甚不能治
事靜坐頗久三點睡四更四點醒

十二日

早飯後清理文件辰正入貢院是日寫榜余與饒花潭監臨朱久香學政偕入内簾已初寫榜至午正寫一百名即吃中飯飯後余與久香學政倦甚臥在内監試房中小睡填至一百四十名始再出上座共二百八十五名點燈初填畢又吃晚飯飯後余與久香又小睡外間填副榜共四十七名發單時余二人始再歸座拆發五魁填畢解元顧馴係揚州人亥正二刻一律了畢又候二刻至子初始川放榜余隨榜出闈三更二點睡五更二點醒

十三日

早飯後清理文件見客一次談頗久圍棋二局旋又見客三次翁篤卿黎蒓齋談均久倦甚氣若不能屬者因不復治事至惠甫處一坐中飯後閱昨日及本日文件核批書一次核昨日批稿各件傍夕小睡起核本

日批稿各信試牘稿上某府中若干名一一拔之過五府二
更後温古文識趣味之屬三點睡天氣燥熱連日
體中小覺不適每飯常欲嘔吐

十五日

早間謝絕賀望之客飯後清理文件坐見之客一次圍棋
二局在室中偃仰良久午後核通商稿件明年與英吉
利換和約令各關將應行籌議之事分條擬呈而余加
簽於其上至未正二刻將滬關應簽之冊核畢閱本日
文件至惠甫處久談坐見之客一次寫對聯七付天
氣燥熱異常幾於盡脫汗衣堂檐乘涼旋至
幕府一談核批稿各信傍夕小睡夜温詩經二十餘
篇二更三點睡竟夕不能成寐不知天氣太燥與體
中有疾與

十六日

早飯後清理文件，見之客一次，兩主考及朱學政先後來拜談，均久。天氣燥熱，體中殊覺不適，在室中偃仰良久。閱圜丘祭天二十葉。午正坐見之客一次。中飯後閱本日文件，旋出門拜兩主考，申正歸。核批稿簿甚多。與惠甫一談。傍夕小睡。旋核摺稿一件。二更後因繙卷稍多，疲甚，不復能治事，略溫杜詩五律。三點睡，幸得佳眠，五更方醒。

十七日

早飯後清理文件，旋改信稿一件，摺片稿三件。見客，坐見者四次。巳正鮑、朱兩學政來，午初劉、王兩主考來，司道及十八房皆來，在署鹿鳴宴新舉人，僅到二名，副榜一名而已。午正二刻散。中飯後閱本日文件，坐見之客一次，旋與惠甫久談。申正方將治事，而天陰雨，窗間已瞑黑矣。小睡半時。夜添少泉信二葉，核批稿各簿。二更後困倦殊

甚鼻塞腹上發熱又時咳嗽蓋傷風也三點睡三更
微蘇四更未醒

十八日

早飯後清理文件圍棋二局惠甫來看予病久談頗
又至莘甫處久談擬發 慈禧皇太后萬壽本又發四摺
片行天氣陰雨陡寒鼻塞發熱等症未愈中飯後
閱本日文件李小湖吳竹如先後來均在上房見之談
甚久在室中偃仰良久傍夕小睡直至二更三點始起脫
衣再睡熱尚未退夢頗多五更醒不復能臥矣
卯在床上久坐直至天明是日接紀瑞姪信寄到三文一詩
文筆頗秀當為科目中人為之一慰

十九日

早飯後清理文件病勢稍加竟日不能治一事唇舌糜痛
三末上房一坐因言京察案須過堂請 渠來代為過堂也

下半天見客一次餘均在床偃臥時多請惠甫看脈擬方傍夕服藥二更後稍覺輕減出汗少許暈眩頭疼等症均愈惟咳嗽未盡三次吃飯各吃稀粥餻耙之類未刻閱本日文件惟批稿各件則兩日未核矣

二十日

早間覺病比昨日較鬆飯後清理文件請惠甫看脈圍棋二局又服藥一次午初核九江江漢等五關條款因派孫道士達進京不能再遲故勉力核正約一時之久未關隱戶微覺受風中飯後閱本日文件陳心梅來一談李眉生來久談遂覺疲困已極坐臥不寧柱再看脈二更後服藥竟夕不能成寐咳亦竟夕不止四更時上身出汗頗多蓋未能舒散表邪但覺病勢已增深以為慮

二十一日

早飯後清理文件，見客一次，請劉竹汀來看病，即上半年為紀鴻兒看出痘症者也，立方服附子干薑之屬。服藥後屢次睡卧。中飯後閱本日文件，旋又屢睡，是日睡時極多，坐時甚少。惟見子密一次，見惠甫四次，見孫士達等一次。接沅弟信，得見湖南題名錄，湘鄉中廿二人。在飯粥一碗，鍋粑一碗，旋又久睡。二更三點脫衣睡，尚好成寐，病似少減。

二十二日

早飯後清理文件，見客一次，旋劉開生、朱久香先後來，皆久坐。幕府諸人來看病，先後一坐。在室中偃仰久之，不敢竟卧。午刻服藥一次。中飯後閱本日文件，旋核五日內積壓之批稿、信稿，約一時許核畢。潘伊卿來一坐。寫沅弟信一封。傍夕惠甫來久談。在靜坐，不能治事。兩日專服附子干薑等藥，微嫌其燥，咳嗽屢作不止。二更三點睡。

竟夕咳嗽不停，偶亦成寐，遘一惡夢，須刻而醒。中間披衣坐半時許，餘皆轉側咳嗽，甚以爲苦。

二十三日

早飯後清理文件，雅園棋二局，咳嗽不止。立見之客一次。午刻請竹如來診，開方甚好，余畏服藥，遂不服之。中飯後惠甫來談，旋閱本日文件，又立見之客二次。因咳嗽勉強靜坐數息，果有效驗，而停一二刻不咳。靜坐甚久，間以偃臥，直至鐙時，覺咳嗽漸減矣。晚飯後接本，廷寄言明年各國換和約，令各省預籌畢。又惠甫來久談，旋閱左傳三本，二更三點睡，均未成寐，五更醒。

二十四日

早飯後清理文件，圍棋二局，局罷，咳嗽殊甚，在室中散步良久乃稍定。見客，坐見者二次，核科房批稿七、八、九三本，一

閱中飯後閱本日文件 李眉生來久談 咳嗽不止
在室中往來行走 是日早飯暨中飯皆吃稀粥一碗
乾飯太半碗 夜飯則專吃稀粥 惠甫來久談 旋核
批稿各簿 二更二點止 尚未完畢 三點睡 竟夕不能
成寐 咳嗽不止 三更二點即穿衣起坐 嗣後屢坐屢
睡 屢轉不安 咳嗽太多 舌枯異常 起吃開水共二
次 昨日請 今日堅不服藥 意病勢或可漸減 不謂
今夜狼狽若此 殊深焦灼

二十五日

早飯後清理文件 在室中偃仰久之 咳嗽不斷 竟日
不止 一日時臥時起而已 惠甫診脈 言外感 而肺家受
風邪 固咳嗽之所由來 陰虛而用心太過 心火上爍
肺金 受剋亦病源也 二者必須兼治 固須服疏散之劑
以祛寒邪 亦不可用燥上之品 致陰分益虧 余深以為

言之爲益蓋余自中秋前後久覺心火上炎肝脾俱若
受傷此次風寒雖發於肺家而自覺脾家亦已
病故飲食俱不知味中飯後眉生擬往署中與子
密先後來談惠甫來談稍後將赴武昌沅弟署中
申正靜坐數息之時接郭惠甫方藥竟日咳嗽至
酉刻稍減夜飯後偃卧良久新貫御選唐詩錄閱
之則眼蒙殊甚二更三點睡幸能成寐四更四
點醒後又略寐咳嗽十餘聲尚不甚劇是日
刻改信稿一件未刻閱本日文件

二十六日

早飯後清理文件册主考來客少即在卧室中見朱久
翁來久坐其長子朱頤鉞與第三子新舉人朱衍緒皆
來一談在室中偃卧行走不治一事咳嗽時作尚不甚
劇中飯後閱本日文件新貫御選唐詩錄一翻閱眉

生等前先後來談 寫對聯四付 咳嗽數上半天又減
靜坐數次 核飯後將屬日批稿清一核 二更後在室
中行走 三點睡 是夕竟不甚咳嗽 病將愈矣 五更
醒

二十七日

早飯後清理文件 與眉生久談 邵二世兄來一談 又坐見
之客三次 談均久 遂若疲乏之至 午正登床一坐睡又覺疲
甚 中飯時食久不知味 核閱本日文件 靜坐良久 至申正
始覺病體輕減 核批稿各件 子密來一坐 核又核批稿
核溫書 讀杜詩五律 又溫古文奏議類 高聲朗誦 病後
聲略沙澀 氣不甚屬 蓋已能成聲 知外感將去遠
矣 二更三點睡 頗得佳眠 五更醒

二十八日

早飯後清理文件 見客立見者一次 坐見者三次 出至上房

未衣冠也 巳正靜坐 近來漸覺氣滿若有氣注胸膈上逆作喘 與此次感冒咳嗽尤覺喘逆不可遏抑 此老境之最著者 午初閱五禮通考西漢郊祀一卷廿餘葉 中飯後閱本日文件 未正核信稿四件 中正宮對聯三付 潘伊卿來一談 傍夕靜坐 核批札稿 閱漢書谷永傳 二更後溫古文識度之屬 三點睡 五更醒 連夕皆得佳眠 病自此大愈矣

二十九日

早飯後清理文件 旋坐見之客二次 又與眉生久談 巳正靜坐數息 午初閱東漢書祭祀志一卷 二十葉 中飯後因病已大好 出至外層與眉生久談 旋閱本日文件 又坐見之客一次 核改信稿四件 中正宮對聯四付 旋又靜坐數息 約半時許 夜飯後核批稿各信甚多 眼蒙殊甚 幾於一無所見 遂閉目不治一事 衰老甚矣 二更三點睡尚

初成寐五更醒

十月初一日

早飯後清理文件，見客，坐見者三次，談均久；又与眉生久談。午刻閱高梁祀天十五葉。又坐見之客一次。中飯後再与眉生一談。閱本日文件。核信稿多件。坐見之客二次，說話太多，倦甚。本日在中廳會客，又至樓上一望。晡時若仍疲憊，甚不知何以孱弱若此。閉目靜坐良久，乃得少安。旋核批稿各簿。旋溫韓文，高聲朗誦十餘首，似若有所得。大約古來詩家、文家、書家皆有所謂筆陣者，厚蓄於陣之初，而不必究極於陣之終，陣羽酣時又匠另化變。燈後二更三點睡，屢醒屢寐。

附記

久翁對一付　百金　三世兄　四十金

初二日

早飯後清理文件，坐見之客三次，旋與眉生久談，午初朱久翁來，渠之三子衍緒新中浙江鄉試，余前閱文決其必中，索飲喜酒，本日渠治具就余署設宴也。午正吳竹如來飲，至申初三刻方散，余病新愈，飲啖頗多，倦殊甚，閱本日文件，晡時改說帖稿一件，旋靜坐二刻許，夜飯後核批稿各件，二更平後困乏之至，閉目久坐，昏息々衆，蓬可嘆也。作對一首，送朱久香，三點睡，甚難成寐。

初三日

早飯後清理文件，見客坐見者二次，立見者一次，旋至幕府並考驗武員，又坐見之客三次，張友山、李質堂談均甚久，寫沅弟信一件，四葉，又坐見之客一次，與眉生、質堂久談，閱本日文件甚少，飯，寫對聯六付，中飯後吳竹如來久談，閱本日文件，魁羽年來一談，寫直幅一件，約百餘字，倦甚假寐，倦殊甚，靜坐三刻許，夜飯後核批稿各件，至二更後平困

亦不能治事斜倚椅上深覺吾老不堪任事 三點睡
四更四點醒旋又成寐
初四日
早飯後清理文件 旋坐見之客二次立見者二次圍棋二
局又坐見之客一次出門拜朱久香送行又至雨亭處一
坐午刻歸見客坐見者一次立見者一次中飯後與眉生質堂
久談 閱本日文件 又坐見之客一次立見者一次寫對聯五
付挂屏一幅約百餘字 與子密一談料理一切明日將入圍
場校射箭頭一次 核稿批稿各件 二更後閱江醴陵
集 四更三點睡 竟夕不甚成寐 幸病已全愈不甚以為
苦
初五日
早飯後出門至小校場看武鄉試監臨主試亦仿主考入闈
之式儀仗從頗盛 率文武先祭關帝行三跪九叩禮旋

縣大壽禮行三叩 旋入內廳少息 巳初升坐中圍 余與李
質堂軍門朝斌會考 杜小舫協閱東圍 龐省三與周漢
英會考 潘伊卿協閱西圍 王曉蓮與朱永茂會考 楊
子穆協閱 甫看操生十餘人 而茂馬遲緩異常 細查則
馬道之下有紅面 上浮泥甚軟 鋪以老糠 墊以煤渣 而馬之
怯如故 乃暫停不考 調湘勇隊房 修一新馬隊道 約兩時
之久而成 未正乃續行校閱 至申正二刻止 僅校閱一百人耳
當停考之際 余閱瀛寰志略四十葉 蓋久不看此書 近
閱通商房公牘 各外洋國名茫不能憶 故復一涉覽耳
傍夕寫澄弟信 燈後畢 約五百餘字 又寫沅弟信 約百
餘字 申正閱本日文件 二更核批稿各件 旋溫古文
雜記類 三點睡 三更成寐 五更醒

初六日

早飯後始及綜閱 本擬早閱馬射 不料忽下大雨 竟日不能

考閱見客二次清理文件移寫李少泉信一封約五百字閱檀二層李眉生來久談未正始去閱瀛寰志略十六葉閱本日文件核信稿五件改四百餘字傍夕小睡夜核批稿各簿二更畢疲困異常幾欲頹墜旋即小睡三點解衣睡幸尚成寐三更醒一次旋復成寐

初七日

早飯後清理文件昨夜大風今日午後晴霽辰正出坐校閱馬射看七十人至巳正余返堂少息閱瀛寰志略三十六葉中飯後復出閱射自未初至申初看六十八人後返堂休息令質堂小舫代看至日入止是日共校射三百七十人余所閱不過三分之一耳申刻閱本日文件改信稿一件未畢傍夕小睡夜改信稿約二百字核批稿各簿甚多二更畢旋與質堂一談溫古文碑誌類三點睡屢醒屢寐

初八日

早飯後始及黎明，遂出升座校閱馬箭，約一時許看九十人，還堂少息。至午初馬箭已畢，垂佳馬道中飯。飯後復閱地毬，余看一時許，計百四十人，還堂少息。質堂、小舫等看至日入，共閱地毬三百四五十人。余於上半日休息之時閱瀛寰志略二十葉，寫丁雨生信三葉；下半日休息之時閱本日文件，看書七葉。小睡片刻。傷夕與質堂等久談，旋核稿，批各信。二更後眼蒙疲倦，不能治事，衰態可愧。三點睡，尚能成寐。

初九日

早飯後甫及黎明，升座校閱地毬，看一時許，還堂少息。清理文件，閱瀛寰志略十四葉。午初又出閱步箭，閱一時許，看四十人。未初還堂中飯。飯後坐見之客二次，李眉生談最久。申初二刻又升座校閱，三十餘人至初

一刻散直飯後閱本日文件核批稿各牘二更後溫
古文書說類三點睡五點成寐三更醒一次餘俱得
佳眠是日恭逢　先大夫七十八冥誕之辰以家寓不在
此間未供祀也

初十日

是日恭逢　慈禧皇太后萬壽黎明率屬即在校場行
禮飯後閱看步箭看一時許至昭忠祠與潘伊卿桂
香亭細細籌畫修造之法至午正仍回校場清理文
件中飯後因大風移座次帳棚吹倒收拾整頓躭閣
半時未正升座閱看一時許眼蒙殊甚退室少息
閱瀛寰志略十九葉至鐙後止未正閱本日文件核
核批稿各牘二更後溫古文序跋類三點睡屢醒
屢寐

十一日

是日為余五十七生日而絕諸客飯後清理文件請質堂小舫先行校閱余在內少息閱瀛寰志略十六葉眉生來久談巳正二刻出入屋校閱午正一刻子密來一談旋請質堂小舫子密眉生等小宴未正散請李杜先生校閱余閱本日文件又看瀛寰志略八葉申正昇屋校射酉初二刻畢倦甚小睡核寄沅弟信三葉未畢核批稿各件三點睡四更未醒申初陳虎臣來一談頗暢

附記

○覆朱信之春 ○寄朱兩家對寄滬 ○覆張信

○加口織造匾 ○扦時若 ○札李会辦金陵釐

○閱秦書朝聘覲書戎聘 寄馮賬百卅五

皖

十二日

早飯後黎明即出外升屋閱看生齋分作兩批質堂

小舫各看一靶余中者不甚正至庭一時許巳初返署少
息清理文件再寫沅弟信三葉閱瀛寰志略十三葉
巳正江西主考朱修伯來子密與之同來即留之中飯小
蘇來正二刻客去閱本日文件申初出庭看技勇至申
正二刻先教極核批稿各簿二更後倦甚不能治事三點睡
三更醒一次四更末醒不復成寐

十三日

早飯後黎明出外升座閱看技勇一時許返署寫朱久
香信一件見客立見者一次坐見者兩次閱瀛寰志略
十七葉中飯後又出外升座閱看技勇一時有餘返
署閱本日文件改覆張子青信稿約三百餘字極
核批稿各簿二更後與叟重離談三點睡二更末
成寐屢醒屢寐近來每夜小解二次黎明起又須小
解亦衰徵也

十四日

黎明早飯，出外入座，是日看技勇，分兩邊，請質堂看西邊，小舫看東邊，余在中全不照看，一時許即退，出見客一次，清理文件，旋出門至魁將軍處拜会，久談，午正歸。中飯後閱本日文件，閱瀛寰志略十三葉。与質堂久談，核料理明日覆試及出草楊等事，寫信三件，分致司道，旋核稿，批各簿，二更後疲倦殊甚，不能治事，小睡片刻，三點睡，四更三點醒，旋又成寐，一夢甚長，蓋佳眠也。

十五日

未明早飯，与杜麗王諸君商出覆試單，并出草楊准入内場者。辰初余出升座覆試，東圍抽覆二十九人，西圍抽覆三十人，每人試步箭三支，弓一把，至午初覆畢。閱瀛寰志略七葉。中飯後守將草楊寫章，未正回署，閱本

閱文件 幕府諸君來談共四起 鄭花小係來談一次
植核批稿各信 二更後倦甚 不復治事 三點睡 五
更醒

十六日

早飯後清理文件 見客坐見者一次 立見者二次 圍棋二
局 陳作梅 倪豹岑來久談 作梅又喪第二子 相對欷歔
半有四刻 略早自歇 又坐見之客三次 閱瀛寰志
略 陸續閱二十八葉 中飯後閱本日文件 申正後與
幕客共觀後園新作營盤 閱菜畦 敘話良久 傷
夕眠 瞻靜坐良久 植核批稿各信 溫古文 趣味
之屬 因寫字偶有所悟 出歐虞用筆與褚
相通之故 書家之有歐虞褚及李北海 猶詩家之
有李杜韓蘇 實不祧之祖也 二更三點睡 四更三點
醒

附記

丁信 容差 張信 商拄

刻好 湯君之信寄湘 核武成錄序

核錢序 俞書局

十七日

早飯後清理文件 習字一紙 見客坐見者三次 立見者一次 圍棋二局 閱瀛寰志略至未正 陸續看三十葉 午刻坐見之客一次 中飯後閱本日文件 申初坐見之客一次 談頗久 寫對聯六付 至後園散步 傍夕靜坐 夜核稿 批各稿 二更後將古文氣勢等四類纂增抄 其開一單 三點睡 三更後成寐 五更醒

十八日

早飯後清理文件 旋見客坐見者二次 立見者二次 圍棋二局 李壬叔來久談 閱瀛寰志略十二葉 中飯後

閱本日文件因武闈於明日考內場料理入貢院各
件又批案一件申初入貢院與杜聯王各司道擬
單雙好直至三更始粗完當諸君膳請單之
時余陸續閱瀛寰志略十八葉三更二點睡四更未
成寐五更初醒

十九日

黎明起早飯後與司道同至衡鑑堂定單好郎推只
戳雙好印也擬定留堂單又造留堂點名冊午初
各考生默寫武經至午出場留堂共二百二十九人午
初考生堂覆看硬弓至未初二刻看畢未正飯畢後
與司道法堂去取杜聯王等將所定雙好去拔人單
好中拔中十餘人余先定前十五名次定全榜名次
天已暝矣尚未寫草榜即考生堂寫正榜因名次有
重複差誤共上下江有多少一二名不符共請理大

半時始得頭緒，余倦甚，寫至四十四卷少停，一面清查錯誤，一面入內推飯休息，移刻推又將卷尾名數填入，寫至九十四名又有錯誤二處，均經查出，余又入內少息，直將寫五魁時再出坐堂，三更三點放榜，睡後五點成寐，五更即醒，是日謄寫甚遲，乃出平日焦虛擲光陰也

附記

王少岩之父挽聯　何鏡海之母挽聯

二十日

黎明自貢院回署，飯後清理文件，將昨日所到公文一閱，習字一紙，似有所會，因就前所記二句擬二句云：斜勢（側）遠從天上落，橫波雜向努端迴，刷如舟濟耗耗，抹換似龍蛇節節銜，自此從側橫刷換四字致力，不復以他妙雜參吾意矣。見客生見共二次，五見共一次，午刻對

瀛寰志略陸續看二十三葉 中飯後閱本日文件 見
恭府久談 申初三刻出 對聯十付 至後園一覽 夜
核昨今兩日批稿信稿 二更後手倦甚 渴睡 二更三點睡
四更三點醒 旋又迷離成寐

二十二日

早飯後清理文件 旋見客三次 談均久 圍棋二局 午刻出
見之客一次 閱瀛寰志略五葉 閱屯書一徧 手習字
一紙 中飯 織造將軍先後來拜 一談 閱本日文件 因
瀛寰志略閱係現籌通商各件 擬再看一徧 又將
首卷看二十葉 寫對聯七付 至後園一覽 接筠仙信
言沅弟在家為眾怨所歸 深以為慮 第四女於九月
廿五日生一子 又以為慰 傍夕靜坐片刻 夜核批稿各
簿 二更後溫古文情韻之屬 將蜀都賦朗誦數徧
三點睡 三更成寐 五更醒

二十二日

早飯後清理文件 習字一紙 坐見之客一次 辰正率同司道及主闈執事人等向 恩武舉人共到七十餘名 望闕行禮 旋主舉向余等叩頭行禮 因案卷甚多存未後鷹揚宴 客散 閱瀛環志略二十三葉 於書面題字 中飯後與子密一談 閱本日文件 寫比梅信一件 寫沅甫信一封 約四百餘字 寫對聯三付 挽幛三付 偏多 至後園一覽 在核稿 批各簿甚多 二更後倦甚 不能治事 三點睡 五更始醒 查近日數為酣眠二更 摺差自京回 閱京信數件

二十三日

早飯後清理文件 見客二次 談頗久 習字一紙 又坐見之客一次 圍棋二局 閱瀛環志略廿八葉 於南洋群島圖於藍色填畫 未正畢 中飯後龐省三來一談

閱本日文件王叔亭自京回對與之久談中夾
雜對聯七付倦夕至後園一覽極又與叶錫一談
核批稿各信二更後溫韓文誌銘三更睡屢醒屢
寐

附記

○李汸僅部師履歷

二十四日

早飯後清理文件見客坐見者二次圍棋二次習字一紙陳
作梅李雨亭先後來談均極久作梅又喪次了其境遇殊
為難堪辛百四翁少至自園雨亭病久恐難痊復矣
坐見之客一次僅看瀛環志略五葉中飯後閱本
月文件未畢竹如來久談一時有餘旋將文件閱畢寫
對聯八付至後園一覽核批稿信甚多二更後閱
杜詩五古是日因說話太多倦極二更三點睡久不成

寐三更二點成寐四更四點醒

二十五日

早飯後清理文件，坐見之客二次，寫李宮保信一封，又坐見之客一次，閱瀛環志略三十葉，未初請將軍織造小宴，申正方散，閱本日文件，至幕中府一談，夜核批稿各簿，核信稿十餘件，又寫李宮保信一封，因本日之信漏寫二事故也，二更後閱杜詩五古三點睡，三更一點成寐，五更醒，是日辰正習字一紙

二十六日

早飯後清理文件，習字一紙，見客坐見者二次，前任武闈內場差未用彌封紅號及填寫中箭技勇弓頭等，本日各執事人員監試提調等均未參署，補擬與之商定一切，巳正至倪豹岑家弔喪，渠祖母於廿二日去世也，歸坐見之客一次，閱瀛環志略，陸續看二十五葉

申正安[illegible]飯後閱本日文件 [illegible]

卷談一中字又將應換之卷三十餘本添注名次

厦杜小舫信 閱東河有決口之信 焦急之至 傍夕

至後園一覽 核批稿各簿 二更後溫韓詩七古

朗誦二十餘章 三點睡雖屢醒 尚得佳眠

二十七日

早飯後清理文件 習字一紙 坐見之客二次 圍棋二局

閱瀛環志略 陸續看三十葉 至未正止 中飯後閱

本日文件 申刻核信二稿四件 寫扁二方 對聯四付

傍夕至後園一覽 自昨夕日起 調湘勇隊將後園瓦

礫挑成二山 園係賊中偽忠王李秀成之府 園牆

極大 周圍約三里許 雖蓋偽府二府三府衙門於中

而空地尚占三分之二 故將挑挖出瓦礫 以栽竹而種

菜也 植又習字一紙 核批稿各簿 二更後溫史記田

單伯荊軒伯三點睡四更四點醒不復成寐

廿八日

早飯後清理文件習字一紙見客三次坐見者二次已初出門拜客銀花潭吳竹如雨處與竹如談甚久歸巳午正矣閱瀛寰志略五葉中飯後又閱十五葉閱本日文件圍棋二局寫對聯六付傍夕至後園一覽旋核批稿各簿二更後閱韓文數首將添抄入古文氣勢之屬三點睡四更四點醒

廿九日

早飯後清理文件習字一紙圍棋二局見客立見者一次坐見者一次閱瀛環志略二十五葉至未刻止中飯後閱本日文件至幕府一談雅改摺稿一件信稿二件申正寫對[illegible]

〻〻石〻已〻衰〻衰〻老年若有不勝者〻二更後温函通賦温韓文數首三點睡五點戚鼎五更醒

廿日

早飯後清理文件見客一次習字一紙圍棋二局閱瀛環志略陸續閱三十葉並畫其圖抄其節略直至申正始竣申中飯後核閱本日文件酉初剃頭一次核温核批稿各簿改信稿一件約三百餘字二更後温古文氣勢之屬朗誦數首三點睡三更未醒稍又戚鼎五更醒

十一月初一日

早飯後清理文件出門賀朔各處習字一紙圍棋二局閱瀛環志略三十葉中飯後閱本日文件李迪庵之子來名光久號又與黃名歸同來與之久談稍又會客一次少時舊友朱名大之子也傍夕至後園一覽靜坐片時核

核批稿各簿寫壁字頗多又與李兒久談二更二點散溫古文氣勢之屬三點睡醒二次而甚得佳眠二更醒者太長恐不能再睡矣

初二日

早飯後清理文件見客坐見者二次圍棋二局習字一紙旋又坐見之客二次談頗久已午正二刻矣中飯後閱瀛寰志略二十五葉昨日聞湖北火藥局轟裂失去藥三四十万斤傷人千餘壞屋甚多接沅弟信深為之驚悸又閱沅弟業準開缺不知有責言否屋宇之遭傷夕至後園一覽核批稿簿二更後與李世兄久談溫項羽本紀朗誦二篇四點睡四更四點醒

初三日

飯後清理文件旋拜發奏五本章習字一紙圍棋

二局 移居中廳一層 隴出內一層作上房 兒媳等搬者
畢至也 五叔由府久談 李雨亭來一談 陳作梅來一談 是
日請李世兄等便飯 因留作梅同席 未正散 閱本日文
件 出對省三收一陣 將臨陣將賊酋任柱打死 從此賊有
可滅之機矣 閱瀛環志略十八葉 傍夕至後園一覽 核
核批札稿 改信稿約三百餘字 溫易經繫辭 頭痛 至二更
四點睡 四點醒 是日恭逢 先妣太夫人八十三歲冥
誕 未後祀

初四日

早飯後清理文件 昨日課書院 本日請緡雲等閱卷 與
之久談 旋見客一次 習字一紙 考驗武員馬步箭 因於
二局閱瀛環志略二十五葉 陸續至申初始畢 中飯 邀
緡雲 曉蓮 省三等小酌 飯後同看後園土山 又出見之客
一次 閱本日文件 見郭遠堂調鄂撫 知沅弟果已開缺

核信稿一件　傍夕至後園一覽　旋核批稿簿　又核信
稿多件　二更後温古文情韵之屬　朗誦數次　四點睡
四更三點醒　後又略能成寐　念吾平日以儉字教人而
吾近來飲食起居　殊太豐厚　昨聞魁時若將軍
言渠家四代一品　而婦女在家并未穿着綢緞軟料
吾家婦女亦過於講究　深恐享受太過　足以折福

初五日

早飯後清理文件　旋見客坐見者一次　立見者一次　傷
雲省三等來閱課卷　為之一談　習字一紙　圍棋二
局　寫澄弟信一件　午刻李世兄來久談　陪渠客中
飯　閱本日文件　閱瀛環志略十葉　至後園一覽
植　核批稿各簿　核信稿一件　二更後温古文趣
味之屬　四點睡　四更四點醒

初六日

早飯後清理文件，坐見之客三次，立見者一次，習字一紙，寫雪琴信一封、沅弟信一封，約共六百字。閱瀛環志略二十四葉。中飯後閱本日文件，李壬叔等來久談，寫對聯六付，橫披一幅，約百餘字。至子密處一坐，覺心神恍惚，如將顛墜者然。傍夕靜坐，夜核批札各稿。二更後溫古文趣味之屬，因疲倦甚，不敢治事，靜坐片刻。李健齋來一談，其詩文字俱有可觀，欣慰之至。

初七日

早飯後清理文件，見客，坐見者一次，立見者一次，習字一紙，圍棋二局，閱瀛環志略十二葉，第二遍閱畢。記性本壞，老尤健忘，雖看兩編，極茫然無所記憶也。於閱聖武記十葉。中飯後閱本日文件，李小湖來久坐，寫中堂大幅二，約共三百餘字。傍夕至後園一覽，見礫堆成二山，又開挖二池，次第將竣工。每日湘勇七百八

已與之十二日矣 核批稿各件 核信稿一件 改二
百餘字 二更後溫東雅書韓文朗誦六篇 四點
睡後困倦之至 氣若不能續者 心神恍惚 喚人
起尋人參 三更時嚼三分許 二點成寐 五更醒

初八日

早飯後清理文件 推見客坐見者二次 立見者一次 程
尚齋來談頗久 習字一紙 閱聖武記二十葉 方存之來
一談 中飯後閱本日文件 將鍾山尊經兩書院課卷各
看五本 初二日課題擇所與王西莊 已請鍔雲等評
定甲乙 余稍覆視前列而已 倦甚 靜坐片刻 申刻寫
對聯九付 傍夕又靜坐 核批札稿 信稿 連日疲乏殊
甚 不復溫書 二更後靜坐頗久 四點睡 五更醒 後又
稍稍成寐

初九日

早飯後清理文件 旋坐見之客一次 習字一紙 出門
至昭忠祠審度工程 午初歸 閱聖武記二十葉 至未刻
止 閱本日文件 驚悉李鎮祥和於十月十八日在宜川洛
河陣亡 悼惜無已 至後園一覽 寫對聯六付 至子密
處一談 申末紀澤兒來 與之一談 酉飯後又與一談
旋核批札稿 各信簿 二更後又與紀澤一詢家事 旋溫
古文情韻之屬 四點睡 三更後成寐 四更未醒

初十日

早飯後清理文件 見客坐見者二次 立見者一次 旋
習字一紙 與澤兒一談 至後園看塋中挑山淡池挖
溝將竣工 閱聖武記十餘葉 午刻兒婦女輩及紀
渠姪王鴻與龍翼等到署 中飯後閱本日文件 倦困
殊甚 行坐不適 不過衰老邁人與抑飲食稍多 脹
困不能自舒 與竟不能治一方 靜坐數次 至後園

兩次覆核批札稿件二更後溫古文識度之屬四點睡三更後成寐四更末醒偶思作字之法可為師資者凡二語云時賢一石兩水古法二祖六宗一石謂劉石庵兩水謂李春湖程春海二祖謂羲獻六宗謂歐虞褚李柳黃也

十一日

早飯後清理文件坐見之客一次習字一紙又坐見之客二次圍棋二局午刻閱聖武記十餘葉申刻始畢中飯後閱本日文件與兒姪輩一談傍夕至後園一覽是日得紀澤所著分韻說文解字略一編閱其法用廣韻之次第佩文韻之字數抄錄許氏注及大徐翻切其有申明原注之說則以小字行注之其於注外別有陳說則於翻切之下注之又圍以別異之其佩文韻所有說文所無者則有[illegible]文而無叢文仍用篇韻各說以注之其佩文韻所無說文

所有典則別為補編仍依翻切四聲東冬鍾江各韻檢核批稿各簽又觀澤兒呈出近日所作詩篇二更後詢兒姪輩家中雜事三點睡四更醒後又略一成寐

十二日

早飯後清理文件旋坐見之客二次立見者一次習字一紙出門拜袁篁西吳竹如兩家午刻歸方篋軒自浙江來久談中飯後閱本日文件旋閱聖武記二十葉寫對聯條幅等六件王蕃甫與友同至後園一覽檢核批稿多簽二更後與紀渠姪一談家事旋改摺稿二百餘字未畢四更(點)睡三更二點成寐四更未醒披衣起坐片刻旋又睡不復成寐也

十三日

早飯後清理文件見客坐見者二次立見者一次習字一紙

改摺甫二行許 万篪軒來久談 汪梅村又來一談 旋改摺至申初二刻 閱本日文件 至後園一覽 酉刻與紀澤談詩 夜核批稿各簿 又核一摺一片 二更後倦甚 不能治事 在椅上假寐 三點睡 鐘屢次醒寤 而甚淂佳眠

十四日

早飯後清理文件 見客坐見者二次 立見者一次 習字一紙 圍棋二局 旋又見之客一次 坐見者五[三]次 中飯後又見二次 婺之潘伊卿談均甚久 閱本日文件 閱聖武記五餘葉 申刻穆孫如至後園一覽 核批稿各簿 本日說話太多 舌根蹇澀不能旋轉自如 二更後溫古文傳誌類 三點睡 頗覺甜美 四更未醒

附記

初五澄　十五鴻　廿五沅

十五日

早至文廟拈香飯後清理文件 習字一紙 方億軒來久坐 又立見之客三次 圍棋一局 疲倦殊甚 中飯後閱本日文件 至幕府一談 閱聖武記十餘葉 傍夕至後園一覽 困倦不能治事 核批稿各簿 閉目久坐 二更後李世兄來一談 三點睡 是日發報二摺二片

十六日

早飯後清理文件 旋見客坐見者一次 立見者一次 習字一紙 圍棋二局 陳作梅來一談 又立見之客一次 閱聖武記十餘葉 中飯後閱本日文件 寫對聯五付 吳竹如來 命紀澤陪客 余出門至織造署 芝田處赴席 申正刻歸 略看書畫 酉初散 精神疲乏 席上勉強支持 散後行路須人扶掖 歸來靜坐片刻 核批稿各簿 寫零字甚多 二更後朗誦國風 三點睡 四更未醒

十七日

早飯後清理文件於習字紙圍棋一局方存之來一談寫紀鴻兒信一件 閱聖武記陸續二十葉偏夕始竟中飯請萬篪軒程尚齋小宴申初散與篪軒偶談家常 渠家百萬之富而日用極儉其內眷終年不辦葷菜 每日書房先生所吃之葷菜餘剩者撤下則內室吃之其母過六十後篪軒苦求始准添葷菜一樣今既後而家不甚破子孫俱好皆省儉所惜之福也余有儉之名而無儉之實深為愧懼閱本日文件與幕府一談見客一次至後園一覽核批稿各簿二更後用宋本漢書對司馬相如傳校閱一遍三點睡四更未醒

十八日

早飯後清理文件見客立見者一次坐見者二次習字一紙

圍棋一局雨亭來久談閱聖武記十八葉盡未刻畢中飯
後閱本日文件見客來一坐寫少泉信五葉旋寫對聯七付傍夕至後
園一覽旋核批稿各簿又核武鄉試錄序頭暈身
困稍坐則如欲墜然不知何以衰至此坐椅歇息三
刻許三點睡幸能成寐四更末醒

十九日

早飯後清理文件坐見之客一次習字一紙圍棋一局看
畫二葉而疲困殊甚因不復看至紀澤處一談偏身骨
疼似受風寒者然倚上歇息良久中飯後稍愈簾軒
來一談省三來一談閱本日文件寫輓幛二又對聯
四付旋至幕府久談至後園一覽因病不復治事旋核
批稿各件寫零字頗多二更後閱洪氏府廳州縣
志三點睡五更醒

二十日

早飯後清理文件見客二次同臣談頗久習字一紙因桂
二次趙惠甫自湖北歸一談万虎軒對聯倪先後來一談
寫鄭孝臣信一書中飯後徐壽衡學政來談極久申
正閱本日文件旋至後園一覽旋核批稿甚多二更後
閱新刻成之小學四點睡四更二點旋又醒成寐日內略
有感冒兩夜旋鼾睡即痊矣

附記

○復應仁帯扁　○託寄閩信

廿日

早飯後清理文件旋見之客二次立見者二次習字一紙
出門至河下送徐壽衡歸後虎軒來久坐中飯後坐
見之客一次閱本日文件寫扁二方對聯三付橫披一幅
至幕府久談日內因疲困殊甚三日不看書矣旋核
批稿各簿与紀澤略談論文二更後寫零字頗

多三點睡尚得佳眠

二十二日

早飯後清理文件 見客坐見者二次 習字一紙 圍棋二局 閱書四葉 兩客立庚軒來久坐 竹如來一坐 請壽衡小宴 李小湖適至 自未初至申正方散 壽衡旋又稍坐一談 傍夕至後園一覽 核閱本日文件 旋核批稿各簿 二更後擬出書院課經古題 躊躇良久而後定 三點睡 三四更屢醒 旋寐

廿三日

早飯後清理文件 習字一紙 圍棋二局 閱聖武記 陸續閱四十葉 至申正止 中飯後閱本日文件甚多 劉印渠制軍革職 交官秀峯制軍差遣効力贖罪 閱邸鈔 鬱鬱不自適 未正寫對聯四付 掛屏一幅 傍夕至後園一覽 旋核批稿各簿 旋將紀澤所作近體詩圈批二十

餘二更三點睡四更未醒

附記

○再游厰捐與司道商　○靄人勸農局

二十四日

早飯後清理文件　旋見客四次　與高梅村談均久　習字一紙　圍棋二局　閱聖武記陸續　至申初止二十葉　中飯後閱本日文件　申刻寫對聯八付　掛屏二幅　至後園一覽　核批稿各簿　二更後批紀澤詩冊　三點睡　四更未醒

二十五日

早飯後清理文件　見客二次　衙門坐期也　習字一紙　圍棋二局　又坐見之客二次　李君梅談甚久　將紀澤詩冊圈批竟　中飯後閱本日文件　作倪豹岑之祖母挽聯一付　旋即寫好　又另寫對聯三付　至後園久覽　與紀澤

一談。旋核批稿各簿，又核信稿五件，約改六百餘字。二更四點睡，夢魘殊甚，五更醒。

附記

核閩洋事　寫總署信寄丁議

二十六日

早飯後清理文件，習字一紙，見之客二次，圍棋二局。又坐見之客一次，寫沅弟信一件，約五百字。中飯後閱本日文件。季君梅來久談，寫扁二幅，對四付，作一對贈聯君梅云：先德垂光，肯堂肯構；吉雲再造，卜宅卜鄰。渠近於常熟修拓先人之舊廬，將移居也。添李申夫信一葉。至後園一覽。旋核批稿各簿。二更後核彭案一件。旋閱王孟韵集。三點睡，屢醒屢寐。

二十七日

是日立冬。黎明率屬至貢院拜牌，行禮畢歸。飯後清理文件習字一紙見客坐見者一次立見者一次出門至河下拜季君梅於至清涼山看彭修之翠微亭覽觀形勢城實太大西北間地荒田太多若將城縮小由雞鳴山起至鼓樓迤南至小倉山順蛇山之脊至漢西門當不滿十里而神策金川儀鳳定淮清涼五門均劃截於城外局勢當稍緊耳午正歸至中飯後至惠甫處一談閱本日文件見客一次閱聖武記二十葉至後園一覽在核批稿各件二更後倦甚不能治事三點睡尚能成寐

附記

○炭別敬單　○京信單　○周宅喜儀　○各摺片

○買物單

二十八日

早飯後清理文件見客二次習字一紙旋出門至倪豹岑處

處久談本日開印也 圍棋二局 [illegible] 中飯後

閱本日文件 至後園一覽 旋核改京信稿七件 約四百餘件

傍夕至花廳府一坐 旋核批稿各簿 二更後改李筱泉信

稿約四百字 三點睡 屢醒屢寐

二十九日

早飯後清理文件 習字一紙 見客一次 圍棋二局 至後園觀覽頗

久 改丁雨生信稿約四百餘字 中飯後閱本日文件 至惠

甫處久談 旋寫雨生信二葉 改摺稿一件 信稿一件 剃

頭 改核批稿各簿 二更後核改摺稿一件 信稿一件

倦乏殊甚 三點睡 屢醒屢寐 五更初不復成寐矣

三十日

早飯後清理文件 習字一紙 旋出門 至竹如處久談 歸又至

李小湖處久談 觀其所藏法帖 唐搨虞書廟堂碑一 褚

書孟法師碑一 丁道護書啟法寺碑一 魏栖梧書善

才壽碑 余於褚書尤愛不忍釋 又觀大觀帖三卷 亦
舊搨也 展玩良久 歸已午正三刻矣 李雨亭來一坐 中
飯後 坐見之客一次 閱本日文件 至後園一覽 因丟帶
府一談 核改摺稿一件 旋又核批稿各件 二更後又改摺
稿一件 約改三百餘字 改畢疲乏殊甚 三點睡 屢醒
屢寐 五更後不復成寐

十二月初一日

早謝絕賀朔之客 飯後清理文件 見客一次 習字一
紙 圍棋二局 午刻核改信稿 中飯後閱本日文件 至
惠甫處一談 申刻寫對聯十付 至後園一覽 傍夕靜
坐片刻 旋核批稿各件 二更後核信稿五件 與紀
澤一談家常事 三點睡 尚得佳眠 五更初醒

初二日

早飯後清理文件 後見客 坐見者一次 立見者一次 習字一

紙圍棋二局 閱聖武記至卷正止 陸續閱三十葉 中飯後

至惠甫處一談 閱本日文件 潘伊卿來一談 申正對明

日應發摺件 傍夕靜坐片刻 旋核批稿各簿 二更後

核京信各件 添寫黃恕皆 皮小船信各一葉 三點睡 頗

得佳眠 五更醒

初三日

早飯後清理文件 習字一紙 拜發元旦賀本 巳刻出門 至

昭忠祠一看 三正殿 三處兩層 俱將竣工 午刻李雨亭 龍

花潭先後來一談 中飯後閱本日文件 圍棋二局 前有

對聯二付 下款跋數十字 至蔣中府一談 旋核批稿各簿

倦甚不能治事 二更後與紀澤略談 三點睡 屢醒 而尚得

佳眠

初四日

早飯後清理文件 習字一紙 見客坐見者三次 立見者二次

圍棋二局將李世兄所作文策略加批點午正請朱南桂
吃便飯朱雲峯潘伊卿等作陪未正三刻散閱本
日文件又批點文一首核信稿二件至後園一覽傷
夕靜坐片刻核批札稿簿二更後溫古文識
度之屬三點睡屢醒屢眠五更後不復成寐

初五日

早飯後見客立見者三次坐見者三次清理文件習字一紙
閱聖武記二十葉陸續閱至申刻止靈谷寺龍王廟
落成將以初七安設神位作一對云方丈神通渡海遙分功
德水六朝都會鍾山長擁吉祥雲又扁云德化稱普申飯
後與惠甫久談閱本日文件傷夕靜坐片刻核批稿
各簿申正寫澄沅信一件是日李健齋起行進京派人送
至黃河以北二更後溫易繫辭三點睡睡尚能成寐

初六日

早飯後清理文件見客一次圍棋二局閱
聖武記十二葉中飯後閱本日文件寫對聯四付扁
一方即龍神廟扁對也至幕府久談核信稿一件出
見之客一次立見者一次倦甚靜坐片刻未刻觀紀澤撰著
一次圍棋一局核批稿各信寫零字甚多二更後閱歐陽公文
數篇觀易書秋各論不信三傳鄙意似有至理三點睡
凡醒三次尚屬佳眠

初七日

早飯後清理文件習字一紙看書三葉巳初出東城至雲台
寺安設龍神之位午初一刻到寧國道府縣等行禮旋看
新修屋宇及德公之塔八功德之水即在廟中飯歸途遇
雨到署已申正矣閱本日文件閱聖武記數葉倦甚
靜坐片刻圍棋莫子偲自蘇杭歸來一談核批札各稿
信二更後溫韓文數首溫趙廣漢等傳三點睡更二成寐五

更二點醒

附記

楊毓英　遠對銀　英幹銀

劉張郭三信

初八日

早飯後清理文件坐見之客二次立見者一次習字一紙
圍棋二局閱聖武記十三葉中飯後閱本日文件寫
挽幛對聯等件並為惠甫修改一族改信稿一件約改四
百字傍夕靜坐片刻擬核批稿修又核信稿二件約
改三百餘字因昨夕未得酣睡疲乏殊甚在椅上款
坐休息三點睡屢醒屢寐惜寐時太短耳

初九日

早飯後清理文件習字一紙閱書五張出門楊毓花
潭吳竹如談均頗久午初三刻歸坐見之客一次立見

坐一次，閱書五葉。中飯後閱本日文件。官軍於十一月廿七八克壽光，渡河大獲勝仗，擒斬萬計，全股僅餘數百人，捻患即日可平，欣慰無已。坐見之客二次。又閱聖武記十餘葉，倦甚。夕至幕府一坐。夜寫李少泉信二葉，核批稿簿二本，疲乏殊甚。二更後溫文選各詩，似有所會。三點睡，不甚成寐。

初十日

早飯後清理文件。見客二次，談頗久。習字一紙。圍棋二局。閱書數葉。中飯後閱本日文件，眼蒙殊甚。至紀澤書房一談。旋又閱聖武記十餘葉。是日趙惠甫歸去，躬送，談過兩次，倦甚。夕靜坐片時。夜核批稿各簿。旋閱朱竹垞曝書亭集。二更四點睡。

十一日

早飯後清理文件。見客坐見者一次，立見者一次。習字一紙

圍棋二局 閱聖武記十葉 中飯後閱本日文件 周縵
雲來一談 未正二刻出門至白下寺迎接郭遠堂中
丞 渠自蘇州來 本日由句容起程入城也 申正歸 又
閱書六葉 傍夕靜坐片刻 植核批稿各件 寫零字
頗多 二更後朗誦詩經 似微有感冒 且鼻塞片
刻 繞屋行走以舒其氣 三點睡 三更四更醒兩次
尚屬佳眠

十二日

早飯後清理文件 習字一紙 見客坐見者二次 郭中丞
來談甚久 旋閱聖武記數葉 午初出門回拜郭中丞 午
正三刻歸 請郭與鮑華潭小宴 申初散 閱本日文件
賊於初八早竄過塘河至清江一帶 憂灼殊甚 又閱
書數頁 至幕府久談 植核批稿簿甚多 二更後
接余報 賊已至揚州 尤為憂灼 余本擬明日赴揚

前不復去竟輟文書一件四點睡三更後成寐

十三日

早飯後清理文件郭中丞來久談習字一紙圍棋二局司道來一談閱聖武記十葉見客坐見者一次立見者一次中飯後閱本日文件李小湖來久談又看書數葉續室偽皇以揚州賊股為慮又見之客二次寫覆心梅信一封覆將軍信一封皆問賊情者也偏久小坐核批稿各簿二更後接案出揚州大獲勝仗金陵攘滅生擒賴汶光欣慰無已核稿未竟批發四點睡不甚成寐

十四日

早飯後出門至水西門送郭中丞下河巳刻歸清理文件習字一紙圍棋二局閱聖武記數葉中飯後鈕學政來久談閱本日文件閱聖武記二十葉至子密處一談偏久

小坐，核批稿各信。二更後寫一信与雨亭。三點睡

三更後成寐

十五日

早起，寫絕賀營官。客飯後清理文件，習字一紙，圍棋

二局。閱《聖武記》三十六葉，見客一次。中飯後閱本日文件

又閱《聖武記》十四葉，寫紀鴻信四葉，接家書，明年來署

傍夕小坐，核批稿各信。二更後倦甚，欹椅小睡。於

閱《漁洋五古詩選》。三點睡，不甚成寐

十六日

早飯後清理文件，見客一次，習字二紙，圍棋二局。劉開生

陳虎臣先後來久坐。閱《聖武記》二十五葉。中飯後閱本

日文件。李雨亭來一坐。閱書又十九葉，至旅帥府一談，增差

蕭崇林自京歸。燈後閱京信三封，京報十餘本，知蕭薌

泉降二級調用，已開缺矣。接李芳泉又六塘河運河

以羣臣[illegible]

更後假寐，不復治事。三更點睡。

附記

送本城公車費　薛公車費

十七日

早飯後清理文件，習字一紙，圍棋二局，閱聖武記二十葉。見客坐見者一次；中飯後又坐見之客一次。潘伊卿來一談。坐閱本日文件。出陝賊於十一月廿三日渡黃竄晉，殊為焦慮。至後園一覽。傍夕小坐。夜核批稿各簿，二更後核信稿三件，倦甚，小坐。三點睡。天氣寒甚，不甚成寐。

十八日

早飯後清理文件，習字一紙，見客坐見者三次，圍棋二局。閱書二十三葉　聖武記。又閱一編，其中有嘉慶川湖陝靖寇記八篇，未閱，以昔年在京閱過，嫌此八篇敘事冗亂也。中

飯後閱本日文件 又將日內所看書於目錄下標識 二至藩府一談 說話稍多 倦甚 歇椅小坐 至後園一覽 傍夕小坐 旋核批稿各簽 核信稿一件 二更後溫太白七古 三點睡 尚屬佳眠

十九日

早飯後清理文件 習字一紙 出門至 聖廟勘視泮池 崇聖祠 明倫堂 尊經閣 飛雲閣等基地 与書局張嘯山 李壬叔等一談 歸已午初二刻矣 聖武記目錄標識完畢 中飯後閱本日文件 吳竹如來久談 黃子德 彭雪琴來 坐久談 燈後 吳長慶來一談 核批札各稿簽 二更後溫李太白七古 三點睡 醒兩次 餘尚酣寢

二十日

早飯後見司道府縣二次 又坐見之客一次 雪琴來 与之久談

清理文件，習字一紙，黃昌岐之少君來謁，與雲孫同中飯，飯後坐見之客一次，閱本日文件，圍棋二局，寫雲仙信一封，植核批札稿頗多，二更後倦甚，於閱太白及永州七古，三點睡。

廿一日

早飯後清理文件，見客一次，習字一紙，圍棋二局，又坐見之客一次，核信稿三件，中飯後閱本日文件，後園新栽樹木前往看視，與蔣市客談甚久，傍夕小睡，植核批稿各簿，核信稿一件，約改四百字，二更後倦甚，不能治事，三更睡，竟夕未小解，亦近年所無之事。

廿二日

早飯後清理文件，見客，坐見者一次，立見者一次，習字一紙，圍棋二局，閱核信稿二件，中飯後坐見之客二次，閱本日文件，閱戴子高校正管子十六葉，至後園一覽，傍夕小睡

在核批稿各簽核信稿四件 二更後溫東坡七古畢
日午刻寫信與綉雲言書局事約四百字 三點睡
竟夕不甚成寐盜汗未小便

二十三日

早飯後清理文件 習字一紙 坐見之客一次 圍棋二局
閱戴子高所校管子陸續至申刻止 閱二十餘葉
中飯後閱本日文件 見客坐見者一次 立見者二次 閱
李空同集保緒二十餘葉 傍夕小睡 在核批稿各簽 核
信稿四件 因閱管子勞乏 遂困憊不復能治事 二更
三點睡 尚屬佳眠

二十四日

早飯後清理文件 習字一紙 圍棋二局 劉開生來久坐
甘芋亭 孫雨農自廣德回一談 蕭士林等進京來一談

閱本日文件 至後園一覽 [illegible]

用余名代信也 核改批札稿 信稿多件 二更後與紀澤論詩 三點睡 三更後成寐

二十五日

早飯後清理文件 見客二次 衙門期也 習字一紙 圍棋二局 又立見之客一次 坐見之客一次 至後園一覽 閱樂府詩集約二十餘葉 中飯後溫閱本日文件 寫對聯七付 掛屏約二百字 傍夕小睡 核改批稿各信 二更後與紀澤談論 旋溫古文雜記類 三點睡 三更後成寐

附記

寄沅信 陳宅挽幛 杜要比興箋

二十六日

早飯後清理文件 見客立見者一次 坐見者一次 習字一

紙圍棋二局又坐見之客一次寫沅弟信盈葉約四百字
寫吳竹如信一葉洪琴西來久坐中飯後閱本日文
件又坐見之客一次申刻至英中府一談至後園一
覽與紀澤一談核批稿各簿二更後溫古文情
韻之屬朗誦數首三點睡尚得佳眠

二十七日

早飯後清理文件見客坐見者二次習字一紙圍棋二
局閱蘇詩首卷本傳墓志之屬二十餘葉潘伊
卿陳虎臣先後來久談中飯後立見之客一次閱本日
文件至後園一覽寫挽幛一幅挂屏六葉約四百餘
字傍夕小坐核批稿簿接沅弟等十二月初五信二
更後溫古文情韻之屬再繙文選擇其有韻者添抄之
四點睡

二十八日

早飯後清理文件　見客三兒子讀　習字一紙　出門至漢
西門驗通州送來之八團船板　新造以為海中捕盜
之船　旋至　聖廟大成泮池照壁等處　將午初歸
圍棋二局　潘伊卿來久坐　中飯後李雨亭來　陳茂來
先後一談　閱本日文件　至後園一覽　剃頭一次　旋核批稿
各簿　核信稿數件　二更後與紀澤一談　三點睡

二十九日

早飯後清理文件　旋見客一次　習字一紙　圍棋二局　核公
牘二件　鹽卡之勇與水營之勇鬭毆　送來余親自驗
傷訊供　午刻閱蘇詩七古酌加圈批　余在京抄成十八家
詩　閱今十有六年　雖常攜行篋　不時溫習　然未能校對
錯誤　略加批識　其余中有各家自注及必須有注而足蒙乃明
出點宜補抄小注　蘇將細閱一編以作定本　中飯後省三正梅
先後來一談　閱本日文件　再閱蘇詩共十五葉　傍夕小坐

校核批札稿信稿 批楚勇卡勇一案 二更後倦甚不
能治事 三點睡 三更後成寐

三十日

早飯後清理文件 見客一次 習字一紙 圍棋二局
午刻閱蘇詩七古 陸續閱十七葉 至申正 中飯後閱
本日文件 申正至後園一覽 與蔡貞齋久談 傍夕小
睡 校核批札各稿 二更後倦困殊甚 不復治事 念忽忽
又過一年 學業毫無長進 惟捻匪東股蕩平 天下將自此
復覩嘉道之盛 爲之一慰 而余之作書似較昔年
差勝 亦聊以怡老懷耳 三點睡 三更成寐 四更末
醒

同治七年戊辰歲

正月初一日

黎明至貢院拜牌 旋歸 家人行禮畢 見客多次 吃飯後又見客十餘次 直至巳正見客始畢 清理文件 習字一紙 閱蘇詩 中飯 請幕友 西席未正散 閱蘇詩七古十餘葉 至後園一覽 傍夕小睡 夜溫史記二首 與紀澤談出處之宜 二更三點睡 夜極得甘寢

初二日

早飯後清理文件 見客一次 出門拜客數十家 惟黄軍門及湖南会館一坐 午初歸 習字一紙 閱蘇詩七古 坐見之客二次 中飯後 米利堅人蒲安臣來拜 本在京充公使五六年 今將回國 皇上又派令至外國出使 與軍機章京志剛等同使英法等國 將由上海來此一見 坐半時許 又立見之客一次 坐見者二次 閱本日文件 校對蘇詩七古十六葉 傍夕與紀

溽一談。夜核批札稿，倦甚。二更後溫古文傳誌類。三點
睡，五更醒，亦佳眠也。

初三日

早飯後清理文件，見客一次。旋出門至下關洋人船上回拜蒲
安臣，坐良久。渠令水陸兵操演，請余閱看。午初起行，進城
拜李雨亭，因留便飯。觀渠廠中製造各器之所。飯後回
署，往返約五十里。未正歸，坐見之客二次，習字一紙，寫對聯
四付。傍夕小坐。夜核批稿各簿。二更後朗誦古文，文情韻警
屬。三點睡，五更醒。近日常得美睡，或體氣稍佳耶？

附記

○年終密考摺單　　速辦抄銷案

○水師補缺摺件　　○另覓善書楷屠

初四日

早飯後坐見之客二次，彭雪琴談最久。清理文件。旋又立見

之客三次坐見者六次習字一紙中飯後清閱本日文件又
立見之客二次坐見者三次鮑學使談頗久閱蘇詩七古數
葉至後園與蔡貞齋久談核批稿各簿二更後與紀澤
一談閱劉隨州詩集三點睡三更後成寐五更醒枕間接沅
弟信知於十二月十一日辰刻生孫喜慰無已

初五日

早飯後清理文件見客立見者三次坐見者二次衙門期也習
字一紙陳作梅彭雪琴先後來一談巳正三刻出門拜郭軍久談
午正二刻至李雨亭處赴席渠與龐王杜公請也申初散歸
坐見者二次立見者三次閱本日文件酉刻與蔡府同至後園
一覽核批稿各簿頗多二更後閱劉隨州詩集三點
睡三更後成寐五更醒

初六日

早飯後清理文件旋見客立見者三次坐見者三次習字一紙巳
正至水西門送鮑學使還京寄請聖安午正散至雪琴處一

坐頃與之同看聖廬未初歸請雪琴及同鄉諸君晝酌
申正散閱本日文件餔時與紀澤兒一談核核批稿各
簿二更後閱阮文達揅經室集三點睡頗得佳眠

初七日

早飯後清理文件見客立見者二次坐見者五次習字一紙圍
棋二局閱蘇詩七古陸續看十五葉申刻畢中飯後閱本
日文件申正坐見之客一次酉刻至荔甫府久談核核批稿各
簿是日午未間寫澄弟信一件囑其來金陵一行老年
兄弟歡聚一次二更後與紀澤一談閱揅經室集四點睡
四更未醒

初八日

是日恭逢　祖考星岡公九十五冥壽未及設祭早飯後清
理文件旋見客坐見者五次立見者三次習字一紙又立見之
客一次坐見者三次疲倦之殊甚懶於治事圍棋二局中飯後

閱本日文件 又坐見之客一次 閱蘇詩七古數葉 申正以後體中小覺不適 与紀澤兒久談 傍夕得家信 內有沅弟寄紀澤之信 字跡秀潤異常 當有後福 植核批稿 各簽內批昭忠祠冊 沉吟最久 二更後寫信与沅弟 吾 父於丙子兩年得四曾孫 當量人口蕃衍之象 吾兄弟當著意教育子孫 以期家聲不墜

初九日

早飯後清理文件 旋見客坐見者四次 李質堂談甚久 習字一紙 圍棋二局 添沅弟信一葉 午刻至黃軍門處赴席 申正歸 閱本日文件 嬾於治事 寫零件頗多 傍夕至帥府一 出植核批稿 各簽 二更後核信稿二件 四點睡 三更後成寐 五更醒

初十日

早飯後清理文件 接見司道 談甚久 旋見之客五次 坐見之客

三次 習字一紙 圍棋二局 因說話稍多 疲乏殊甚 不能治事
中飯後閱本日文件 寫少泉信二葉 雨生信一葉 共三百
餘字 閱蘇詩七古六葉 傍夕小睡 核批稿各簿 二更
後核信稿一件 閱劉夢得詩集 三點睡 三更成寐 夢
魘殊甚 五更醒

十一日

早飯後清理文件 習字一紙 見客坐見者四次 談甚久 圍棋二
局 閱蘇詩七古辛 中飯後閱本日文件 見客一次 寫李眉
生信四葉 至幕府一談 後園一覽 核批稿各簿 辦年
終密考單 二更後與紀澤談詩 旋又核密考單 四點
睡 四更末醒

十二日

早飯後清理文件 習字一紙 坐見之客三次 圍棋二局 閱
蘇詩七律五葉 午刻閱杜小舫等所擬江蘇練師營制函

巳正請李質堂及司道等喜酒共二席十五人申初散
閱本日文件　阮文達之孫恩海送雷塘盦主弟子記即
文達之年譜也　閱數十葉　又坐見之客一次　核批稿各
簿　又閱阮文達年譜　二更後与紀澤一談　溫年終
密考單　四點睡　五更醒

十三日

早飯後清理文件　習字一紙　見客坐見者三次　立見者二
次　談甚久　圍棋二局　午刻見客坐見者二次　立見者一次　閱
東坡年譜　將其生平出處分為五節　以便讀詩　中飯後
閱本日文件　又閱東坡年譜并七律　至申正止於核批
稿各簿　傍夕小坐　夜閱阮文達年譜　二更後溫密考
單　五點睡　三更二點成寐　五更醒

十四日

早飯後清理文件　見客坐見者三次　習字一紙　圍棋二局

莫子偲來論袁漱六所送漢書景祐本之偽久談中飯後閱本日文件旋閱蘇詩七律二十葉申正核批札各稿傍夕靜坐片刻核擬年終密考單稿并二更後核改摺稿二件三點睡三更後成寐四更未醒旋又稍寐

附記

○鍾瑜　韋長清　○西園信書局多　○與鴻信

○鄧信言子彬

十五日

是日賀節者皆辭不見其遠來拜年者仍與相見早飯後清理文件未見之客五次立見者一次陽伯符談最久旋圍棋二局何子永來談極久中飯後因說話太多困倦殊甚閱本日文件習字一紙閱蘇詩七律十葉申正後核批稿各簽貞翁來一談傍夕靜坐片時核改摺稿二件燈中龍

燈未著一戳，二更後與紀澤一談，倦甚，不復能治事。三
點睡，三更後成寐。

十六日

早飯後清理文件，見客，坐見者三次，立見者二次，習字一紙，圍
棋二局，又見客二次，談甚久，閱蘇詩七律十葉。中飯後閱本
日文件，坐見之客一次，寫紀鴻兒信一件，寫對聯四付。傍夕小
坐，夜核批稿各簿，改信稿一件。湖北商賈龍燈入內，至後園
一看。二更後閱白香山閒適古調。四點睡，四更未醒，旋復成寐。

十七日

早飯後清理文件，見客，立見者三次，坐見者二次，習字一紙，
核對各摺片，寄差後年終密考等摺，圍棋二局，閱蘇
詩七律十二葉。午正出門，至拜客三家，至竹如處一談，至表
織造處赴宴。申正歸，閱本日文件，至幕府一談。摺差
自京歸，接京信多件，閱十二月邸鈔，核批稿各簿，二更四

點睡三更成寐，四更未醒。是日閱張清恪之子張懿敬
公師載所輯課子隨筆，皆節抄古人家訓名言。大約興家
之道，不外內外勤儉、兄弟和睦、子弟謙謹等語；敗家則反是。
夜接周中堂之子文翕謝余致賻儀之信，則別字甚
多，字跡惡劣不堪。大抵門客為之，主人全未寓目。聞
周少君平日眼孔甚高，口好雌黃，而喪事潦草如此，殊
為可嘆。蓋達官之子弟，聽慣高議論，見慣大排場，
往往輕慢師長，譏彈人短，所謂驕也。由驕字而奢、而淫、
而佚，以至於無惡不作，皆從驕字生出之弊。而子弟之
驕，又多由於父兄為達官者，得運乘時，幸致顯宦，
遂自忘其本領之低，學識之陋，自驕自滿，以致子弟效
其驕而不覺。吾家子侄半亦多輕慢師長、譏彈人
短之惡習。欲求稍有成立，必先力除此習，力戒其驕；
欲禁子侄之驕，先戒吾心之自驕自滿，願終身自勖勉[illegible]

勉之因閩少君之荒謬不堪既以函諭紀澤又詳記之於此

十八日

早飯後清理文件 見客坐見者二次 立見者一次 習字一紙 圍棋二局 閱蘇詩七律十三葉 中飯後竹如來坐久 詳閱本日文件 坐見之客二次 寫對聯七付 至幕府一談 細核批稿各簿 二更後核信稿三件 三點睡 是夕甚得佳眠

十九日

早飯後清理文件 見客坐見三次 習字一紙 圍棋二局 閱蘇詩七律十六葉 至申正始畢 午正請吳竹如、唐伯存、何子永等喜酌 未正散 閱本日文件 酉刻至幕府久談 核批稿各簿 復核信稿二十餘件 二更溫孟子朗誦數十章 三點睡

二十日

早飯後坐見之客三，見者二次。戴醇士之長子有恒、季子穗孫來見，尚能世其家學。穗孫彬彬，得極貴器，字軒昂，可喜也。清理文件，習字一紙，圍棋二局，閱蘇詩七律十四葉，午正又閱七絕七葉，中飯後閱本日文件，見客一次，至筱帥府一談，申正核批稿各簿，傍夕小睡，夜核信稿六件，二更後溫古文氣勢之屬，三點睡，三更後成寐，五更醒。

廿一日

早飯後行開印禮，清理文件，習字一紙，坐見之客二次，圍棋二局，閱蘇詩七絕三十四葉，至中正止，中飯後閱本日文件，申刻寫對聯五付，掛屏四幅，約三百餘字，傍夕小睡，夜核批稿各件，二更後核定刻字法式四條，書局章程八條，約改三百餘字，五點睡，三更四點成寐，五更三點醒。

附記

○京信託買伊闕頌　喬信託搨碑

廿二日

早飯後清理文件，坐見之客三次，立見者一次，習字一紙，圍棋二局。雨亭、省三來坐，久談。寫沅弟信一封，以新会陳氏所刻廿四史寄弟收藏。余本有兩部，兄弟分藏，俾子姪得以分看也。午正三刻至魁將軍處赴宴，酉正歸。閱本日文件，与子姪弟輩一談，核批稿各件。二更後閱唐宋詩醇中之白香山詩。三點睡，醒過兩次，而是夕睡極酣美。

廿三日

早飯後清理文件，習字一紙，見客坐見者六次，立見者二次，圍棋二局。閱蘇詩七絕卒。中飯請張石卿、戴世兄便飯，飯後閱本日文件，將蘇詩補遺中七絕之未抄者百四十首閱一過。至幕府一談。傍夕小睡。核寫李少泉信一件，改信稿二件，核批札各稿、各件。二更後溫古文辭類三點，睡後屢醒，而尚屬佳。

眠

二十四日

早飯後清理文件，見客坐見者三次，立見者一次，習字一紙，圍棋二局，選蘇詩五古。蓋余昔年抄蘇詩，未抄五古，茲將其尤雅者揀選為一帙，另抄之。坐見之客一次。未初請魁將軍、袁織造及西山長表酌，申正散。閱本日文件，坐見之客一次，傍夕小睡，核批札各稿件，二更後溫文選賦若干首，三點睡。

二十五日

早飯後清理文件，至箭道閱收標人員，馬箭已正即入，其步箭請黃軍門與龐省三閱看，申刻始畢。習字一紙，圍棋二局，選蘇詩五古，中飯後清閱本日文件，閱戴醇士詩文集，題識冊紙約二百字，剃頭一次，至幕府一談，後園一看，傍夕小坐，核核批稿各件，核信稿四件，二更三點睡，三更後成寐。

二十六日

早飯後清理文件，見客坐見者三次，立見者一次，習字一紙，圍棋二局，又坐見之客三次。選蘇詩五古七平（不過四十餘，二百年）。中飯後閱本日文件，核寫對聯十付，寫扁字四十餘個。傍夕寫紀瑞姪信，燈後又寫沅弟信一葉，共約六百餘字。核批稿各簿，倦甚。二更後不復能治事，三點睡，甚得甘寢。

二十七日

早飯後清理文件，見客坐見者一次，立見者二次，習字一紙，圍棋二局。蘇詩看畢，又（看）核杜詩。余在京所抄十八家詩，惟杜蘇二家最多，故先核此二家，餘亦將次第校閱也。午刻坐見之客三次。中飯後將杜公年譜閱一遍，閱本日文件。申初寫橫披直幅二件，約百八十字，寫對聯二付，寫扁字三十餘個。傍夕至後園一覽，在核批稿各簿。二更後將雪琴所咨水師補缺單一核，三點睡。

二十八日

早飯後清理文件見客立見者三次坐見者二次習字一紙圍棋二局閱杜詩五七古用錢箋本玉句草堂本重刻五家評本校集抄本至未正止僅校十葉午刻坐見之客二次中飯後閱本日文件天氣驕熱煩躁之至不能治事核信稿十餘件申刻寫對聯八付扁字數個錢子密來一談接正月初四日澄弟等信至後園一覽核核批札各稿傍夕改信稿五件二更後不能治事三點睡不甚成寐

二十九日

早飯後清理文件見客坐見者三次立見者一次習字一紙圍棋二局校杜詩至未正止僅校十葉批識稍多中飯後閱本日文件接沅弟信知紀官姪於正月初九日申刻生子欣慰之至吾兄弟共得五孫丁口漸盛只望兒姪輩讀書少有所成將來孫輩看之樣榜便是世家好氣象若兒孫姪

筆不矜莊舊用功文理日不通則楊孫太壞將來孫筆斷難成立此中關鍵全在紀鴻紀瑞二人吾家後輩之無衆視此二人爲轉移也申刻寫對九付至後園一覽連日將園中瓦礫再挑於山上漸增高矣傍夕小坐夜核批稿各件二更後核水師補缺一案三點睡三更後成寐

二月初一日

早飯後清理文件見客坐見者二次立見者二次習字一紙圍棋二局校杜詩五七古至未正抄本十二葉錢本則二十三葉中飯後閱本日文件申初寫對聯十付旋寫零字令刻工試手至後園一覽夜核批稿各件二更後核水師補缺一案出題待明日考書院之用四點睡不甚成寐至三更二點始稍成寐四更四點即醒

初二日

早飯後清理文件坐見之客一次圍棋二局習字一紙雷雨大

心緒寒苦常 雨竟日不息 巳正閱校杜詩五七古陸續至申
刻止 校十六葉 中飯後閱本日文件 申刻因懸霖隨條寸
心鬱悶 老境日逼 而學術無成 歎數久之 申正核批
稿各件 核信稿四件 傍夕小睡 眼蒙殊甚 不能治事
二更後核豐縣路中 錄師補鉄案一條 四點睡 五更後醒
本近日尚佳眠矣

附記

○送家信 搭鄭船

○李船嚴分黃銀

初三日

早飯後清理文件 習字一紙 圍棋二局 閱校杜詩五七古十
葉 見兒之客一次 午刻張石卿帶來之揚州醫生馬鑄 字蓉汀
善畫小照 余生平未畫過一次 因命之畫馬 与張係對坐 張
石卿与王子馨陪坐 約大半个時辰而畫畢 持示家人 以為
頗肖也 中飯後閱本日文件 陰雨鬱寒 熱悶殊甚 寫沅

事信二件。申刻後因未治一事，傷多生，燈後對客，核批稿各件。二更後核信稿六件，核水師補缺一案，可宜清單尚未核畢。三點睡，不甚成寐，雨至黎明未息。自初二早至初四早大雨兩日兩夜，未少停止，深恐淫潦爲災，有傷歲事，可憂系甚已。

初四日

早飯後清理文件，唐鑑九來一談。習字一紙，圍棋二局，批校五七言至未正止，共二十葉。中飯後閱本日文件，至幕府與子密及貞高等一談。申正寫對聯七付，傷多，小坐，核批稿各件。核水師補缺一案，粗畢。二更後閱皇清山閒適詩。四點睡，天氣亦寒，尚得佳眠。枕間念蘇詩有二語云：「治生不求富，讀書不求官。」余爲廣之云：「修德不求報，能文不求名。」苟此四者，則胸次廣大，宜天下之至樂矣。

初五日

早飯後坐見之客四次清理文件習字一紙圍棋二局午刻批校杜詩至未正止共十三葉中飯後閱本日文件坐見之客一次申刻寫對聯十一付扁一方倦甚不復能治事至後園一覽偏夕小睡夜核批稿各簿摘閱白香山詩二更三點睡三更成寐

附記

。事宜添一條水師歸本地轄

初六日

早飯後清理文件習字一紙圍棋二局坐見之客一次批校杜詩十二葉至未正止中飯後閱本日文件坐見之客一次申初寫對聯十二付後至蕭府久談偏夕小睡夜核批稿各簿二更後將內江水師補缺單核對張寫皆雲琴所擬定者三點睡三更後成寐是日雨止申刻略見太陽而寒冷如深冬久不聞直隸軍事消息殊為懸系

初七日

早飯後清理文件，習字一紙，圍棋二局，立見之客一次，坐見者一次，寫從弟信一封，約五百字，批校杜詩僅三葉許，未正中飯後清理文件，寫對聯十付，困倦殊甚，不能治事，至紀澤書房一坐，至後園一覽，偏々与朱洪章一談，核批稿各簿，二更後眼蒙殊甚，不能治一事，三點睡，頗得安眠

初八日

早飯後清理文件，見客，坐見者三次，立見者一次，習字一紙，圍棋二局，又坐見之客四次，李小湖、雨亭兩次，談甚久，中飯後閱本日文件，批校杜詩三葉，寫對聯九付，至後園久覽，是日園中種竹，又於山上盖一草亭，因本日見客說話太多，即在園中散悶，核批稿各簿，核長江水師事宜一條，約三百餘字，二更三點睡，三更後成寐，屢醒，不得酣眠

初九日

是日丁祭黎明至聖廟率僚屬行禮將周奠禮雨不甚大尚能成
禮禮畢則雨大至歸署早飯後清理文件習字一紙圍棋
二局見客立見者一次坐見者二次李芋泉談甚久批校杜詩十三
葉申正二刻中飯後閱本日文件坐見之客一次立見者二次四
大雨竟日申正稍息至幕府久談傍夕小睡核核批稿各
件又添長江水師事宜一條約二百餘字二更後閱姚選今體
詩鈔三更三點睡五更醒頗得佳眠

初十日

早飯後清理文件見客坐見者二次習字一紙圍棋二局巳正
郭遠堂中丞來久談又坐見之客一次是日將軍織造及司道
等在余署公請郭中丞午初各客到齊午正入席未正二刻散
閱本日文件坐見之客一次立見者二次出門至糧道署內回拜
郭中丞至後園一覽校核批稿各件二更後倦甚偶閱周
易述閱三點睡四更末醒

十一日

早飯後清理文件 習字一紙 坐見之客三次 圍棋一局 出門至河下送郭遠堂之行 午刻歸 閱批札稿 至未正畢 中飯後閱本日文件 坐見之客一次 寫對聯十付 扁一幅 直幅一幅 至後園一覽 天氣甚寒 有似深冬 核批札稿各簿 二更後畢 倦甚 閉目稍坐 旋看經義述聞數葉 三點睡 三更後成寐 五更醒 今年匆匆又過四十一日 老境日催 而學術無成 不勝浩嘆

十二日

早飯後清理文件 見客坐見者五次 立見者一次 習字一紙 圍棋二局 閱杜詩 批校五七古畢 又坐見之客一次 中飯後閱本日文件 坐見之客一次 天氣奇冷 旋寫對聯七付 扁二方 至後園一覽 傍夕小睡 核批稿各簿 閱經義述聞數葉 二更後溫古文簡本 四點睡 不甚成寐 是日於書院甄別榜發出

十三日

早飯後清理文件，旋見客，坐見者二次，立見者二次。習字二紙。圍棋二局，又見客二次。批校杜詩五律，至未正止，僅校十一葉。中飯後閱本日文件。申刻寫對聯九付。天氣奇溫，形似春令。後園茅亭將蓋華屋，往看。傍夕小睡。夜核批稿各簿。二更，陳作梅、李芍泉來談。聞山東之兵在直隸敗潰，劉松山之勇假裝逃兵，楊鼎勳、郭松林之勇亦紛紛逃遁，不願渡黃，恐張總愚一股又將大振，憂灼無已。三點睡，尚能成寐。

十四日

早飯後清理文件。習字一紙。見客，坐見者三次。圍棋二局。批校杜詩五律十一葉。中飯後閱本日文件。李壬耕來久談，又與之圍棋二局。旋寫對聯四付，挂屏四張，約二百餘字。傍夕至後園茅亭一覽。夜核批稿各簿。二更後倦甚，默誦詩經。三點睡，三更後成寐，五更醒。

十五日

未黎明至大程子祠之祭二率四署早飯後清理文件見客
坐見者二次雪琴坐甚久習字一紙圍棋二局批校杜詩至未
正畢凡十二葉中飯後清理文件至後園一覽寫對聯
五付掛屏二幅約二百字申正核批稿各信傍夕小睡夜
核訂水師未盡事宜一條將本轄人員斟酌補缺單二更
後核信稿各件心緒悵悵如有所失念人生苦不知足方望溪
謂漢文帝之終身常若自覺不勝天子之任者最為善
形容古人心曲大抵人常懷愧對之意便是載福之器入德
之門如覺天之待我過厚我愧對天君之待我過厚我愧對君
父母之待我過慈我愧對父母兄弟之待我過愛我愧對
兄弟朋友之待我過重我愧對朋友便覺處處皆有善氣
相逢如自覺我已無愧無怍但覺他人待我太薄天待我
太嗇則處處皆有戾氣相逢德以滿而損福以驕而減矣此

念願刻〻深〻三點睡通夕不甚成寐

十六日

早飯後清理文件習字一紙生見之客一次圍棋半局至鍾山書院送諸生上學旋至尊經書院送上學旋至黃昌岐處道喜渠於十四日生子也午刻歸生見之客一次雪琴搬至署內來住與之一談中飯後閱本日文件批核杜詩四葉生見之客一次寫對聯九付屏一幅約百餘字中正核批稿各簿傍夕小睡夜至雪琴房中一坐旋核水師補缺一案二更後溫書經皋陶謨三點睡昨夕微雪連兩本日大雨竟日不止天氣奇寒深恐傷麥憂系甚已是夕頗得酣寢

十七日

早飯後清理文件習字一紙見生之客四次與雪琴一談圍棋二局又生見之客一次說話太多舌尖澀批核杜詩四葉

中飯後周緣雲、吳竹如先後來久談，劉印渠來久談，因留在署中居住。說話太多，疲倦殊甚。傍夕始將本日文件一閱。夜飯後又與印渠、雪琴一談，核批稿各簿。二更與印渠一談，疲倦，小睡。三點睡，三更後成寐，醒二次，尚屬佳眠。

十六日

早飯後清理文件，與印渠、雪琴一談。習字一紙，圍棋二局。坐見之客四次，立見者一次。又與印渠久談。午刻清理水師鑄印單。中飯請印渠等小宴。坐見之客一次。閱本日文件。至後園一覽。寫紀鴻兒信一件。傍夕與蕭府久談。夜核稿批各簿。二更至印渠處一談，倦甚。三點睡，頗得佳眠。

十九日

早飯後清理文件，與印渠、雪琴一談。習字一紙。旋坐見之客五次，圍棋二局。黃昌岐來一談。午刻將水師續定事宜核之。畢，留昌岐與印、雪等便飯。飯後閱本日文件。寫對聯

寫直幅一件百餘字又与印渠等一談本日大雨竟日
雨不息陰雨太久深恐傷麥焦灼之至傷多小生極寫
王靜庵陳舫仙各信一件核本日文件批稿各簿二更
後閱梅伯言所選古文辭略四點睡四更三點醒

廿日

早飯後清理文件坐見之客二次立見者一次衙門期也圍棋与
印渠雪琴一談習字一紙圍棋二局午刻与印渠久談渠
告歸回籍省又坐見之客一次批校杜詩七葉至申初始畢
中飯後閱本日文件坐見之客一次閱李眉生之書元魏石
芝其於舟次夢魘百呼不醒竟於次日午刻死去忠勇閣
也寫對聯十付掛屏一幅至後園久覽剃頭一次傷久小
睡夜核批稿各簿与紀澤及雪琴先後一談二更後將
改摺稿經營半晌而不果三點睡三更後成寐五更醒
是日晴霽稍以為慰

廿一日

早飯後清理文件見客坐見者二次習字一紙圍棋二局又坐見之客三次午刻改摺稿一件中飯後閱本日文件與雲渠一談寫對聯四付又改摺稿一件傍夕以坐椅又改摺稿一件核批稿各簿二更後困倦殊甚閱古文敍跋三點睡五更醒 是日清晨紅日照隱方以為喜居正括風大雨竟日宵深不止奇寒可怖殊以歲事為憂

廿二日

早飯後清理文件習字一紙圍棋二局坐見之客一次批校杜詩十二葉至未正止中飯後閱本日文件極多申刻寫對聯五付屏二幅約百七十字至幕府與諸客一談傍夕小睡在核對水師補缺各摺件二更後核批稿各件備出題目明日考惜陰書院課之用是日已刻閱敬敷書院卷十本二更四點睡三更後略成寐不得酣眠

附記

川〇芎　蟶〇蚶　李〇閣老

二十三日

早飯後清理文件，習字一紙，圍棋二局，坐見之客五次，與
雲琴一談。批校杜詩五律十一葉，畢。未正中飯，飯後閱本
日文件，寫對聯六付，掛屏一幅。畢後圍一覽。酉初核摺
稿一件，改稿一件。燈後核章，核批稿各簿。二更後又
核改稿一件。未正見客，坐見者一次，立見者一次。三點睡。
三更後成寐。

二十四日

早飯後清理文件，習字一紙，見客坐見者二次，立見者二次，圍棋
二局。批校杜詩五葉。又坐見之客一次，立見者一次。午刻請客小
宴四川癸卯門生，在坐者五人，請一便飯，未正散。又坐見之客
一次。閱本日文件。申初丁雨生中丞來久談，傍夕去。與雲琴

一談，旋核批稿各簿。二更後閱杜公五言長古，倦困殊甚，三點睡，極得酣眠。

二十五日

早飯後清理文件，見客，坐見者二次，習字一紙，圍棋二局，又坐見之客二次，立見者一次，批校杜詩十葉五律，校畢。中飯後坐見之客一次，出門拜丁雨生中丞，久談，旋又拜富副都統，酉初歸，閱本日文件，至幕府友朋一談，傷多，小睡，旋核批稿各簿，寫沅弟信二葉，未畢。二更後溫古文傳誌類中之史記。三點睡，尚能成寐。是日午後睡，雲夢魘，或不大傷，深以為慮。

二十六日

早飯後清理文件，見客，坐見者二次，立見者二次，習字一紙，圍棋二局，寫沅弟信又三葉，畢。批校杜詩十三葉。中飯後請丁雨生、陳心泉等小宴，申初畢。雨生即在署中居住，閱本日

文件 疲倦殊甚不能多治事 傍夕小睡 夜核批稿各簿
寫對 峴莊信一件 核改各信二件 二更三點睡 不甚成寐
是日上半日晴 雪申酉間又復下雨 麥稼恐將傷損
深以為慮

廿七日

早飯後清理文件 与雨生一談 習字一紙 圍棋二局 雨生
來久談 核改信稿三件 約改四百餘字 中飯後閱本日文
件 批校摺稿八葉 雨生來久談 寫對聯三付 傍夕小睡 夜核
批稿各簿 二更後添信件兩行 三點睡 尚能酣眠 是
日大雨竟日 深以傷麥為慮

附記

總署信 御碑 機器局

廿八日

早飯後清理文件 習字一紙 圍棋三局 見客坐見者五次

队信稿一件，批校杜詩六葉，申飯後閱本日文件。丁雨生來久談，閱邸鈔，陳舫仙發新疆效力贖罪，深為駭嘆。宦途崄巇，良可危懼。而閱舫仙在防私函，田有當賊匪渡黃之日，即該司到省，又未嘗蒙應得之罪也。添寫許仙屏信三葉。是日辰刻行禮，拜發万壽本。申刻料理摺差進京信件。傍夕小坐，校核批稿各件，改劉省三信稿，約改四五百字。二更四點睡。

廿九日

早飯後清理文件，習字一紙，出見之客一次，與雪琴兩生一談。旋偕兩君至会館看地球，又同至昭忠祠一看，午正歸署。申飯後閱本日文件，添劉省三信一葉，寫對聯五付，挂屏六葉。與兩生一談，圍棋二局，傍夕小睡，校核批札稿。兩生來久坐，二更三點後將稿核畢，四點睡。本日天氣晴霽，處緣或不大傷。昔年曾以居官四敗、居家四敗書於日記，以自儆。

惕。讀經久而遺忘，再書於此，与前次微有不同。居官四敗曰：昏惰任下者敗，傲很妄為者敗，貪鄙無忌者敗，反覆多詐者敗。居家四敗曰：婦女奢淫者敗，子弟驕怠者敗，兄弟不和者敗，侮師慢客者敗。仕宦之家不犯此八敗，庶有悠久氣象。

三十日

早飯後因內人生日，雪琴、雨生及黃昌岐均來拜壽。旋清理文件。出門至白下寺送雨生之行，又至水西門河干送雪琴之行。歸習字一紙，圍棋二局，見客二次，批校杜詩七律七絕至申刻止。杜詩校畢，惟五排、五絕在京時本未抄，此二種遂未校也。未正閱本日文件甚少，申正寫對聯八付。陳杏生遠謀來久談，旋至藩府久談。摺弁自京歸來，備夕小坐，核核批稿各簿，二更後核信稿一件，約改四百字未畢，四點睡。

三月初一日

早間絕賀朔之客，飯後清理文件，習字一紙，圍棋二局，旋見之客二次，批校韓詩詩傳序等一閱，僅校南山一首而已。中飯後閱本日文件，寫對聯六付，寫昭忠寺御碑，因紙壞未果寫。與陳杏生同至後園久談，倦甚小睡，核批稿各件。二更後溫韓文，三點睡，尚得佳眠。

初二日

早飯後清理文件，見客坐見者一次，立見者一次，習字一紙，圍棋二局，批校韓詩五葉。中飯請杏生小酌，適唐煥章來，因請其入座，未正散。陳作梅來一談，又坐見之客一次，閱本日文件，寫對聯七付。天氣陰雨漸寒，不似三月景象，深為廑慮。身體亦覺萎靡頹散，不願治事，倦甚小睡，核批稿各件，旋改復總理衙門信稿，二更三點睡，未改及小半。竟夜大雨，寒如冬令，歲事可憂之至，不甚成寐。

初三日

早飯後清理文件習字一紙見客一次圍棋二局將外國海水師及各國條約校查數處批韓詩六葉申飯後閱本日文件改復總理衙門信稿至二更三點止共千餘字業已改畢未刻雨亭來久坐是日陰雨凝寒深歲了夜至四點睡尚能成寐

附記

蔡國祥　雨生信

初四日

早飯後清理文件坐見之客一次將總理衙門回信改畢約二千字習字一紙圍棋二局批韓詩四葉午正請雨山長及省三睡蓮等小宴酬其衡文之勞也申刻散核閱本日文件又批韓詩六葉至後園與紀渠姪久談夜核兩日之批稿簿將水師補缺及各摺片清單核對一遍明日將發摺也二

更後朗誦古文識度之屬十餘首四點睡 是日陰晴各半
灘灘如故
初五日
早飯後清理文件坐見之客二次習字一紙圍棋二局批校韓詩
十葉接澄沅兩弟信澄弟許以四月來此中飯後閱本日
文件易光蓮來久坐寫丁雨生信一件至幕府久談旋寫
御碑因紙筆俱不適意不果寫傍夕至後園與紀渠姪一
談核科房批稿簿溫杜詩七古朗誦十餘首誦哀王孫如欲墮
淚又誦離騷經 二更三點睡 三更後成寐
初六日
早飯後清理文件 習字一紙坐見之客四次立見者二次圍棋二
局批閱韓詩七葉中飯後寫澄弟信一封坐見之客一次
閱本日文件寫對聯六付扁字十餘个酉刻倦甚小睡傍
夕至後園與紀渠一談核科房批稿各簿 二更後誦杜詩數十

首三點睡極得甘寢近日晴雨兩天麥稼或歲可望稍為一慰

初七日

早飯後清理文件坐見之客一次立見者一次習字一紙圍棋二局批校韓詩十一葉中飯後再閱本日文件申刻核信稿十餘件寫對聯七付旋又核信稿三件倦夕与渠姪一談夜核批稿各簿畢又核信稿一件二更後倦甚不願治事三點睡尚能酣寢

初八日

早飯後清理文件坐見之客三次立見者二次習字一紙圍棋二局添李少泉信二葉又核保單寄去坐見之客二次批校韓詩七葉中飯後閱本日文件天氣陰雨麥稼將傷聞之焦灼不能治事至幕府与密貞高雨叟先後久談倦夕小睡夜核批稿各簿二更後閱王李高岑七古三

點睡 三更後成寐 屢醒 不得酣眠

初九日

早飯後清理文件 坐見之客一次 習字一紙 圍棋二局 批閱韓詩十三葉 中飯後坐見之客一次 閱本日文件 小睡片刻 核改信稿五件 傍夕至後園與陳杏生一談 鍾山之雲甚厚 本日雨多 麥豆全壞 再不放晴 歲事將不可問 憂灼之至 夜核批稿各簿 二更後溫古文敘記類 三點睡 尚能酣眠

初十日

早飯後清理文件 坐見之客三次 衙門期也 習字一紙 圍棋二局 批校韓詩八葉 午正坐見之客一次 中飯後閱本日文件 坐見之客一次 談甚久 天氣陰雨 愁悶殊甚 至幕府與黎蒓齋久談 寫沅弟信一封 雨中至後園亭子一覽 傍夕小睡 夜核批稿各簿 二更後溫古文論著類 三點睡 尚能成寐

附記
○麗商璽案　○雨商江陰供文

十一日
早飯後清理文件　見客沈見其一次、又見其二次　習字一紙　園
棋二局　批校韓詩五七古及聯句、校章律句則本未抄也
中飯後閱本日文件　觀邸鈔　有大不適於心者　鬱悶久
出坐睡片刻　申刻寫對聯七付　酉刻沈見之客二次　酉後園
觀覽良久　是日天大晴　月明　耳聾稍甚　尚可校全幾分　極核批
札稱得　二更後倦甚　旋閱周易兩卦　三點睡　三更後
成寐

十二日
早飯後清理文件　習字一紙　出門拜省三、小梅、竹如、三家皆
會晤久談　午初二刻歸　閱太白詩五葉　閱棋一局　中飯
後閱本日文件　見客一次　王蓂甫府　一談　旋坐睡片刻　申

正剃頭一次 旋寫對聯七付 至後園一覽 余蓋屋三間本為擺設地球之用 不料工料過於堅緻 房屋過於深 費錢太多 而地球仍將黑暗不能明朗 心為悔歎 余好以儉字教人而自家實不能儉 傷哉 與紀澤談 令其將內銀錢賬目經理認真 講求儉約之法 旋核批稿各件 二更後閱樂府詩集 三點睡

附記

申。商植卿

十三日

早飯後清理文件 習字一紙 坐見之客二次 圍棋二局 太白以之詩見於郭茂倩樂府詩集者凡百有八篇 余將批校太白詩 因將目錄抄出一編 編已正 至後園亭中與蔡貞齋一談 午正李雨亭來一談 中飯後閱本日文件 批校太白詩四葉 小睡片刻 申正寫對聯七付 旋核信稿一件 頗長傷多

小睡。校核批稿各簿。二更後溫古文、詩韻之屬。三點睡，甚渴，酣眠。

十四日

早飯後清理文件。旋見客，立見者一次，坐見者一次。習字一紙。圍棋二局。李芍泉來久談。批校太白樂府。中飯後坐見之客一次。閱本日文件。又校樂府二葉。坐睡片刻。申正寫對聯七付。酉刻添申夫信四葉，約四百餘字。校核批稿各簿。核信稿一件。二更後溫古文辭賦類。三點睡，不甚成寐。

十五日

早飯後清理文件。習字一紙。批校李詩三葉。圍棋二局。巳初二刻出門至小校場祭先農壇，行耕籍禮。午正一刻歸。見客一次。中飯後閱本日文件。劉南雲自湘鄉來，久談。小睡片刻。申正寫對聯七付。酉刻核批稿各簿。傍夕至後園一覽。校核改信稿一件。二更後閱江南通志之寺

鐵門四點睡

十六日

早飯後清理文件習字一紙坐見之客二次圍棋二局又坐見之客二次談頗久批校太白樂府中飯後閱本日文件王子蕃來一談旋至杏生處一談又批校太白集申正寫對聯四付疲困殊甚睡頗久核校批稿各件二更後將鐫刻太白樂府與郭茂倩集一對四點睡是日陰雨歲事殆不可問矣憂嘆無已

十七日

早飯後清理文件習字一紙圍棋二局坐見之客二次批校太白樂府午刻坐見之客一次中飯後閱本日文件批校太白詩坐見之客二次吳竹如談最久寫對聯七付倚久立後園一覽小睡片刻核校批稿各件寫藕舫卿信二葉二更後溫古文序跋類三點睡三更後成寐

十八日

早飯後清理文件 坐見之客二次 習字一紙 圍棋二局 又坐見之客二次 批校太白樂府 每日僅校二十首或十餘首 蓋余於樂府向未用功 茲稍一措意 全無入處也 中飯後閱本日文件 九江稅務司康發達來見 又坐見之客一次 小睡片刻 申正寫對聯七付 核批稿各簿 至幕府一談 傍夕小睡 核改作龍神廟碑 繙閱各書 尚未下筆 二更四點睡 尚能成寐 是日上半天大晴 至申酉間變為陰雨 傍夕又晴霽 初更時星月皎潔 二更後雷雨交作 風勢亦狂 極深雨止 又見星月 黎明朗月當空 又晴明矣

十九日

早飯後清理文件 坐見之客二次 習字一紙 圍棋二局 又坐見之客二次 批校太白樂府 中飯後閱本日文件

与杏生一談小睡片刻申刻寫對聯五付至後園觀覽暢酉刻核批札稿條件傍夕小睡在北龍神廟碑數川寫匾字頗多二更四點睡是日上半天晴明未中間大雨旋間星月甚朗又有晴象而麥稼已壞矣

二十日

早飯後清理文件坐見之客二次習字一紙圍棋二局批核文白話十葉坐見之客二次孫寛臣坐甚久中飯後閱本日文件至後園久覽小睡片刻申刻寫對聯七付酉刻核批稿各條件又至後園一覽傍夕小睡在寫匾字甚多北龍神廟記擬半二更三點睡三更後感寐

廿一日

早飯後清理文件習字一紙圍棋二局坐見之客二次立見坐一次批核文白話十葉未正半中飯後閱本日文件至後園一覽小睡片刻申正寫對聯八付核批稿各條件

核信稿一件傍夕小睡核寫雲字頗多將龍神廟記
再為修改二更後溫古文情韻之屬三點睡尚能成寐
四更未醒是日又雨深以麥稼為憂

廿二日

黎明至昭忠祠行禮共三祠一為湘軍陸師昭忠祠居中一為
金陵軍營官紳昭忠祠居東一為楚軍水師昭忠祠居西余
與昌岐雨亭三人各祭一祠祭畢至二廟早飯飯後同坐雜談
出望玄武湖旋尋關帝廟舊址歸坐見之客三次清理
文件習字一紙圍棋二局又見客一次午刻批詩甫一葉
蔡貞齋來久坐中飯後閱本日文件批校太白詩十葉
中正堂對聯八付接澄弟等三月初信至後園久踱倦甚
夕小睡核核批稿各簿二更後將沅弟金陵一軍前
後集案略一繙閱將以昭忠祠碑記恐有遺誤也三點
睡五更醒

廿三日

是日爲　皇上十三歲萬壽，黎明至貢院行禮，往至關帝廟閱看。歸飯後清理文件，見客一次，習字一紙，圍棋二局，批校太白詩七葉，中飯後又校四葉，閱本日文件，至後園一覽，小睡片刻，申正寫對聯八付，酉刻核批稿各簿，傍夕至後園一覽，極核信稿二件，約改三百字，二更後又將金陵一軍奏案續畢，三點睡，三更後成寐，五更醒

廿四日

早飯後清理文件，習字一紙，圍棋二局，立見之客一次，坐見者三次，趙惠甫談甚久，午刻批校太白詩，中飯後又批校二葉，閱本日文件，小睡片刻，至幕府一談，申刻寫對聯八付，核批稿各簿，至後園久覽，傍夕小睡，極再將金陵一軍奏案摘錄一二，二更四點睡，連晴三日，麥稼或已可望，稍爲一慰

廿五日
早飯後見之客二次衙門期也核清理文件習字一紙圍棋
二局閱太白詩五古未能細心批校十一葉午刻立見之客一次坐
見者一次中飯後閱本日文件小睡片刻申正寫對聯七
付五後園一覽核批稿各簿核信稿一件傍夕小睡核改
金陵一軍奏案摘錄二更四點睡三更後成寐是日與
紀澤論為學之道不可輕率評譏古人惟堂上乃可判堂
下之曲直惟仲尼乃可等百世之王惟學問遠過古人乃可
評譏古人而等差其高下今之講理學者動好評貶漢
唐諸儒而等差之講漢學者又好評貶宋儒而等差
之皆狂妄不知自量之習譬如文理不通之童生而令衡
閱鄉試會試之卷所定甲乙豈有當哉善學者於古人
之書一一虛心涵泳而不妄加評騭斯可矣
廿六日

早飯後清理文件見客坐見者一次立見者一次習字一紙圍棋二局閱太白詩批校十一葉午正見客一次中飯後閱本日文件小睡半時許至幕府一談申正寫屏幅一件朱星檻自湖南來與之久談又坐見之客一次酉刻核批稿各件與趙惠甫至後園一覽核改信稿二件二更後將金陵一軍奏案摘錄完畢四點睡三更二點成寐

是日又雨真有一暴十寒之憂

廿七日

早飯後清理文件坐見之客二次立見者二次習字一紙圍棋二局批校太白集十三葉未正畢中飯後閱本日文件坐見之客一次談頗久小睡半時許申正寫對聯八付核批札稿未畢傍夕小坐夜又核批稿各件二更二點畢三點睡三更末大雨如注寸心憂灼一則憂稼全壞歲事可慮一則紀澤今日辰刻出城迎母未刻坐小船至上游風

大雨大不知某宿何處展轉不能成寐

附記

寄許鉅丞仙屏處　沅信言舒黄事

二十八日

早飯後清理文件習字一紙圍棋二局見客坐見者一次立見者一次批校太白集十三葉中飯後立見之客二次是日大雨如注自辰正至午未傳未刻內人率兒孫婦女到署者之一談黄軍門來一談閱本日文件小睡片刻申正寫對聯三付扁二方寫沅弟信一件約四百字傍夕入內室一談在核批稿簿二更後倦甚小坐不能治事三點睡改信稿一件四點睡三更後略得成寐五更醒

廿九日

早飯後清理文件習字一紙圍棋二局坐見之客四次立見者一次批校太白集五葉小睡片刻中飯後閱本日文

仲坐見之客一次因請南雲等便飯未正二刻始散散後倦甚又小睡半時許酉刻添陳舫仙信二葉 校核批札稿簿二更後小睡三點入內室睡三更後成寐四更未醒

廿

早飯後清理文件 習字一紙 圍棋二局 見客坐見者一次立見者二次 批校韓詩書十一葉 凡坐見之客三次 閱書時作時止 至未刻早中飯後又坐見之客二次小睡半時閱本日文件申正寫對聯八付 核批稿簿傍夕小睡 核寫零字甚多 寫信復陳作梅 旋將零星開銷摺稿一核 未畢二更三點睡三更後成寐五更醒

四月初一日

早飯後步行至城隍廟求晴 因苦雨傷麥也 歸來坐見之客二次清理文件 習字一紙 圍棋二局 批校太白詩 午

正倦甚小睡片刻中飯後閱本日文件 又閱李詩四葉太白集批校一過畢 家僮有繆刻無注本借莫氏張青頤蕭士贇本 又太模糊 無善本可校以意批點而已 李小湖來久坐申刻寫對聯五付剃頭一次核批稿各件未畢傍夕小睡起將批稿核畢 旋改霆營摺稿 畢二更三點睡 三更二點成寐是日幸晴 二更微雨

初二日

早飯後清理文件 坐見之客一次 立見者三次 黎明出禱至城隍廟 卯正歸 習字一紙 圍棋二局 校白太傅新樂府 巳正吳南屏自湖南來談最久 又坐見之客一次 中飯後閱本日文件 再校白香山樂府 小睡片刻 至惠甫處與南屏一談 申刻寫對聯七付 天氣熱甚 至後園一覽 酉刻核西批札件未畢 傍夕小睡起又核批稿件 旋核信稿四件 二更三點睡 三更後成寐五更醒

初三日

早飯後至城隍廟行禮，辰正歸。坐見之客二次。清理文件。習字一紙。圍棋二局。校白太傅影樂府章。小睡片刻。中飯後閱本日文件。天氣奇熱，僅着一汗衫，而猶煩躁。小睡片刻。申刻寫對聯八付。至正核批稿各簿。傍夕小睡。夜核信稿四件。二更後誦杜詩七律。三點睡，三更後成寐。

初四日

早飯後至城隍廟行禮，旋至報銷局迎接李小泉等，候良久未到。辰正歸。清理文件。習字一紙。見客無數，坐見者四次，立見者二次。李筱泉來久坐。中飯後閱本日文件。立見之客一次。圍棋二局。申刻寫對聯八付。旋核批札稿。傍夕小睡。夜閱吳南屏所著詩國風原指。二更三點睡，三更後成寐。

初五日

早飯後至城隍廟步禱，旋至李筱泉處回拜，歸，見客
坐見者五次，清理文件，習字一紙，圍棋二局，閱白香山詩四
葉，倦甚，小睡，中飯後閱本日文件，寫澄弟信一件，約
四百字，小睡半時許，寫對聯五付，核批稿各簿，未畢
偏夕小睡，夜核批稿簿畢，寫竹莊信一葉，核京信稿
二件，二更三點睡，三更後成寐，是日自巳刻微雨，至
夜不息，陰寒殊甚，歲事可憂之至

初六日

早飯後至城隍廟步禱，歸，坐見之客五次，立見者二次，清
理文件，習字一紙，圍棋二局，改信稿一件，約改二百字，閱
校白香山七古，中飯後閱本日文件，陰雨連綿，愁悶
之至，不願治事，小睡片刻，申刻寫對聯七付，是日派
戈什哈回湘迎接澄弟，料理一切，核改京信稿五件，偏

小睡。核又核信稿三件，核批稿各簿。二更三點睡。

初七日

早飯後清理文件。坐見之客一次，習字一紙，圍棋二局。坐見之客一次。李筱泉來久坐。午刻請吳南屏、陳作梅等便飯，申初散。閱本日文件。申正核批，寫對聯七付。酉刻小睡。夜核批稿各簿。二更閱吳南屏所爲春秋三傳蒙求。三點睡。

初八日

早飯後至城隍廟步禱。歸，坐見之客三次，立見者一次。清理文件，習字一紙，圍棋二局。巳正陳作梅來一談。又坐見之客一次，立見者一次。午刻校白香山七古。中飯後粗三年閱本日文件。未正李筱泉來久坐，至酉初始去。說話太多，不能治事。至後園一覽，新屋三間已成，將地球移入其中。夜核批稿各簿。二更後核信稿一件，約

跋三百字四點睡

初九日

早飯後步行至城隍廟因天氣晴明即行撤壇禮畢至江梅村家一坐歸𡮢見之客二次立見者一次清理文件習字一紙圍棋二局閱校黃山谷詩七古七律二種將任史兩譜一閱批校三葉許午正請毅泉小宴黃昌岐陳心泉等陪之申初二刻散閱本日文件申正李眉生來久談陪至後園茅亭一坐雨大不能還歸傍夕歸小睡核批稿各件二更後閱吳南屏所著孟子考蒙發三點睡三更後成寐

初十日

早飯後坐見之客二次衙門期也清理文件習字一紙圍棋二局立見之客一次坐見者一次李毅泉來久坐午刻閱黃山谷七古七律批點僅及三葉申飯後閱本日文件李

眉生來久談申正寫對聯九付酉正小睡核批稿各簽二更後改信稿一件約三百字擬作一詩酬吳南屏久索不得四點睡是日陰雨竟日夜間雨尤大麥稻既已無望尤恐大水為災本日聞賊又竄運河以北至東昌一帶焦灼之至第二孫女患病哭啼竟夕益增愁悶

十一日

早飯後清理文件習字一紙圍棋二局見客一次寫丁雨生信二葉發京信一葉批校山谷詩午正吳南屏來一談與同中飯飯後同至昭忠祠一看申正歸閱本日文件寫對聯六付核批一幅約一百字傍夕小睡核批稿各簽二更後擬作詩而久未就四點睡

十二日

早飯後坐見之客三次立見者二次清理文件習字一紙圍棋二局批校山谷詩中飯後又校二葉閱本日文件小

睡片刻　書見之客一次　申正寫對聯五付　挂屏四幅
酉刻核批稿各簿　戌刻小睡　旋作詩二十餘句未畢　二更
三點睡　三更後成寐

十三日

早飯後清理文件　習字一紙　圍棋二局　批校山谷詩甫一葉
許李筱泉來辭行　久談二時許　中飯後雲鶴皋來一談
未刻出城送筱泉之行　歸與眉生久談　閱本日文件　申
正寫對聯六付　挽幛一付　酉刻核批稿各簿　燈後小睡　旋
作詩十餘句　書吳南屏五七古一首　作畢　二更三點睡　三更
後成寐

十四日

早飯後清理文件　習字一紙　圍棋二局　將昨日錄寫送南
屏處　批校山谷詩　立見之客一次　坐見者一次　午正倦甚小睡
中飯後閱本日文件　核信稿一件　至南屏處一坐　渠昨日

搬入署內廿一与花帥客同至後園新屋久談申刻寫對聯四付
李雨亭來久談傍夕小睡旋核批札稿件閱姚惜抱詩
集二更後閱吳南屏所為雜說三點睡

十五日

早飯後清理文件習字一紙圍棋二局立見之客一次坐見者
三次批校山谷詩四葉中飯後閱本日文件眉生來一談省
三來久談申刻寫對聯七付核批札稿件傍夕小睡核南
屏來久談二更二點始去三點睡

十六日

早飯後清理文件習字一紙圍棋二局坐見之客一次立見
者二次錢子密來久談批校山谷詩四葉中飯後閱本日
文件小睡片刻出門拜雷雁臬吳竹如二家談均久酉
正歸至後園與吳南屏久談旋核批稿各件二更後
閱梅伯言所選古文辭略三點睡

十七日

早飯後清理文件 習字一紙 圍棋二局 見之客一次 坐見者二次 批校山谷詩四葉 惠甫來久談 小睡片刻 中飯 請吳南屏來便飯 飯後閱本日文件 小睡片刻 眉生來一談 申正寫對聯七付 屏一幅 酉刻至後園看栽竹 核批稿簿 未畢 燈後核畢 寫零字甚多 二更後溫古文傳誌類下 二更四點睡 三更後成寐

十八日

早飯後清理文件 習字一紙 圍棋二局 坐見之客三次 立見者二次 寫雲谷龍神廟一通 約四百餘字 批校山谷詩甫一葉 周壽山來久談 又坐見之客一次 中飯後吳竹如來久談 許緣仲來一談 閱本日文件 寫李申夫輓對聯七付 摺差自京歸 閱京信數件 又有送李次青所纂國朝先正事略 借編閱數篇 天已黑矣 夜核批稿

各傳 又閱先正事略 二更後溫古文序跋類 三點睡

十九日

早飯後清理文件 習字一紙 圍棋二局 前後見之客六次
批校山谷詩二葉 小睡片刻 午正一刻請李眉生雨亭小讌
申刻散 閱壽冊 与作梅久談 閱本日文件 剃頭一
次 偏夕小睡 夜核批稿各簿 又閱先正事略 二更後溫
核信稿一件 未竟 四點睡

附記

可買者交價寫契後不得再有異說 不可買者直截
回復 總信 有身家而賣地与義塾者 西不得一明書賣
与天主堂者五不得一 阻撓三等 正派 附和 貪利
疲癃浮收驅民從教 固民心爲弭外患之本明矣
能任勞怨爲清吏治之本 丁信

二十日

早飯後清理文件　見客坐見者三次　立見者一次　習字一紙　圍棋二局　正初出門至　文廟一看工程　旋出城至河下看八國船板　午正歸　熱甚　閱先正事略　中飯後坐見之客二次　圍壽山談最久　申初小睡片刻　申正寫對聯掛屏及福壽字之類　天氣奇熱　不復能治事　小睡片刻　飯間大雨如注　暑少舒炎歊之氣　而麥收又恐傷損　飯後核批稿各件　核信稿　覆丁雨生信稿　約改三百餘字　二更三點睡

附記

○戴嘉玉小湖所託

二十日

早飯後清理文件　坐見之客一次　習字一紙　圍棋二局　批校山谷詩三葉　內集校畢　午刻見客三次　談均頗久　中飯後閱本日文件　與眉生談詩　又立見之客一次　寫對

聯二付 雷鶴皋來久坐一時許 余說話稍多 疲憊極矣 小睡片刻 燈後核批稿簿 二更二點閱先正事略五 四點睡

二十二日

早飯後清理文件 坐見之客一次 習字一紙 圍棋二局 戴子高來久談 批校山谷外集詩 午正倦甚 小睡 中飯後清理本日文件 至幕府與吴南屏久談 申正寫對聯七付 至後園一覽 酉刻核批稿各簿 傍夕小睡 燈後閱南屏所著論語 二更四點睡

附記

○閱銷冊 ○拜吴李 ○寄沅信 ○送雷禮

廿三日

早飯後清理文件 見客坐見者二次 習字一紙 圍棋二局 許緣仲來久談 批校山谷詩集 中飯後閱本日文件 小睡片刻

王少岩等來一坐李眉生龐省三先後來一坐酉刻核批稿各件傍夕小睡核核信稿七件二更三點睡

廿四日

早飯後清理文件習字一紙圍棋二局坐見之客三次巳正出門至吳竹如處一談歸坐見之客一次中飯後料理出城余寅明至上海查閱外海水師事宜未正起程至漢西門外上船坐見之客四次立見者五次皆文武送行者也申正開船行二十五里至下關灣泊黃昌期李眉生先後來久談酉刻在船閱山谷詩核核批稿傍寫沅弟信一件是日接奉　廷寄責成李少泉一人剿賊限一个月不滅則重治其罪剋期剿賊是明末之弊政既為大局慮尤為少泉危憂系莫已二更三點睡不甚成寐

廿五日

早飯後清理文件天氣陰寒細雨竟日逆風不能開船即

坐下閱停泊一日習字一紙閱校山谷詩南屏惠甫等來船
久談又校批山谷詩中飯後批校半時許目蒙殊甚至
眉生南屏等船上久談申正歸再校黃詩寫信與錢
子密倚夕小睡椬溫古文氣勢之屬朗誦二首又點文
選各詩二更三點睡夢魘甚惡君子所應有之夢
深以為愧

廿五日

早飯後清理文件見之客一次坐見者一次逆風漸息開
船行走用小輪船拖帶行八十里至東溝口停泊待後至
之船約停一時許習字一紙批校山谷詩與南屏久談午
正後開船申刻至泥汊口灣泊坐見之客六次立見者三次酉
刻坐小船至六濠口泥棧行走一次即在程敬之處晚飯往
返約二十里歸至泥口舟已二更矣閱古文氣勢之屬三點
睡

早飯後開船。清理文件，習字一紙，批校山谷詩。巳初至揚州，泊鈔關門外，入城至公館，坐見之客五次，立見者一次。午初出門拜客三家，午正至運司李采臣署內小宴，未正散。出東門至萬福橋一閱，橋為去年所修，將往觀其工程堅實與否。酉初歸船，船往後三十餘里，坐見之客一次，立見者二次。倦甚小睡，夜坐見之客一次，核批稿各簿，二更三點睡。

廿六日

早飯後清理文件，習字一紙，批校山谷詩。見客坐見者四次，立見者二次。巳初正進城至運司衙門搬庫，巳正午初至湖南会館一覽，即鹽商包家之棣園，吾鄉業鹽者買之以為会館，雕樞刻棟，佳木異石，極工巧。午正至屠伯琦家，渠與易丹甫公請便飯。申初歸船，至南門觀去年所修橫牆工，尚堅實。喬鶴儕來久談，風逆不能開船，酉正

開船行十餘里至寶塔下紅橋灣泊坐見之客二次閱緝香堂所刻山谷集校批稿信稿二更三點睡

廿九日

早飯後開船行三十餘里至瓜洲少泊待後幫船至再行渡江一遊金山（看東坡所留玉帶）在坐船清理文件習字一紙批校山谷集三葉自金山回船中飯後至焦山一遊常鎮道蔡世俊又臣置酒於此酒後至登山天氣極熱酉初下山登舟行十餘里進丹徒口泊与眉生久談校批札稿件二更後倦甚小睡

余昔年抄古文分氣勢識度情韻趣味為四屬顛擬再抄古近體詩亦分為四屬而別增一機神之屬機者無心遇之偶然觸之姚惜抱謂文王周公繫易彖辭爻辭其取象亦偶觸於其機假令易一日而為之其機之所觸少變則其辭之取象亦少異矣余嘗嘆為知言神者人功與天機相湊泊如卜筮之有繇辭如左傳諸史

之有童謠如俳書之有偶語其意在可解不可解之間

古人有所托諷如阮嗣宗之類或故作神語以亂其辭

唐人如太白之豪少陵之雄龍標之逸昌谷之奇及元白張

王之樂府亦往往多神到機到之語即宋無名家之詩

亦皆人巧極而天工錯徑路絕而風雲通也蓋可以與言機

可與用神而後極詩之能事余抄詩擬增此一種與支

渺有實同　二更三點睡　燥熱殊甚

閏四月初一日

早飯後見客三次開船行七十里至丹陽勁停泊片刻

又行五十里至呂城　泊宿　在船批校山谷詩十八葉又將

外集別集中未抄之七古七律粗閱一過黃詩校對已

畢草草讀過不能細也　在丹陽見客一次夜間又見客

一次傍夕在岸側乘涼與南屏惠甫等久談燈後校批

札稿傍又校一告示稿未畢　戌刻清理文件　習字一

紙中刻閱本日文件 二更四點睡 天熱 不甚成寐

初二日

早飯後開四十五里至常州府 見客坐見者二次 立見者二次 上岸至劉開生家一坐 旋即回船開行 數里 李贊宸來迎接 與之久談 酉正二刻至羅山 泊宿 坐見之客三次 立見者一次 是日將所抄五古曹阮陶謝鮑謝六家用文選本校對 約校二葉許 在舟批札稿 二更後倦甚 小睡 三點睡 是日燥熱異常 在船赤體 不着衣 夜覺煩悶 午刻至常州 驟雨下 半日燥熱未解 夜間大雨如注 頓覺涼爽 而又以麥收為慮矣

初三日

早飯後清理文件 開船 行三十里至無錫 停泊黃埠墩 登岸一覽 小金山四面臨水 中一圓亭 約徑六丈 圍十七八丈許 樓上地下周圍窗槅 純廟題詩甚多 旋至惠山 觀昭忠祠及第

二泉 巳正回船旋又開行 輪舟順風行七十里至滸墅關
丁中丞及司道前來迎接 又行三十里至蘇州胥門登岸 以
新臬台衙門作公館 是日卯正習字一紙 見客坐見者
二次 至無錫見客三次 在舟中批校阮嗣宗詩四十首 到蘇
後 坐見客三次 丁中丞及查薇硯生甚久 二更三點客退
見姪輩始遲到 四點睡不甚成寐

初四日

早飯後清理文件 坐見之客十次 立見者七次 疲乏極矣 午
初出門拜客 會者二家 未初至丁中丞署內中飯 申正散
回寓後 立見之客二次 坐見者三次 倦甚小睡 旋與李質堂
李眉生先後久談 二更後核批稿各簿 三點睡

初五日

早飯後清理文件 坐見之客九次 立見者三次 習字一紙 巳
正出門拜客 會者三家 不會者二家 未初一正李質堂處中

飯申寫畢 申正至拙政園獅子林一觀 酉初歸 困倦
殊小睡片刻 核核批稿各簿 核批札稿簿 核阮嗣宗詩
數首 二更三點睡

初六日

早飯後清理文件 見客坐見者五次 立見者三次 巳正倦極
小睡片刻 寫澄弟沅弟信 未畢 午初出門拜客 會者二家 未
會者三家 未初至程公祠 蘇州紳士公請 小讌共三席 酒
罷 周覽園亭之勝 該處舊爲倪方伯良耀寓居 今爲
安徽會館 右邊即程學啓之祠 申正散至丁中丞署內
暢談 彈琴 又徧閱其樓上所藏書籍 旋又拜客三家
傍夕歸 與眉生一談 核閱本日文件 核批稿各簿 二
更後寫澄弟信一件 寫紀鴻兒信一件 三點睡

初七日

早飯後清理文件 見客立見者二次 坐見者一次 辰初出城

將往遊太湖約丁中丞李軍門及官紳等十餘人同遊定
以初七日游木瀆范墳等處初八九日游東西洞庭閲
視巡後水師之所開船行二十五里至木瀆至許緣仲
所寓舊園一覽水石之勝旋肩輿至靈巖山望絕頂
遊覽歸至端園中飯飯後肩輿至天平山步行登山有
下白雲一線天中白雲上白雲四名實則從山腳至
山頂均不及二里余陟其巔同行丁中丞等五人俱中道
而止下山後往謁范墳西為高義園因范文正公之家
田而立　純皇帝題匾及詩碑在焉墓為范墳文正
公之高祖唐麗水縣丞名　之墓在焉墓在天平山
之左右前山質皆石無土層石直立土人名曰萬笏朝
天結穴之處有土方數十丈其後石山壁立亦不似吾
鄉堪輿家所稱老山抽嫩枝及落脈筆頂云云者不然
何以貴盛久遠如此程肩輿行三里許至無隱庵蓋天平

山巔最高之主峯南向其西（東）貼近者爲存范氏先塋
又西（東）曰斗頭山中有 御路存純皇帝幸范墳所由
之道又西（東）迤邐而南凡五峯中一峯曰朱家山稍高者
爲平山之東（西）迤邐而南凡四峯其第三峯曰馬鞍山（即支硎山）
與東邊之朱家（山）相對即華隱庵之後山也其第四峯
較高即靈巖山也東西兩峯攢立相對中間亦壑相距
二里許酉刻（正）三刻由木瀆覓舟往返約三十二三里舟行將
赴胥口乃該處西市鎮中間橋密而岸窄余舟太大
節節遇阻至一橋下兩岸夾立石壁良久不得過更換
余覓岸並許綠伴家住宿而令各船次第倒行退出
三里之下丁申巫及司道等來會游興爲之頓減因路識
明日覆游洞庭東西山但至胥口一覽而已二更三點睡
久不成寐

初八日

早在許寄早飯飯後全人探我与丁中丞李質堂同赴
胥口查閱太湖形勝同登香山之嘴在胥口之西其後有如
圍山大圍山最高者曰穹窿山胥口之東曰清明山亦曰胥山
其山脚插入湖中者曰箕湖嘴其迤而東北者曰堯峯堯
峯之尾曰七子山其与胥口相對橫亘於此者曰橫山其內曰
橫塘此皆濱臨太湖之山也其湖中之山東洞庭距胥口約
二十餘里西洞庭距胥口約三十餘里長沙山約距十里許此目中
所見者其極遠者之馬蹟山極西之大雷小雷皆不見也太湖
善之水師營分三營以一營駐東洞庭轄蘇州吳長江震
四縣湖面而西洞庭亦駐船數號与浙會辦以一營駐馬蹟山轄
常州陽湖無錫宜興荊溪四縣湖面以一營駐大雷山轄湖州長
興烏程兩縣湖面辰正四至木瀆中飯後開船自木瀆
回蘇州丁中丞李軍門在船久談寫昨日日記申正至
蘇州灣泊盤門之外清理文件閱邸抄余補武英殿大學

士朱鳳標補體仁閣大學士隨從人等絡繹道賀州司及芾
府等談最久又坐見之客一次傍夕登岸在橋上久坐
與南屏等一談丁中丞來道喜即在橋上一談歸船在
飯後坐見之客二次推核批稿備至二更四點睡

初九日

早飯後開船行八十餘里至崑山之上停泊待後至之
船申正又開船行二十餘里泊宿在崑山之下約十五里
原刻清理文件習字一紙批校阮嗣宗詠懷詩兩次小睡
未初將阮詩校畢寫丁中丞信一封約三百字原刻坐
見之客一次申刻坐見之客二次閱潘文恭公年譜又閱
其子功甫年譜未畢傍夕登岸與南屏一談在園
二日吃枇杷太多不消腹脹治事改劉省三信稿一件
約二百字二更四點睡

初十日

早飯後清理文件開船行七十里至黃渡灣泊等候各民船送兒之客三次南屏等來久談停二時許申初又開船行三十餘里至雞墩以上三里許泊宿辰刻習字一紙批校五言古詩陶謝諸家兩次小睡申正閱潘功甫詩集辰刻觀李眉生詩愛其俊拔而有情韻將來必為詩人紀澤前後作次蹉字韻詩二首韻穩而脈清吐屬亦必為名貴將來或亦為詩人殊以為慰夜核批稿各簿二更後眉生來久談三點睡

十一日

早飯後開船行四十里午初至新柵由陸岸肩輿過洋涇濱黃浦江等處凡十八里許至上海南門外新造鐵廠居住未正到在舟與丁中丞久談清理文件習字一紙閱文選樂府批校鮑明遠等詩小睡片刻中飯後見客坐見者六次

亦見其二次瘦之殊甚小睡片刻在坐見之客頭與丁中丞久談 旋核改摺稿二件約改三百餘字三更二點睡近年從無似此極深始睡其十年尚能成寐在樓家信頗悉紀官姪得取孫案首孫今考試甚嚴當可免於物議甚以為慰吾每慮吾兄本功名太盛發洩殆盡觀近年人丁之漸多子弟之向學成其 祖澤尚厚方興未艾且喜且惴惴也

十二日

早飯後清理文件 坐見之客四次又見其二次旋出門至機器局觀一切製造機器屋宇雖不甚大而機器頗備旋觀新造之輪船長十六丈寬三丈許 最要者惟船底之龍骨中間龍骨夾層兩邊名龍骨三根中骨直而徑達兩頭兩邊骨曲而次第縮短骨之下板一層骨之上板一層是為夾板板厚三寸龍骨之外惟船肋最為要緊約每肋寬

寬厚三四寸有奇，皆用極堅之木。計此船七月可以下水。巳正
回寓，坐見之客一次，寫家信一件，小睡片刻，改片稿
一件。中飯後，英法領事等來見，旋坐見者二次，又坐見
之客二次，立見者一次。看丁中丞帶來之洋鏡內山水畫
圖甚為奇觀。與南屏等一談，小睡片刻。檀園、南屏、崇
甫等來，看洋鏡畫。核閱本日文件。二更三點睡。

附記
○催省信　○寫筱信　○撥質堂
○送南儀

十三日

早飯後清理文件，見客，坐見者七次。改信稿一件，頗費經營。午初
出門至洋涇濱回拜法國領事白來尼，傾誠款接，經其母、其
妻之臥室亦領看。膳畢，出，引余與中丞車門，閱看所居樓
閣四層，一一覽觀。玉宇瓊樓，鏤金錯彩，我中國帝王之居

殆不及也於是備函屬小謙又至美國領事溫思達處回拜
亦備函相歉正遂至城隍廟座飯高等招飲申末散出城
內觀者如堵旋回拜劉融齋談甚久歸時已晡矣因為
生氣久而未舒周壽山來久談旋與丁中丞留生等久
談二更後寫李小泉信一事三點睡三更後成寐

十四日

早飯後清理文件坐見之客二次立見三次發報二摺四
件與丁中丞會銜旋下河坐天平輪船將由金陵與
丁中丞同坐一船會查吳淞江海口丁以為捏替當建
其於寶山也申正過狼山福山港二更泊宿於江陰口外
中丞在此換小船由內河回蘇州是日在船未治一事僅
閱杜牧之詩約六七十首小睡數次餘皆與中丞暢談
而已二更三點睡四更四點醒輪船即於是時開行不
復成寐矣

附記

○霞沅信 ○霞少泉信 ○霞印渠信

○霞二郎信

十五日

寅初開船自江陰口啓行 凡行四百二十里酉初至下關酉正自下關坐小輪船至漢西門以下三四里灣泊 在舟中將杜牧之集粗閱一徧 亥正抵岸後行里至官廨与司道相見一談 鐙時入署与家人一談与藩府一談二更後小睡三點睡三更二點始略成寐未五更而又醒矣

附記

錢糧向其查取清冊呈查 現飭具四柱簡明摺每月呈送 其撥解軍餉撥款收支另開一摺呈報

十六日

早飯後清理文件坐見之客十三次立見之客五次說話太多倦甚午刻中飯後燥熱異常上半日已濕透汗衣更換三次未申間熱甚圍棋一局又坐見之客一次熱甚煩悶不復能治事閱韓子文集續閱數葉酉刻立見之客一次談甚久至後園亭中久坐小睡片刻核批稿各件甚多二更後作告示稿一件三點睡睡後雨甚大雨點極未滅竟夕不得善眠

十七日

早飯後清理文件習字一紙圍棋二局坐見之客四次立見者二次閱雷崔鼎所送詩文集略一編閱小睡片刻中飯後閱本日文件坐見之客二次李小湖談甚久申正後小睡甚久酉正寫沅弟信未畢雨大天闇旋即昏黑又後後小睡極閱沅弟二信寫畢核批稿各件極多未畢二更三點睡

景臣屢次驟雨天尚蒸熱

十八日

早飯後清理文件，習字一紙，圍棋二局，見客坐見共四客，說話稍多，倦甚，不能治事。小睡二次。中飯後閱本日文件，批校漢魏六朝六家詩。天氣陰寒，雨勢不止，身體若不適者，因多着衣服。小睡。夜核校批稿各條，二更後小睡，三點入內室睡。是夜大雨傾盆，聲如驚風怒濤，又如百萬甲馬。余以小病睡夢中神魂不安，今歲甚為淫潦所苦，憂灼之至。

十九日

早飯後清理文件，見客坐見者一次，立見者一次，習字一紙，圍棋二局，身體微有不適，小睡頗多。將六家詩與樂府詩集校對批閱。中飯後閱本日文件，寫李宮保信一封，約四百字，坐見之客一次，申刻至幕府一談

自昨夜至本日傾盆大雨迄未少息直至申刻始止
酉刻寄俞蔭甫信一封 傍夕小睡 在核批稿各簿
二更三點畢 睡後尚能成寐

二十日

早飯後清理文件 見客坐見者二次 習字一紙 圍棋二
局 出門拜客 會者三家 午正二刻歸 中飯後閱本日文件
校對六家詩 申正後剃頭一次 坐見之客一次 酉初二刻令
紀鴻與葉錫背誦時文 傍夕小睡 在核批稿各簿 二更
後清理新抄使文目錄 朗誦古詩 三點睡 三更後成
寐 本日陰寒極 聞後大雨不止

二十一日

早飯後清理文件 見客立見者一次 坐見者三次 習字一紙 圍
棋二局 細校曹阮等六家詩與樂府詩集 核對甚費心神
閱小說儒林外史以散悶 午正三刻請劉養素小宴 李山

長及江西三道陪之申正散閱本日文件酉刻課紀鴻叶賜等讀文核寫雲仙信二葉未畢傍夕小睡核又寫雲信二葉畢核批稿各件二更後畢溫誦古文三首三點睡三更後成寐

廿二日

早飯後清理文件習字一紙圍棋二局看小說書三刻許小睡刻許批校陶詩七葉中飯後吳竹如來久談又坐見之客二次申正寫對聯五付直幅一件酉初聽兒錫鑿背書又閱小說倦甚少睡核批稿簿二更後溫古詩十餘首三點睡三更後成寐

廿三日

早飯後坐見之客一次立見者一次畢清理文件習字一紙小睡片刻看小說十餘葉坐見之客一次批校陶詩七葉中飯後坐見之客一次閱本日文件出門

據將軍都統申正歸小睡片刻又閱小說十餘葉
酉末閱核批稿各件傍夕小睡夜閱小說數葉溫
古文氣勢之屬二更三點睡三更成寐

廿四日

早飯後清理文件習字一紙圍棋二局看小說二十餘葉
劉子迎來久談陳作梅來一談午初閱陶詩批述經齋擬
古等篇中飯後閱半時許僅批三葉閱本日文件小
睡片刻寫扁字十餘方對聯五付課兒輩背誦經
書酉末核批札稿傍夕小睡夜擬作詩久不得句又看
小說十餘葉將睡始成詩數二更四點睡是日何子貞
寄到新刻詩集名曰東洲草堂詩草屬余翻閱數
十首

廿五日

早飯後清理文件坐見之客二次習字一紙圍棋二局閱

批陶詩畢小睡片刻中飯後閱本日文件閱小說十餘葉寫對聯九付小睡片刻聽兒輩背書核批稿各條小睡片刻夜閱小說十餘葉二更後欲為詩而不成精神惝恍衰態見矣四點睡

附記

○大通卡應查　○彭笛仙子　○沅信

廿六日

早飯後清理文件習字一紙圍棋二局見客立見者一次坐見者二次批校大謝及鮑明遠詩中飯後閱本日文件至幕府一談倦甚小睡酉初課兒輩誦時文閱小說儒林外史十餘葉是書極詆士人多窮窘之行醜態百出覽之足以針頑亦用自儆傍夕閱核批稿各條未畢鐙後核畢又核吳竹莊信一件約改四百字二更三點睡三更後成寐

廿七日

早飯後清理文件習字一紙圍棋二局小睡片刻批校鮑明遠詩畢又校謝宣城詩立見之客一次李雨亭來談甚久小睡片刻中飯後清理文件閱小說數葉寫眉生信二葉雨生信一葉竹莊信二葉寫扁字二方對七付酉初聽兒甥輩背書以後凡三八課外之四日以二日背四書經書以一日背時文以一日背詩賦古文余每日以一二刻時許聽其背誦庶後輩於前之書不至荒疏不能舉其辭并擬令沅甫以此法課瑞官兩姪酉正閱核批稿簿未畢傍夕小睡燈後核稿畢作詩十餘句二更四點睡是夜大雨徹宵不息今歲水災可慮

廿八日

早飯後清理文件習字一紙見客立見者二次坐見者二次小睡半時許巳正後坐見之客三次劉養素談甚久中飯後

閱本日文件，校對宣城詩數葉，寫沅弟信一件，約五百字。寫對聯五付，挂葉三屏。小睡片刻。核批稿各簿，極寫零字頗多。作詩數句。二更四點睡，三更後成寐。是日午後稍晴，差為一慰。

廿九日

早飯後清理文件，習字一紙，坐見之客二次。出門拜袁織造、吳竹如、李小湖，二處談頗久，巳正二刻歸。小睡片刻。午初將所校宣城詩校畢，又校王右丞五律。中飯後接校共七葉。閱本日文件，見客立見者三次，坐見者一次。申正寫對聯七付，挂屏一葉，至初課兒輩背書。酉正核批稿各簿。傍夕小睡。燈後作詩數句，擬金山觀東坡玉帶七古一首，作畢，殊無佳句。二更四點睡，三更三點成寐。昔在京時每作詩輒不成寐，是以輟不復作。今此病似又復發，老年本不能以詩嘗試之而已。

五月初一日

早飯後清理文件 習字一紙 立見之客三次 圍棋二局 於昨所作之詩用箋紙謄寫一過 共三百字 坐見之客二次 立見者一次 小睡片刻 校王右丞五律畢 旋校孟襄陽五律 中飯後又校五十餘首 閱本日文件 申初二刻寫對聯十一付 酉初聽兒輩背書 酉正核批札稿 傍夕畢 傍夕登樓眺覽 兒輩署內搭涼篷五六處 自題居處之傳崇手 默誦古詩頗多 小睡片刻 夜閱歐公七古 閱何子貞詩集 二更三點睡 三更後成寐

初二日

早飯後清理文件 坐見之客二次 汪梅村談甚久 習字一紙 圍棋二局 又坐見之客二次 立見者一次 出門拜客 會者三家 午初歸 校對孟襄陽五律 中飯後閱本日文件 又閱校孟律 粗畢 寫對聯七付 至後園眺覽

課晃錫挈背書　酉正核批稿各簿　傍夕閱何子貞詩集　小睡片刻　燈下又閱子貞集　二更溫杜韓七古　三點睡　臨睡寫澄弟信　派輪船赴鄂迎接

初三日

早飯後清理文件　習字一紙　圍棋二局　見客坐見者二次　立見者二次　閱小說十餘葉　再將孟襄陽五律溫點一番　校杜牧之七律　小睡片刻　中飯後又校小杜七律　閱本日文件　天氣奇熱　煩悶殊甚　不能治事　寫對聯七付　閱小說數葉　小睡片刻　至後園一覽　與幕府一談　旋核批稿各簿　夜大熱　不願治事　續閱縣書三子集　接澄弟信　目下不能來金陵　改訂八月為期　余本擬節後派輪船赴鄂迎接　因恐其於閏月廿四業已起程　改於今早派船　派船往迎　計已行數百里矣　二更三點睡

初四日

早飯後清理文件習字一紙見客三見者二次出見者二次
雷州舉人陳喬森談甚久陳無逸許仙屏有書極貴其
文行不群也小睡半時許巳正移至後園新屋之內閱
校杜牧七律午初趙惠甫來久談中飯後閱本日文件
陳寬臣來一談改摺稿二件信稿一件申正寫對聯六
付掛屏二葉酉初課兒輩背書酉正核批稿倦倚久
至後園亭子與兒輩一談在慢之殊甚不能治事閱陸
放翁七古眼蒙殊不能辨字老境頹然著矣摺弁歸接
閱京信京抄二更四點睡通宵不甚成寐

初五日

早間謝絕賀節之客飯後清理文件習字一紙圍棋二局
旋見之客二次小睡頗久巳正至後園新屋內閱書校小
杜七律二十餘首中飯與署中客黃子鈞蒔友子媛等
小宴未正三刻散閱本日文件出見之客二次申正二刻

寫對聯挂屏 酉初二刻課兒輩皆書 酉正核批稿各簿 傍夕小睡 夜核信稿一件 二更後溫姚選七律 三點睡 三更後成寐

附記

○丁信寄寧屬密考簿 ○許李等信

彭杏南謚忠壯 李祥和謚武壯

初八日

早飯後清理文件 習字一紙 圍棋二局 坐見之客四次 談均頗久 小睡片刻 巳正至後園新屋一坐 閱杜牧之七律校對粗畢 閱李蒙山年譜 中飯後閱本日文件 寫沅侯弟信一件 申正寫對聯六付 酉初課兒輩皆文 酉正寫丁雨生信二葉 核批稿各簿未畢 傍夕与蒓齋久談 夜核稿畢 再將覆雨生各信料理一番 將改覆京信稿 而神氣疲困不能治事 二更後略誦古詩 三點睡

三更後成寐雨又太大深以爲慮

初七日

早飯後清理文件習字一紙見客坐見者二次立見者一次聞潘伊卿在揚州病勢甚重殊系之午小睡大半時核信稿一件巳正坐見之客二次立見者二次閱校李蔚山七律僅批數首中飯後閱本日文件核信稿五件約改五百字疲乏殊甚酉刻課兒孫輩背書酉正核批稿各信傷夕小睡夜又補核批稿信稿明日派摺弁進京校對各摺件　恩摺中有改字酌改良久未妥二更後溫誦杜詩七古三點睡

初八日

早飯後清理文件習字一紙圍棋二局坐見之客二次立見者一次拜發摺　恩摺行禮三拜又坐見之客一次立見者一次小睡片刻批校李蔚山七律中飯後止僅校四葉閱本日文件

申正寫對聯七付，挂屏一幅。酉初小睡片刻。酉正核批稿各簿。鐙後核復賀節信稿。二更後粗畢，誦太白七古數首。四點睡。

初九日

早飯後清理文件，習字一紙，圍棋二局，見之客二次。小睡半時。批校篠山七律。中飯後閱本日文件。又小睡，大半時。申正寫對聯六付。課兒錫犁背書。酉正核批稿各簿。鐙後又核批稿簿，疲乏殊甚。二更後溫古文氣勢之屬，朗誦數首。三點睡。

初十日

早飯後坐見之客二次，衙門期也。清理文件，習字一紙。立見之客二次，坐見者一次。小睡片刻。批校篠山七律四葉。中飯後閱本日文件，圍棋二局。小睡片刻。申正寫對聯七付。惠甫來一談，同至後園一覽。酉初三刻課兒錫犁背書。酉正二刻核批稿各簿，未畢。鐙下核章，又核信稿一件，溫杜詩五古，朗誦數首。二更三點睡。三更後成寐。昨夜大雨，直至本日午未間始息，深以歲事為慮。

十一日

早飯後清理文件，習字一紙，坐見之客三次，立見者一次，小睡片刻。巳正閱批季蘇山七律四葉，中飯後閱本日文件，小睡片刻。至幕府一談，申正寫對聯七付，酉初課兒鴻輩背文，擬制題一次。戌正三刻核批稿各簿，未畢，燈始核章，又核信稿四件。二更後誦羽獵、長楊賦，三點睡。

十二日

早飯後清理文件，習字一紙，圍棋二局，見客一次，談頗久，小睡片刻。巳正批校蘇山七律五葉，中飯後又校二葉，蘇山詩校畢。閱本日文件，季小湖來一談，申正寫對聯七付，酉初課兒鴻輩讀背文，坐見之客一次，核批札稿簿，傍夕小睡，燈核

信稿五件 二更後温太白七古 三點 在書房睡

十三日

未明起 丑 閱帝廟行祭生日禮畢 卯初二刻歸 飯後清理文件 習字一紙 坐見之客三次 小睡片刻 圍棋二局 閱元遺山詩序例年譜等 午刻 生見之客一次 中飯後閱本日文件 小睡片刻 將遺山年譜節抄約四百餘字 酉初寫對聯六付 酉正核批稿各簿 未畢 燈後核各簿畢 又核信稿一件 二更朗誦遺山七律 三點睡 三更二點成寐

十四日

早飯後清理文件 習字一紙 圍棋二局 生見之客二次 小睡片刻 批校元遺山七律 將其文勝名字略一疏記 以便續閱 午刻請陳喬森 遂山及書局諸君中飯 未正散 閱本日文件 申正寫對聯六付 挂屏二幅 與紀鴻課兒甥輩背書 酉正核批稿各簿 傍夕小睡 燈後寫劉峴莊信一葉 印渠

信二葉核改稿十餘件 二更後誦左太沖壽詩 三點睡三

更後感寒

附記

○吳寄朱信

十五日

早間伺絕盈賀之客飯後坐見之客三次閱潘伊卿病重昨日辰刻由揚州上輪船昨夕亥刻進旱西門甫到公館即已氣絕在舟次昏迷已久四肢已冷特一息尚延到家始屬纊耳閱在工甚吃手 苦近年未識但長物罄漸陸遷亦祖伺深可悼惜清理文件習字一紙出門至潘家弔唁見伊卿之父已七十其子四人孫一人哭泣之聲至不忍聞已刻至昭忠祠看新修之花園又至臺城看從前府學地基今擬改修文廟即前明南雍舊址也午刻歸坐見之客二次批校遺山七律卷中飯後閱本日

文件。昨夕略受風寒，左肩疼痛，天又鬱悶，不願治事。圍棋二局。陳喬森來久談。小睡片刻。酉刻課兒姪輩，背書，核批稿各簿。飯後始得核畢，將陳喬樅所著今文尚書攷繙閱數十葉。二更三點睡。

十六日

早飯後清理文件，習字一紙，劉養素來一談。天久未陰雨，寒意頗重，左肩又復疼痛，上床久睡。又會見之客一次。午刻批校元遺山七律四葉。中飯後閱本日清理文件，圍棋二局。申正寫對聯七付。酉刻課兒姪輩，背書，又核批稿各簿。倦，又睡頗久。天寒，用厚棉被覆蓋，稍覺自適。日內三婦一女次第感冒寒濕，遂傷風。粗核信稿二件。二更後朗誦姚選之七言律詩。三點睡。

十七日

早飯後清理文件，習字一紙，圍棋二局，批校元遺山七律五葉中飯後閱本日文件小睡片刻薛撫屏來久談申刻寫扁對七件酉刻課兒輩背書至內室一談諸婦病尚未愈傷久又小睡在核批稿件二更後改摺稿數行四點睡是日陰雨下半天雨漸大竟夜不止至五更則如洪濤澎湃今年必有水災憂灼之至

十七日

早飯後清理文件圍棋二局習字一紙見客坐見者二次立見者一次批校元遺山七律七葉午正閱畢中飯後閱本日文件再將遺山詩清理一遍寫沅甫信一件約四百餘字酉刻作挽聯挽潘伊卿之還家便永訣痛高堂七十歲倚門倚閭愁九原空呼憾焉治水甫成功急下河百萬戶已饑已溺拼一死求真生民旋將此聯寫好并寫祭幛至後園一覽是日大雨如注竟日不息為之憫傷夕少停遂不復治事在核批稿各件將遺山七絕閱看數

十首二更四點睡

十九日

早飯後至城隍廟步禱求晴 歸後見客坐見者三次 立見者二次 清理文件 習字一紙 團扇二扇 批校陸放翁詩十二葉 又坐見之客一次 中飯後閱本日文件 將放翁生平蹤跡略開一紙 以代年譜 竟 子偲來久談 申正寫對聯五付 酉初課鴻兒背書 檢閱叶錫補打背誦 傍夕至後園一覽 核批稿各簿 二更三點睡

二十日

早飯後清理文件 出門至城隍廟步禱 旋至潘伊卿家弔奠 歸 坐見之客二次 立見者二次 習字一紙 團扇二扇 又坐見之客二次 批校放翁七律七絕七葉 午正中飯後 吳和甫侍郎存義同年來久談 申正始去 閱本日文

件寫對聯七付酉初二刻課兒錫聲背書至第
冊一課與講畢至後園眺覽旋核批稿各件因本
日談話太多不能更治而神氣自覺昏憊之至二更三點
睡三更又雨可慮之至

附記

楊洪緒　金和　朱世元

廿一日

早飯後至城隍廟步禱旋出城至河下拜吳稷辰正歸清
理文件習字一紙李芳伯來一坐批校陸詩七律七絕凡九
葉中飯後閱本日文件圍棋二局出見之客一次小睡片
刻申正寫對聯七付酉初課兒錫聲背文旋核咨批七十餘各
信稿夕小睡核改復朱久香信一件又改作何子貞信
約四百字未畢二更四點睡是日未申後下雨極雨甚大
自憾德薄祈禱無靈

廿二日

早飯後至城隍廟步禱，旋歸署清理文件。至箭道考驗武弁。習字一紙，圍棋二局，見客坐見者二次，立見者一次，閱校放翁七律七絕七葉。中飯後吳和父來久談，二時許直至酉初二刻方去，余最怕久坐久談，大為所困。課兒錫鑾背詩，閱本日文件，至後園一覽，偶步。小睡，摘校批稿各種，添寫何子貞信四行，始畢，出錄寫百餘及詩，雖題明白，將考惜陰書院也。二更閱誦古詩，三點睡。

廿三日

早飯後至城隍廟步禱，旋歸署清理文件，習字一紙，坐見之客一次，立見者一次，閱校放翁詩抄本十二葉，刻本三葉，小睡一次。中飯後閱本日文件，圍棋二局，小睡，旋閱何子貞詩集。惠甫來久談，摘出寫對聯六付，至後園一覽，偶

夕小睡 核核批札各稿 籌核信稿二十餘件 二更二點粗

畢 校溫東坡七古 三點睡

廿四日

早飯後至城隍廟步禱 歸署見客 坐見者二次 立見者一次

清理文件 習字一紙 在竹床小睡 又坐見之客三次 閱

校放翁七律七絕 至申刻止 抄本校十二葉 對本四卷

中飯後清理本日文件 在竹床小睡 申正寫對聯

六付 酉初課兒背書 添朱久香信二葉 添應敏齋信數行

至後園一覽 是日入伏 晴朗可喜 然熱甚矣 傍夕小睡

核批稿各簿 二更後寫婦女功課單 三點睡 三更後成

寐

廿五日

早飯後至城隍廟謝神因已暢晴也歸署將婦女功課單後添四語云 家勤則興 人勤則

健 能勤能儉 永不貧賤 清理文件 習字一紙 圍棋一局 坐

兒之寓二次批校放翁詩至未正抄本閱九葉刻本閱
二卷亦僅七律七絕二種餘未暇閱也午正往兒之
寓二次中飯後閱本日文件熱極在竹床久睡申正
寫對聯五付寫極大扁字八个酉初課兒背書酉正核
批稿各簿傍夕至山上茅亭與幕府久談夜熱甚不
能治事久睡之更後溫誦詩經三點睡

二十六日

早飯後清理文件習字一紙圍棋二局閱李次青所作國
朝先正事略巳正批校陸放翁七律七絕抄本校七葉刻
本閱三卷中飯後再閱先正事略往兒之寓一次申正
寫對聯六付扁二付酉初課兒背書文稿核批稿各
簿傍夕至後園亭上與幕府一談夜核批稿簿畢
溫詩經漸吟不覺將國風小雅溫畢大雅溫至生民二更三
點睡是日暢晴甚熱殊以將變為慮

二十七日

早飯後清理文件 坐見之客二次 立見者二次 習字一紙 圍棋二局 閱先正事略 溫杜陸詩七律七絕 抄本校十一葉 刻本則校四卷 未正畢 申飯後閱本日文件 又閱先正事略 申正寫對七付 酉初課兒 錫輝背書熟甚 燈後園一覽 與子密久談 燈後核批稿各簿 二更後畢 倦甚 溫曹陶五古 朗誦十餘首 三點睡

二十八日

早飯後清理文件 習字一紙 見客坐見者一次 閱先正事略 坐竹床小睡 溫陸詩見之處二頁 巳正閱校放翁詩七律七絕 抄本六葉 刻本巳閱廿六七八九四卷 申飯後閱本日文件 圍棋二局 又小睡 後刻閱先正事略四篇 申正寫對聯七付 扁一幅 酉刻核批稿各簿畢 燈後園山上一覽 燈後困殊甚 小睡而甚不適 二更後核一外海水師勇

宜批未畢三點睡三更二點感寐是日上半天淋陰午
後畢又暢晴

二十九日

早飯後清理文件習字一紙出見之客三次何廉昉談家
久閱先正事略小睡片刻巳正閱校放翁七律七絕抄
本僅校六葉刻本校廿及廿一二三等四卷中飯後校畢
午正出見之客一次觀薛撫辰所為古文數首中飯
未正閱本日文件申初圍棋二局申正剃頭一次酉初
課兒輩抽背書酉正核批稿各件未畢至後園一
覽燈後核稿畢發又核覆丁中丞信稿二更二點畢
朗誦蘇詩數首三點睡是日驟雨三次午後不大暢晴
如坟傷夕天清山朗極目繁星滿天不料五更大雨天又
變矣

三十日

早飯後清理文件 坐見之客三次 熊仲山同年家彥談
甚久 習字一紙 圍棋二局 閱先正事略數篇 巳正校閱放翁
七律七絕抄本 校六葉 刻本校卅四、五、六、七等四卷 未正校
畢 閱本日文件 在竹床小睡 申正寫對聯九付 酉初
課兒輩紀澤背書 酉正核批稿簿未畢 紀鴻兒又舉一
子 小大平安 至後園一覽 未刻周縵雲來一談 傍夕小睡
復核批稿各簿畢 接澄沅兩弟信 知沅於五月十六日
到省 鄉間哥老會平安無事 不久必可來金陵相會 深以
為慰 又核信稿十餘件 溫歐公七古數章 二更三點睡 本
日驟雨數次 尚不失為晴天

六月初一日

早閱河絕 賀朔之客 飯後清理文件 習字一紙 圍棋二局
小睡片刻 与叶亭一談 閱先正事略數篇 巳正校閱放翁
七律七絕抄本 校六葉 刻本校卅八、九、四十、四十一等卷 中飯

後閱本日文件寫澄沅弟信一件申正寫對聯六付
酉初課兒錫祥背文旋核批稿各簿未畢傍夕至後園
與子密一談核科房批稿簿畢天氣鬱熱不願治事余
擬改摺銷摺稿遲延旬月尚未動手頹衰甚矣本日
沅弟信中有古文國本之說自問此生不能復有所爲頗
爲歎息二更四點睡

初二日

早飯後清理文件習字一紙小睡片刻清見之客四次午刻
孫兒三朝告祖行禮核狄翁七律七絕初本僅二葉刻本三
卷中飯後閱本日文件天氣鬱熱在竹床睡卧不甚久申正
寫對聯五付掛屏四幅至酉初二刻叶錫背書鴻兒極閒補
背核批稿各簿未畢至後園一覽核科房批稿簿畢改
摺稿約三百字二更四點睡

初三日

早飯後清理文件習字一紙圍棋二局在竹床睡甚久已刻校放翁七律七絕抄本校十葉刻本校四十五六七八九五十等卷至中飯後校本閱本日文件閱何子貞詩集天氣酷熱在竹床久睡申正寫對聯五付大壽字三幅在室中閒行以資卻暑氣核本日批稿各簿傍夕至後園亭上乘涼與幕府諸君久談因說話太多困倦殊甚久睡之更後溫古文氣勢之屬四點睡

附記

邱心垣　熊煥南　彭聖焯　彭宗洛

祁晉

早飯後清理文件習字一紙吳竹如來久談圍棋二局小睡片刻已正校放翁七律七絕抄本校六葉刻本校四卷中飯請熊仲山同年家眷及何廉昉薛撫屏小宴申初散閱本日文件天氣酷熱不能治事在竹床小睡酉刻

課兒輩讀書 旋核批稿各條畢 至後園亭上久坐 與蔡貞齋一談 夜飯後又獨至山亭 小睡二更後入室 三點後睡 熱極不甚成寐

初五日

早飯後清理文件 見客二次 談頗久 衙門期也 習字一紙 圍棋二局 小睡片刻 巳正閱校放翁七律七絕抄本校四葉 刻本校五十五六七八等卷 中飯後閱本日文件 彭雪琴來久談 酉初始去 課兒輩讀書 旋核批稿各條畢 傍夕至後園山上 崇源與趙惠甫久談 核科批稿簿畢 熱甚 不能治事 小睡片刻 二更後溫古文序跋類 三點睡 天氣酷暑 竟夕不甚成寐

初六日

早飯後清理文件 習字一紙 至湖南會館與雪琴一會 因餞中飯 人眾決議 其謂宜怪改也 雪琴旋隨余至署 又見客

二次。洪琴西處子偲談最久。寫家信一件，酬應如蕉僅
寫二葉，因日記極詳也。留雪琴中飯，飯後看地圖涼
簷。又閱本日文件。至內室看高閒涵。小睡片刻。申正
補校放翁七律、七絕，抄本校三葉，寫刻本校五十五、六、七
三卷。酉初課兒輩背書。核校批稿簿未畢。傍夕至後
園山上乘涼。夜將批稿核畢，又核信稿數件。二更後溫
誦李杜七古詩，三點睡。

初七日

早飯後清理文件。出門至河下拜雪琴，歸，寫留字一紙。立
見之客二次，坐見者一次。陳虎臣來，談甚久。雪琴來辭行。
小睡片刻。校放翁七律、七絕，抄本校四葉，刻本六十二、三、四、五
等卷。未正校畢。中飯後閱本日文件。至內室陰涼處
久睡。酉初課兒輩背書。核校批稿各簿未畢。至後園
亭上與錢子密久談。燈下將稿簿核畢。二更後溫韓、白七古

三點睡

初八日

早飯後清理文件 坐見之客三次 習字一紙 圍棋一局 伍崧生編修來談 小睡片刻 巳正閱放翁七律七絕抄本五葉 剳本六十六七八九等卷 中飯後畢 閱本日文件 酷暑不能治事 至內室長間歇涼久睡 申正出 游一治事 旋又小睡 酉正核批稿簿未畢 傍夕至園亭久坐 燈將批稿核畢 又核信稿 二更後溫赤壁賦 四點睡

初九日

早飯後清理文件 習字一紙 坐見之客二次 出門至漢西門河下看新釘之鎮江船 旋看莫愁湖 西署後 圍棋二局 小睡片刻 午初核校放翁七律七絕七十 七十一卷 中飯後又核七十二卷 閱本日文件 酷熱實不能堪 小睡片刻 申正改信稿未畢 坐見之客一次 酉初課兒讀

擧背書諸核批稿簡畢僞夕至園亭久坐極核
信稿二件約改四百字二更後倦甚不能治事四點睡

初十日

早飯後見之客二次清理文件習字一紙圍棋二局以
睡行刻 閱校放翁七律七絕抄本五葉刻本七十三五七四六
卷至未正畢中飯後閱本日文件是日酷熱不克治事
未刻後倦甚久睡至酉初二刻方起課兒輩擧背書諸
核批稿簡燈下始核畢 又核信稿一件二更四點睡
始成寐

十一日

早飯後清理文件 見之客二次 見客二次習字一紙圍棋二
局伍崧生來久坐 核校陸放翁七律七絕抄本六葉刻本七
卷八十八十一二等五卷至未刻畢中飯後閱本日文件酷暑
異常不願治事至內室久睡煩燥不能成寐酉初課兒輩

犖背書後核批稿未竟 酷熱多汗 至後園山上亭涼極
核批稿竟 閱陳廣敷兩批史記數首及所錄朱子陸象
山王陽明語 是日寄書四種於沅甫 均精雜購覓者 又
配以筆墨信箋之屬 寫信一葉 二更三點睡 是日極大雨如
注稍解炎歊之氣

十二日

是日為 先妣江太夫人忌辰 未後祭席 早飯後竟見之客二次
竟見者一次 清理文件 習字一紙 圍棋二局 小睡片刻 坐
見之客一次 閱放翁七律七絕 抄本四蕉 刻本八十三四五
卷 放翁全集閱畢 余於咸豐元年在京粗閱放翁
集一遍 僅抄七律 同治元年在安慶粗閱一遍 僅抄五絕
其於五古七古五律五絕等體不過涉獵一二而已 此次於
七律七絕兩體於各體仍未細閱 殊以為愧 中飯後於
陸集略致每卷每體若干首 閱本日文件 批

甚至內室久睡　酉初課兒輩背書　雜稿批稿各條
至後園山上一覽涼棚　核改摺稿一件　二更後溫東坡七
古　三點睡

十三日

早飯後出門至吳竹如、李小湖兩處久談　巳正歸　清理文件
習字一紙　見客一次　又將陸集前十六、七卷數閱若干首
略考與某某詩某年所作　至申刻粗畢　中飯後翻閱甚閱
本日文件　申酉初久睡　酉正核批稿各條　偶久至山上茅
亭一覽涼棚　核摺一件　片二件　二更後溫古文識度
之屬　三點睡

十四日

早飯後清理文件　習字一紙　陳心泉來坐甚久　圍棋二局　又坐見
之客一次　將陸詩再數十餘卷　中飯後又命紀澤數十餘
卷　約計不足九千一百首　余所鈔者七律五百三十四首　七絕六百

四十三首約八分之一耳未刻閱本日文件雜閱指月錄十餘葉
在竹床小睡酉初課兒甥背書旋核批稿簿未畢傍夕
至園亭與子密一談旋核批稿畢朗誦書經數篇二更
三點睡

十五日

早間絕賀望之客清理文件習字一紙圍棋二局汪梅
梅村來久坐小睡片刻將放翁詩中應行補抄者逐
注於上凡二十四首陸集粗治一遍畢中飯後閱本日
文件酷熱不願治事至內室久睡多食西瓜酉初課
兒背書叶甥於極間補背旋核批稿簿未畢傍夕
至後園票源與渠姪久談旋核批稿簿又核摺稿一
件信稿二件二更後溫古文序跋類朗誦數首二更
四點睡

同治七年六月十六日

早飯後清理文件，坐見之客三次，立見者一次，習字一紙，圍棋二局，又坐見之客一次，小睡片刻，巳正閱五禮通考中宗廟制度首卷廿七葉，中飯後閱本日文件，寫沅弟信一封，熱甚，汗下如雨，至上房久睡，不能成寐，酉刻課兒姪輩背書，旋核批札稿，各未畢，至後園乘涼，與渠姪一談，旋將批稿核畢，又核信稿數件。二更後溫古文序跋類三點，睡，三更後涼甚，似有秋意。

十七日

早飯後清理文件，坐見之客二次，習字一紙，圍棋二局，小睡片刻，閱秦文恭所輯宗廟制度二十葉，午正二刻請伍崧生便宴，雨亭等陪之，申初散，閱本日文件，酷暑異常，有流金爍石之象，至內室小睡，申正核信稿二件，添黃恕皆信二葉，酉刻課兒姪輩背書，酉正至後園乘涼，多食西瓜，旋核批

稿各件 二更始訖 極倦 猶核信稿一件 溫曹子建詩
數首 四點睡
十八日
早飯時雪琴來談 飯後與張同擬万壽李章旌孟篇邑
考閱二員 請理文件 習字一紙 五兒之客二次 小睡片刻
與雪琴久談 巳正二刻送渠去後 閱秦書宗廟制度十葉
午刻繼仲山來一談 中飯後閱本日文件 酷熱不能治
事 至內室久睡 申正起 核信稿二件 約改四五百餘字 多
集要派 酉正核批稿簽 傍夕至後園乘涼 極 再核信稿
一件 二更溫杜詩五古 四點睡
十九日
早飯後寫對聯 符見客一次 清理文件 圍棋二局 時見之客
二次 小睡片刻 閱宗廟制度卷十八葉 雜酬等一卷十葉 申
飯後閱本日文件 酷暑如焚 至內室久睡 申正出 核丁雨

坐作稿，酉初課兒輩背書，旋再核作稿，傍夕剃頭一次，燈後招飯，至後園納涼，又核丁信稿，二更後草致[illegible]字，擬弁自京歸，接閱京信各件。四點睡，是日立秋節。[illegible]不甚成寐。

二十日

早飯後清理文件，坐見之客三次，習字一紙，圍棋二局。小睡片刻，又坐見之客一次，閱秦書盟詛要禮廿三葉。中飯後閱本日文件，坐見之客一次，至上房久睡，因內室有風，扇可略避暑也。酉初課兒輩背書，旋核批稿簿畢，傍夕至後園納涼，旋分氣勢、識度、情韻、機趣，工律、五古，選抄各體詩，將曹阮二家錄選畢。二更四點睡，暑氣稍減，四更盡微雨。

廿一日

早飯後清理文件，坐見之客一次，坐見者二次，習字一紙，圍棋二扃。至內室小睡。自辰至未雨不歇，天氣陰涼宜人。閱秦書宗廟制度二十七葉。中飯後閱本日文件，將日內所閱五禮通考四卷題識於書眉。酉至幕府久談，近天熱久未與幕友一敘也。酉初課兒輩背文，核批稿各簿畢。傍夕小睡。核將批稿核畢。核陳舫仙信一書，約改四百字。二更二點後溫李杜七古，朗誦十餘首。四點睡。

二十二日

早飯後清理文件。方伯雄來久坐，又立見之客一次，竟去頃。習字一紙。至內室小睡片刻。已正閱五禮通考中宗廟制度一卷二十七葉。中飯後酌加批識。閱本日文件。小睡片刻。寫對觀。閱澈草畫筆記數葉。酉刻課兒輩背書。核核批稿各簿未畢。傍夕至後園山上與渠姪久談。核將批稿核畢。申刻寫陳舫仙信二葉。二更後溫陶淵詩，約選一過。四點睡。是日天晴，而暑氣驟退，頗有涼意。

二十三日

早飯後清理文件，習字一紙，圍棋二局，坐見之客一次，小睡片刻。觀閱淞草畫筆記。巳正閱五禮通考宗廟制度三十葉。中飯後閱本日文件，小睡片刻，寫郭意城信一件，約四百字。酉正核批稿各簿，未畢，至後園乘涼，夜核稿簿至二更始畢，疲倦殊甚，溫誦冏命、呂刑二篇，四更三點睡。是日巳刻寫對聯五付，扁一方，又寫周縵雲信一件。

二十四日

早飯後清理文件，立見之客二次，習字一紙，圍棋二局，小睡片刻。巳正接沅弟信，知紀澤姪之子元十於六月初四日殤亡，殊為感愴。蓋內室久諧和，與款歎久之。旋出閱五禮通考宗廟制度二十葉。念沅弟昔年於渭南振卒之地盡心盡力，而兩年連殤二孫，殊不可解。聞弟近年將封帑官

司務罰人出錢務送人關班房出票有損於陰德耶抑
閱媳婦有不敬其姑之處神示之儆耶 展轉思念實
深憂灼 繼又思澄弟今年方四十九歲較之余五十
六歲抱孫時尚小八歲雖殤兩孫尚有一孫何必足挂懷
梁姪今年方二十六歲 紀澤長三歲尚未得子余生紀
澤時亦二十九歲 又何足憂慮哉 旋再閱書十葉 午
中飯後閱本日文件 將五禮通考酌加題識 請客李
雲橋 鄧寅甫等中飯申刻散 酉刻課兒輩背書 惠甫
來久談 傍夕小睡 核稿批稿各簿 二更後將鮑詩酌選
一過 三點睡

二十五日

早飯後清理文件 坐見之客二次 衙門期也 習字一紙 圍
棋二局 又坐見之客二次 小睡片刻 巳正閱秦書宗廟制
度 三十二葉 草草涉獵 不能細心 中飯後閱本日文件 倦

甚閱紀文達筆記十餘葉酉初課晃錫年背書旋核批稿各體未畢小睡檢核批稿畢二更將詩經分類抄讀四點睡 二日內天氣陰涼可以着綿

二十四日

早飯後清理文件習字一紙坐見之客一次小睡片刻寫沅弟信一件已正閱五禮通考宗廟制度三十二葉中飯後酌加題識閱本日文件圍棋二局閱紀文達公筆記數葉酉刻課晃錫年背書旋核批稿各體未畢傍夕小睡檢核批稿體盡二更始畢溫詩經將興觀群怨等分類選之將彙抄以便誦讀三點睡三更四點尚未成寐

二十五日

早飯後清理文件習字一紙坐見之客一次閱紀文達筆記倦甚久睡已正閱宗廟制度二十葉雨亭來久談中飯

後閱本日文件 又閱紀文達筆記 圍棋二局 酉刻課兒輩背書 核科批稿各簿未畢 至後園一覽 核科批札稿 至二更後粗畢 困倦已極 而應了之大事尚有四五件積壓未了 私事則應作之文 必不可再緩者亦有數件未了 此心如有懸債 如負重疚 不知何日能償 默誦詩經十餘篇 目光不復能開 四點睡 不甚成寐

附記

項下八分　　三綫之上八分

二十六日

早飯後清理文件 習字一紙 閱五禮通考二十一葉 辰正二刻出門 李雨亭請至後湖看荷花 至太平門與竹如者三叔生子密等會齊 坐舟游湖 至長湖堤竹間賞涼 移至太平門 未初至將[批]忠祠宴集 申正二刻歸署 閱本日文件 核將奏書酌加題識 傍夕小睡 核科批稿各簿 直至二更

四點始寐 醒後不甚成寐

二十九日

早飯後清理文件 習字一紙 至箭道考驗世兄之宮四次

小睡 巳刻午初閱秦書二十葉 中飯後平 閱本日文件

何應昉伍崧生先後來久坐 酉初課兒錫攀 背書 旅積

杜稿 譜系季 蔡貞高來一談 校再校批稿 譜季 將

詩經分列與觀堂類之屬 腥者八類 共八十篇 開單 將

鈔出以備諷詠 二更三點睡

七月初一日

早飯後清理文件 習字一紙 圍棋二局 閱陳祥道禮書 覽

其圖象 考其條例 涉獵一過 至申刻 草草繙畢 中飯

後日食 午正三刻初虧 行禮 三跪九叩 未初食甚 未正

復圓 又行禮二次 閱本日文件 天氣甚酷 熱至上房久睡

以資風扇 可 蔡涼 中正字扁對數件 酉初課兒錫

輩背書甚熟。大雨不能出外，小睡片刻。粗核批稿各件。二更後與紀澤談小學，旋朗誦杜詩七律。四更睡，不甚成寐。

初二日

早飯後清理文件，見之客二次，坐見者二次。習字一紙。圍棋二局，小睡片刻。閱五禮通考中冕服之屬，天熱僅看六葉。坐見之客一次。中飯後閱本日文件，接家信，知元十三殤，澄弟夫婦當喪孫，紀渠姪夫婦亦不至因憂生悲，殊以為慮。蓋家道之興，全在肅雍二字，肅者敬也，雍者和也。而人丁之盛，尤以雍和一邊為重，故乖戾之家未有不丁口衰耗。此吾家既能發之，且望和順如故，不久又將添丁矣。將沙洲告示一案細加批語，汗熱矣，常至內室久睡。酉正核批稿簿，未畢。傍夕至後園山上乘涼，後再核批稿畢。兒婿輩今日游後湖

核閱補背書課二更後溫誦詩經選抄至八十葉三點眠

初三日

早飯後清理文牒習字一紙並兒之塞一次並兒對一次小睡片刻寫少泉信件約四百字巳正閱秦書宗廟制度門二十三葉中飯後二刻畢閱本日文件及參單鬱觀久睡申正改信稿一件未畢惠甫來一談盧昉送來黃右田先生所畫歲朝圖展玩良久又寫兒之塞一次備夕至後園納涼核擬信稿畢核批稿各件二更後畢背誦篆山東坡七律三點眠

初四日

早飯後清理文件習字一紙圍棋二局汪梅村來久談小睡片時巳正閱五禮通考二十二葉中飯後畢於加題識閱本日文件甚多至內室小睡申初二刻核涉

閱一案細加考完。酉初課兒孫輩背書。酉正二刻吳南屏自浙江歸，與之久談。旋飯後核批稿各簿，二更後溫書經堯典、舜典、皋陶謨、益稷四篇。三點睡。

初五日

早飯後坐見之客二次，衙門期也。清理文件，習字一紙。小睡片刻。巳正閱五禮通考宗廟制度二十八葉。中飯後閱本日文件，熱甚，不能治事，至上房一睡。申初二刻將沙閱一案細加核對。酉初課兒孫輩背書。又坐見之客一次。傍夕至後園乘涼，與紀渠姪久談。旋核批札稿，餘清未畢，旋核，至二更始畢。是日吳南屏移入署內，巳初與之一談，旋與吳摯甫一談，二更後與紀澤一談。背誦東坡七古。四點睡，四更末醒。

初六日

早飯後清理文件，習字一紙，圍棋一局，坐見之客二次，何廬防談最久小睡片刻巳正二刻閱五禮通考中歷代廟享之樂余於音律素昧所解遮眼而已中飯後閱本日文件初五禮通考中冕服批識半時許小睡片刻酷熱不復可耐申正寫澄弟信一件接雲仙信寄湘陰縣志稿十三卷略一繙閱酉初課兒輩背文初核批稿簿之半傍夕至後園亭上乘涼與幕府諸君久談夜飯後南屏來談又同至後園山上久談二更入室不能治事將劉賓客集略一繙閱三點睡

初七日

早飯後清理文件習字一紙見客坐見者二次立見者二次圍棋二局小睡片刻翰林黃瑟庵晉洛來久談原名中瓚留館後告假出京也又坐見之客一次閱宗廟制度二十葉中飯請吳南屏便飯閱本日文件天氣酷熱申初二刻將沙洲告示逐細批識約批三百餘字未畢酉初

課晃兒寫背誦畢複核批稿傳來畢至後園亭上乘涼核對批稿簽稿畢又至山上乘涼二更後溫誦東坡七古三點睡熱甚不可耐

初八日

早飯後清理文件習字一紙圍棋一局周鍚雲來久坐小睡三刻已正閱五禮通考中律呂門八葉余素不解音樂殊以為愧中飯後閱本日文件至南屏處一坐范梅九太守來久坐小睡片刻申初二刻將沙洲告示稿批畢約共批千餘字旋寫丁雨生信一件約四百餘字傍夕至後園乘涼核核批稿各簽二更後倦甚不願治事背詩經十餘篇三點睡

初九日

早飯後清理文件習字一紙圍棋二局見客一次小睡片刻旋閱五禮通考中黃鍾律數丁甘所解

午正鄧守之來一談。中飯後閱本日文件。雅題手卷二件。雨亭來久坐。酉初課兒錫輩背書。酉正核批稿簿未畢。傍夕王山亭與子密久談。粗核批稿畢。倦困殊甚，不能治事。在竹床久睡。始有病苦。二更三點睡。

初十日

早飯後坐見之客四次，立見者一次。衙門期也。清理文件。習字一紙。圍棋二局。又坐見之客一次。小睡片刻。午刻明樂緯至，不能通。與紀澤細看，渠略通算法，指珠面算談論二三刻。雅又小睡。中飯後閱本日文件。至南屏處一談。剃頭一次。閱紀文達筆記。酉初課兒錫輩背書。雅核批稿各簿未畢。至後園山上樓上觀覽良久。燈後焚香行禮，迎年先祖生日，鄉所謂接公婆也。飯後核批稿簿畢。倦甚，不復能治事。

二更後與紀澤一談　三點睡

十一日

早飯後清理文件　習字一紙　坐見之客二次　立見者一次　圍棋二局　小睡片刻　巳正閱五禮通考黃鐘之實　即昨日所閱者　本日略能通曉　中飯後閱本日文件　與竹林久坐　小睡片刻　核批札二件　約二百餘字　酉刻課兒輩論文　核批稿　將清未畢　鄧守之　吳南屏來談　此君皆住署內也　核對批稿　將清核畢　倦甚　懶於治事　二更後與紀澤略談鐘律　閱紀文達筆記數葉　眼蒙作疼　閉目小坐　三點睡　三更後成寐

十二日

早黎明至貢院朝賀　慈安皇太后萬壽　卯正歸　飯後清理文件　習字一紙　坐見之客二次　辰正一刻至湖南會館　因演戲之日余去敬神　即入座觀戲三齣　巳正二刻歸　小

睡片刻。午刻閱隸書黃鍾等說，凡三葉，略有所會。
清見之客一次。中飯。再閱黃鍾之說。閱本日文件。小
睡片刻。酉刻課兒輩背詩。雖於核信稿一件，約改七
百字。傍夕至南屏、守之處一談，兩君一七十四歲，一六十
四歲，皆好學君子也。說話太多，倦甚。核批稿簿。二
更畢。溫詩經選抄之八十篇，背誦不及一半。三點睡。

十三日

早飯後清理文件。清見之客一次。至箭道考驗七員。又
立見之客一次。習字一紙。習字一紙。清見之客一次。李壬
耕來，與之圍棋二局。小睡片刻。伍崧生來一談。小睡片
刻。閱隸書黃鍾等說四葉。中飯後再閱一編。閱本日
文件。倦甚。至幕府久談，說話稍多，舌根不適。小睡。核
批稿各簿未畢。至後園山上與紀澤一談。商量摺封遞
之事。核改批稿簿畢。小睡良久，終覺不適。二更三點

睡尚能成寐

十四日

早飯後清理文件 見客坐見者一次 立見者一次 習字一紙 圍棋二局 小睡片刻 巳正閱隸書黃鍾真度六葉 中飯後閱本日文件 坐見之客二次 小睡片刻 申初二刻寫對聯八付 大屏幅一張 酉初課兒輩背書 旋核批札稿簿錄畢 傍夕與南屏久談 旋核批稿 二更半背誦義山東坡七律 三點睡

附記

○李師滙 託先扶柩回家 ○俞蔭甫託其子

十五日

早飯後清理文件 坐見之客二次 習字一紙 為楊石泉寫橫披一幅 約百七十字 為南屏寫橫披 已正寫字尚未及一半 巳正閱隸書 因律呂略有所疑 撿尋者以

明之午刻見客一次談頗久中飯後閱本日文件小
睡片刻申初二刻寫對聯十四付酉初核課兒姪輩背
書旋核批稿簿未畢至後園一覽小睡片刻夜飯
後與南屏久談旋核批稿各簿畢 倦甚不能治事
二更後背誦杜詩七律十餘首三點睡

十四日

早飯後清理文件 坐見之客二次習字一紙圍棋二局 鏡
林來談頗久巳正小睡旋閱素書將律呂表略寫 坐見
之客二次立見者一次中飯後閱本日文件 再寫律
呂表條本不善算強為法算之 殊以為困申正寫
對聯八付酉初課兒姪輩背文旋以所算未畢令鴻兒
代為一算倦乏疲極卻不能睡夜核批稿簿畢疲困如
有大病者小睡頗久不適如故二更三點直至四更點方覺稍
適乃悟似病者因本日未曾小睡休息老年竟憊

之疾也五更又頻成寐

十七日

早飯後清理文件習字一紙三兒之書一次寫吳南屏橫
披一幀約三百餘字小睡片刻午初寫律呂表中飯後時
所寫甚少而精神已疲倦飯後閱本日文件並子偲本
壬秋來一談說話稍多乏甚小睡申正寫沅甫信一件
約三百餘字酉初課兒輩背詩體至後園散步入室
小睡極核批稿簿閱黃河決口自鄭州奪溜南趨計徐
淮又添巨患焦添沅甫信一葉憊甚若有病者二更三
點睡遍身似有所苦幸尚成寐

十八日

早飯後清理文件習字一紙三兒之書一次小睡片刻
因律呂一表閱十日未畢此表凡三易其稿本日思竭為畢
日自巳初二刻起至午正二刻止竭力將表寫畢將粟去

酌加批識中飯後粗了小睡半時許不能成寐在竹床翻閱書十餘葉閱本日文件申正寫對聯二付掛屏四幅酉初後似有重病行坐不安遍身不適至南屏處一談至山上一覽徜徉夕至內室一睡擬核批稿篇二平遽病躁甚屢睡屢起二更三點睡略嚼參支以補氣幸能成寐

十九日

早飯後清理文件習字一紙圍棋二局前後坐見之客三次錢調甫坐最久餘則因病在內室久睡一時有餘竟不能成寐中飯後閱本日文件遍身不適頭亦作燒又至內室久睡不復成寐酉初課兒甥輩背書又在右房一睡又至後園一行徜徉夕與吳摯甫一談擬核批稿各簿與南屏一談二更又小睡是日不治一事而病甚此故我平才紛茂來之劇煩紛也三點睡幸能成

寐，至四更始大汗，或外感已去，身體似輕鬆。惟此酉
刻接沅弟信，內有李次青信，極感沅代謀餉項十
餘萬之德。余每有薄德爾憾，沅弟常設法彌縫之，於
次青則彌縫甚大矣。

附記

繹〇謙泉交代

二十日

早飯後清理文件。病已霍然全愈矣。習字一紙。見客
立見者三次，坐見者二次。因揚州民人私入我家查之召一
劉與領子官斟酌良久，午初始畢。小睡片刻。送吳南
屏回湘，寫信一封，託雪琴派船照料。中飯後閱本日文件。
因揚州一案，傳藩司及首府與揚州知府來熟商一切，擬
改摺稿一件。傍夕小睡。夜核批稿各簿。二更後幸倦
甚，不能治事。三點睡。

二十一日

早飯後清理文件 習字一紙 見客 坐見者三次 圍棋二局 改摺一件 信一件 又坐見之客一次 錢調甫送其父所箸詩集 劉少塗送其父孟塗開所箸廣列女傳 囑為作序 繙閱各數葉 小睡片刻 中飯後閱本日文件 周縵雲來 因至幕府与之久談 李壬叔來 又与圍棋二局 課兒錫紀澤背文 程核批稿 紀澤來筆 稿 又小睡 程核批稿畢 閱李少泉所協撰太保之命稿之一書 核信稿三件 二更四點睡

二十二日

早飯後清理文件 習字一紙 坐見之客三次 立見者一次 圍棋二局 改信稿二件 閱梁茝林所為制義叢話二卷 中飯後閱本日文件 又改信稿一件 閱制義叢話又二卷 申正小睡 酉初課兒錫紀澤背詩 程核批稿 紀澤

未正倦乏小睡。夜核批稿簿，至二更三點。旋溫古文識度之屬。三點睡。

二十三日

早飯後清理文件。習字一紙。坐見之客三次。錢調甫等坐頗久。圍棋二局。閱制藝叢話。中間又坐見之客一次。再核昨批細閱。中飯後，龐省三、李小湖先後來久坐。閱本日文件。說話太多，疲甚，小睡。又後園一覽。核批稿簿。未正倦乏小睡。夜核批稿畢。核揚州案出英國麥領事在揚蠻橫無禮，殊為焦慮。又核公事數件。二更後倦甚，不能治事。三點睡。

二十四日

早飯後清理文件。習字一紙。坐見之客二次，立見之客三次。圍棋二局。寫澄沅兩弟信一件。前渠因渠姪之子元十殤，以渠姪婦欲回籍省視，以孫姑憂。余心欲留之而又因其動靜孝思不忍拂之，躊躇月餘，近日渠嫗亦思歸省親。二十四二日接渠嫗與渠信，略言母病，余方決計令渠率妻子歸籍省親，信中并言渠姪到家後即請渠弟速來金陵相會。李雲橋來談，即留之中飯，飯後閱本日文件，出見之客二次，談甚久，疲甚，至內室一坐，閱制義叢話。酉刻課兒輩背書，核核批稿，核批稿簿未畢。傍夕尊上止吳摯甫等久談，核核批稿畢。閱英領事麥華陀強揚州孫守同來金陵常有兵船，殊深焦慮。二更後溫古文，令筆勢之屬。頭痛，數首三點睡。

二十五日

早飯後出見之客三次，衙門期也。清理文件，習字一紙，圍棋二局。因昨日麥領事來見，恐其無禮，頗為焦慮。閱五禮通考五音門十一葉。午刻麥華陀與其兵官布守威繙譯拍維祺三人來見，其不通姓名而入座者又四人，伸論良久，余極其引動忿氣或致喧譁，僅以平言和氣答之。午正三刻歸去。旋揚州之事尚未說妥。中飯後閱本日文件，坐見之客二次。旋閱李次青所寄先正事略。小睡片刻。酉刻課兒輩背書。旋核批稿簿，未畢。至後園一覽。旋核批稿簿。念領之驕橫、洋人之猖獗，焦灼殊甚。已二更後溫古文氣勢之屬。三點睡。

附記

○速復丁信　示稿

二十六日

早飯後清理文件，坐見之客二次。揚州之事業經蔡定與洋人說妥，稍以為慰。又以議法太軟弱為慮。習字一紙。圍棋二局。閱先正事略十餘葉。小睡片刻。中飯後鄭慈係在京回來，補一談。閱本日文件。再閱先正事略。申初寫對聯十一付。旋坐見之客二次，另有之談頗久。酉刻課兒

閱紀年背文程至後園与子密遛談散敘批稿僅二更
後溫古文識度類四點睡

附記

○陸祠記　○於祠記　官紳記
○卯銷摺　○外海章　会館記
○卷卷題　○朱卷題　○應札銀
○後峴信　○解文　○卯坦保　○別季祠
○抄陸聯　○善後稿　奏辨　○陳卷題

二十七日

早飯後清理文件　習字一紙　見之客一次　接奉 8 諭二百余調補直隸總督馬新貽調兩江總督圍棋二局与家人論南北行止事宜　見之客三次　改復丁雨生李筱泉兩信稿約改四百字　中飯後閱本日文件　圍𦁥雲來久談　小睡片刻　申刻寫丁李二人信各添二葉　酉刻探覓

點稿畢 皆文 傍夕至後園一覽 小睡良久 核批稿 各儕一畢 至紀鴻房中見渠有穀解 而身在他處 下棋 天分本低 又不能立志苦學 深為憂慮 悶坐良久不能治事 二更三點睡

二十八日

早飯後清理文件 坐見之客三次 立見者一次 習字一紙 圍棋二局 又坐見之客二次 雨亭談甚久 午正吳如來久談一時許 中飯後魁時若 李小湖來久談 未正二刻散 閱本日文件 申初寫對聯十付 壽字二十個 錢子密 縉蓀兩先後來久談 核批稿 儕來畢 傍夕小睡 植西甫來一談 核批稿畢 改報銷摺稿約三百字未畢 二更四點睡

附記

業人單

遣散佳吏單

木器公私單

二十九日

早飯後清理文件坐見之客二次習字一紙圍棋二局坐
見之客三次改摺稿未畢中飯後閱本日文件何廉
昉來久談與之圍棋一局寫對聯一付課兒甥輩背書改
報銷摺平信夕莫子偲來與之至後園一談核批稿信
倦甚不能治事二更三點睡

附記
刻八百餘記　朱入善後局　許信

八月初一日

早飯後清理文件立見之客一次習字一紙圍棋二局寫對
峴莊信一件改其百餘字親筆又寫三百餘字汪梅村
來久談中飯後閱本日文件坐見之客一次寫莫子偲手
卷一幅二百餘字申初二刻寫對聯八付又寫零字十
餘件酉初課兒甥輩背書剃頭一次偏夕至後園與

渠姪一談在陳作梅處久談旋核批稿簿二更後疲倦
甚不復治事三點睡
附記
○復李信
初二日
早飯後清理文件立見之客二次坐見之客二次習字一紙
圍棋二局寫李少泉信一封約五百字又坐見之客三次
雨亭坐頗久中飯後閱本日文件陳虎臣來久坐旋
至藩中府一談寫對聯七付扁三付酉刻課兒輩背
文核批稿未畢傍夕至後園與渠姪一談旋核批稿
疲倦甚二更後與紀澤一談囑其看理學書俾
志氣日趨於剛大心思日入於沈細三點睡不甚成寐
初三日
五更三點起至文廟丁祭黎明行禮禮畢看新處

泮宮照壁明倫堂詩信為偉觀歸飯後見客坐見者
二次立見者一次清理文件習字一紙圍棋二局李質堂自
蘇州來久談 又坐見之客二次立見者一次中飯後閱
本日文件 倦甚小睡申初三刻寫對聯十一付寫李
忠武公祠聯旁跋大楷百字旋核批札稿未畢 至後
園與澤兒一談 於勤儉孝友之義似能悉心體受 燈
後核批札稿僅畢二更後改謝 恩摺稿一件片一件改百
餘字四點睡

附記

○宮橫披　○渠橫披　○橋程儀

初四日

早飯後清理文件 坐見之客二次習字一紙圍棋二局 夏子松
正詹來久談 又坐見之客一次 午刻錢子密來一談 黃子
偲來一談 中飯後閱本日文件 倦甚小睡片刻申初

寫對聯五付　寫橫披一幀　自餐後寫三尺條書之為紀渠姪座右之箴　吳犖甫來一談　酉初課兒輩習書　旋核批稿簿未畢　傍夕至後園与紀澤一談　夜核批稿　核畢　改摺稿一件　二更後作湘軍陸師昭忠祠碑記百餘字　二更三點睡　夢劉文清公与之周旋良久　說話甚多　都不記憶　惟記問其作字果用純羊毫乎　抑用純紫毫乎　文清答以某年到某處道員之任　曾好寫某店水筆　夢中記其店名甚確　醒後亦忘之矣

初五日

早飯後坐見之客三次　衙門期也　唐崔九坐頗久　清理文件　習字一紙　李質堂來久談　出門至竹如處久談　又至李小湖處　看其所藏法帖　如歐書化度寺碑　褚書孟法師碑　虞書廟堂碑　皆天下之至寶也　又有魏栖梧書善才寺碑　丁道護書碑　蔡伯喈書曹娥八字

心肯上品歸 中飯略備酒肴為渠媼餞行 閱本日文件
見客一次 改信稿一件 申正寫橫披一幀 寄紀官婿否
夜課兒錫鏵背書 亥正核批稿簿 傍夕至後園與吳
摯甫一談 極核批稿簿畢 二更後作昭忠祠碑 翻閱
查稿舊案 四點睡

初六日

早飯後見客 坐見者四次 立見者一次 李質堂坐甚久
清理文件 習字一紙 送紀渠媼起行 因籍親婦女涕
泣依戀之狀 與老少拜別恭敬之容 若是專家好氣
象 旋寫澄沅兩弟信 午刻坐見之客一次 立見者一次
中飯後閱本日文件 倦甚 至內室小睡 申刻寫扁
四字幅 小橫披二幅 對一付 酉初課兒錫鏵背文 核批
稿簿未畢 極將批稿簿核畢 倦甚 不能治事 至室
中枯坐 二更三點睡 幸更酣眠

初七日

早飯後見客二次清理文件習字一紙圍棋二局旋又見客四次雨亭及陳寬臣談最久中飯後閱本日文件陳錫雲來談甚久申初二刻寫對十付酉初課兒輩背文旋核批札稿信稿未畢至後園一覽遇子密一談旋將批稿核畢二更後與紀澤論終食之間違仁處境仁字之理旋將金陵一軍元二年戰功各案一核蓋昭忠祠作準不能不細核一編也

一五〇〇

附記

陸祠各員銜節

劉西江忠義錄

初八日

早飯後清理文件習字一紙見客三次立見者一次圍棋二局陳作梅來久坐午刻再閱金陵戰守各摺底中飯後閱本日文件又閱各摺底申刻粗畢申正

寫對聯十付至後園一覽倦夕小睡核核批稿傍
晚二更後與紀澤一談溫古文氣勢之屬三點
睡
初九日
早飯後清理文件見客坐見者四次習字一紙圍棋兩局
擬作碑文而不果中飯後閱本日文件小睡於刻中
刻寫對聯七付核課兒錫纂背書核核批牘未畢倦
夕小睡核核批稿傍晚核此昭忠祠碑約百餘字二
更四點睡
附記
奠劉松山成言 不集　○劉李張三人謚
○方牧署缺　○梅守補缺
初十日
早飯後清理文件坐見之客二次衙門期也習字一紙圍

棋二局改吳竹莊信稿又添寫一葉四錫雲信一葉作昭忠祠碑約百許字中飯後閱本日文件至內室一坐申初寫對聯七付作聯贈何廉昉良久乃成云万頃太湖陶朱艇子長身世二分明月何逊梅花送主賓已寫成矣棋又改云万頃太湖鷗与陶朱同泛宅二分明月鶴憶何逊共移家倚夕至後園一覽小睡片刻課兒甥紀年背書極核批稿各篇甚多二更後又作昭忠祠碑百許字四點睡

十一日

早飯後清理文件習字一紙見客坐見者一次立見者一次圍棋二局坐見之客一次催昭忠碑百許字中飯後閱本日文件頗多至內室一談新得郎二雲南江文鈔閱數首申刻寫對聯六付扁一方馮竹漁來久談酉正課兒甥紀年背文倚夕小睡極核批稿各篇二更後作

昭忠祠碑百許字　三點睡

十二日

早飯後清理文件　見客二次　談甚久　習字一紙　圍棋二局　李眉生來談最久　渠耳重聽　高聲言之　而余復舌蹇矣　中飯後　劉開生等來一談　閱本日文件　又坐見之客二次　申正寫扁五方　對五付　酉初課兒輩背文　傍夕小睡　核批稿簿　倦甚　二更後早小睡　旋作昭忠祠碑數十字　三點睡

十三日

早飯後出門　看上海新造之火輪船　名曰恬吉輪船　至漢西門　聞雪琴已進城矣　因在舟次候之　請其同行　由漢西門坐小輪船出口　下關上恬吉輪船　巳正二刻開行　行至采石磯下之翠螺山　凡十二刻　行九十里　又自翠螺歸至下關　凡六刻　行九十里　下水速於上水者一倍　中國初造第一號輪船　而速且穩如此　殊可喜也　申刻至　自下關坐小輪舟至漢西門　酉正歸署　閱本

覆文件 至後園一覽 核批稿各簿 是日在舟中略作昭忠
祠碑 二更後寫出凡二百許字 三點睡

十四日

早飯後清理文件 坐見之客七次 立見者三次 習字一紙 圍棋
二局 午刻坐見之客三次 中飯留李眉生 雪琴便飯 飯後一
談 閱本日文件 又與眉生一談 申刻何子永 黃昌期來久
談(說) 話太多 疲倦極矣 酉刻課兒甥姪輩背書 至後園一覽
小睡片刻 核批稿各簿 二更後作昭忠碑數十字 畢
共千餘字 作此碑及翻閱案卷十一日矣 或作或輟 枝枝節節
為之不能工甚也 三點睡

附記

○李興雲閣木料
○雪保二人咨寄李霞
○帶書單

○雪琴保摺台片
○子偲書單核算 該尚欠余百六十餘金 係買書見還

十五日

早飯後仍絕客客兩雲渠昌期等先後來坐又坐見之客二次清理文件習字一紙已刻坐見之客二次閱湯文端公集中飯後閱本日文件閱湯敦甫集中正字對聯十付孫課兒婦聲背書至後園一覽傍夕小睡檢孫批稿各篇二更後溫古文氣勢之屬三點睡

附記

李仙源号則來

十六日

早飯後清理文件坐見之客七次立見者二次習字一紙圍棋二局又坐見之客一次立見者一次改信稿三件中飯後閱本日文件李眉生來久坐旋至藩府久談申初二刻寫對聯四付李小泉少泉兄弟帶其父玉泉同年像進家廟小泉等請來求一聯至庭訓堂閱太邱長子肖

孫賢臣遵元方季方而上碑文鍾演魯國公功高德厚實在郭廟顏廟之間 寄來之舊宣紙亦不可多得也 酉刻課兒輩作背文 至後園一覽 小睡 戌刻核核批稿各簿 倦甚 二更後略温古文情韻之屬 氣若不能屬者 四(三)點睡

十七日

早飯後清理文件 雪琴來久坐 又言見之客坐見者二次 習字一紙 圍棋二局 又與雪琴一談 改霞季筱泉信稿一件 又自寫一葉 中飯後閱本日文件 寫沅弟信一件 約四百字 與吳摯甫一談 申正寫對聯八付 何廉昉來久坐 傍夕課兒輩作背詩 至後園小山一覽 核批稿簿 倦甚 稍閱熊文端公賜履經義齋集 二更三點睡

十八日

早飯後清理文件，坐見之客三次，習字一紙，圍棋二局。洋人繙譯官梅維祺來見，又自稱為副領事范混光者，係往事爭辯，良久始入，為揚州教堂事，費總理衙門一函而來，未與深言而去。午初雪琴來，與同至園中久坐，并邀子密同談。經董昌期來一談，留彭、黃二人中飯，眉生亦來同飯。申初客退，閱本日文件。申正至河下拜雪琴，酉正歸。寫零字數十。傍夕小睡。核核批稿各簿。二更後又核要批數件。四點睡。

十九日

早飯後清理文件，坐見之客一次，習字一紙，圍棋二局。至初軍營拜会，午刻正正歸。坐見之客二次，何子永坐甚久。寫昭忠祠碑數行。中飯後閱本日文件。俞蔭甫來，久坐。王子壽來，一坐。擬寫昭忠碑十餘行。申正寫對聯八付，酉初課兒輩背文。燈後又寫碑數行，是日共寫二十四行，每行十二字。傍夕小睡

復核批稿各館 二更後核改與洋人劄復之件 四點睡

二十日

早飯後見客二次 衙門期也 旋又見客一次 清理文件 習字一紙 圍棋二局 劉省三來久談 寫昭忠祠碑 是日陸續共寫五百字 屢作屢輟 中飯後 朱心檻來一坐 閱本日文件 俞蔭甫來久坐 因得課兒錫 背書 接沅甫二信 沅弟一信 知紀瑞姪取古第五一等第三可望補廩 紀官姪入學第十二名 欣慰之至 年來專盼家中添丁盛後輩讀書有成 今此二信 心神為之一暢 此後望科名綿綿繼起不絕 如願否 傍夕核批稿未畢 夜間核之畢 又核與洋人劄稿 約改六百字 尚未完畢 二更四點睡

二十一日

早飯後清理文件 坐見之客三次 習字一紙 圍棋二局 俞蔭甫來久坐 陳寬臣來 吳竹莊來 坐皆頗久 又坐見之客二次

將昨夜札稿改畢中飯後閱本日文件 坐見之客一次改總
理衙門信稿一件約改三百字寫碑記寫至傍夕約寫三
百餘字酉刻課兒輩皆書傍夕小睡燈後批稿簿於
又寫碑百數十字二更寫畢是碑共千三百餘字三日內眾
客紛來匆匆一寫或作或輟大小不勻殊不稱心二更後溫
古文之氣勢之屬三點睡

附記
○趙廷銘 ○王厚菴

廿二日

早飯後清理文件 坐見之客三次習字一紙巳初二刻出門至
河下送魁將軍入覲率僚屬寄請 聖安行禮禮畢後
回署坐見之客二次午未請吳竹莊便飯何廉昉在坐申
初二刻散閱本日文件寫匾二方課兒輩皆書傍夕
至後園一覽小睡燈後核核批稿各簿二更後再將洋

入揚州鹽壹一案，核改劉稿信稿，二更三點睡。

二十三日

早飯後清理文件，坐見之客二次，習字一紙，圍棋二局，將領了之劉總理衙門之信辦理完畢，經營已四日矣。坐見之客二次。巳正劉省三來久坐，又立見之客一次，坐見之客二次，疲乏殊甚。中飯後閱本日文件。吳竹莊來坐，甚久。坐扁對數件，至後園一覽，傍夕小睡。核批札稿，簽二更後閱吳竹如文集，方存之代為編出者，計十三卷，粗閱數十葉，於儒釋朱陸之辨，剖晰最精。二更四點睡。

二十四日

早飯後清理文件，坐見之客三次（吳子偲搨金陵城外梁碑三通、唐碑一通，與之共披閱評論），圍棋二局，習字一紙，出門至吳竹莊處久談，歸，見客一次。中飯後閱本日文件，與張廉卿久談。申刻寫扁字二十餘個。酉刻課兒錫和等，晡書接

紀瑞姪信 知沅弟已於八月四日回湘 傍夕小睡 核
批稿各簿 閱張廉卿近所為古文 喜其入古甚深 因為
加圈批五首 二更四點睡

二十五日

早飯後清理文件 見客 坐見者三次 衙門期也 習字一紙 圍
棋二局 對省三來久坐 又坐見之客一次 中飯後 何子永來
久談 吳竹莊來久談 閱本日文件 寫對聯十一付 課兒紀澤背
書 傍夕與張廉卿至後園談論古文 渠所作古文十
餘首 余於昨夕及本日午刻圈批一遍矣 夜核批稿
各簿 二更 閱姚惜抱經說筆記 三點睡

二十六日

早飯後清理文件 見客二次 習字一紙 圍棋二局 何子永來
談甚久 將覆丁中丞信 核沙洲摺稿一件 坐見之客
一次 中飯後 閱本日文件 至幕府久談 寫扁五方 對

聯六付　至後園一覽　傍夕小睡　枉核批稿　各營改丁
中丞何小宋　二信　二更四點睡

二十七日

早飯後　吳竹莊來　辭行一談　旋坐見之客三次　清理文件
習字一紙　圍棋二局　又坐見之客二次　立見者二次　曹燮
湘自京歸　談頗久　鏡初之弟也　中飯後　坐立見之客一次　閱
本日文件　剃頭一次　申正寫直幅一幅　酉刻課兒背文
叶揚之妻病十一日　沈篤殊甚　本日令其停課　傍夕至後
園　與子密等久談　枉核批稿簿　率將核外海水師章
程　因原議大要有刪又改　置之　溫古文識度之屬　朗誦
數首　二更四點睡

附記

吳崇壽　付鹿筋　○　澄沅信

二十八日

早飯後清理文件，坐見之客二次，立見者一次，習字一紙，圍棋二局，坐見之客四次，如薌蕃、御李雨亭及伙物歷常、劉常德、芳雨峰一談，均久，甚殊形疲乏。中飯後坐見之客二次，閱本日文件。午刻寫澄沅兩弟信，約三百餘字。申刻寫紀官姪信，約五百字。劉省三來一坐。申正寫對聯九付。酉後園一覽。傍夕小睡。核批稿、信稿，核雲集信一件，又代渠核信稿一件。二更後核新成輪船摺稿，未就，將張嘯山校訂之史記與王板史記略一核對。三點睡。三更後聞叶亭甥婦病重，趨往看視，旋後睡，久不成寐，四更後成寐。

附記

○新成輪船摺

二十九日

早飯後清理文件，坐見之客二次，習字一紙，圍棋二局，與方存之、張廉卿一談，與錢子密一談。午刻何鏡海來久談中飯後閱本日清理文件。申刻寫對聯七付。課兒子背書，至後園一覽。偏夕小睡。核批稿各簿。二更後與紀澤談文。旋核輪船摺稿，未畢。四點睡。內人咳嗽病頗沉重，殊以為慮。

晦

早飯後清理文件。畫見之客三次，立見者一次。習字一紙。圍棋二局。又坐見之客三次。將輪船摺稿改畢。午刻吳竹如久坐，因請其診治王甥婦之病，未正三刻去。中飯後閱本日文件，清理要事甚多。申正寫對聯五付，內一付給余宣條，係余自撰。酉刻課兒背書，至後園一覽。小睡。戌刻核批稿各簿，核改稿一件。二更後溫古文情韻之屬。三點睡。

九月初一日

早飯後清理文件，洵絕賀翔之客，旋坐見之客二次，習字

一紙 圍棋二局 摺差自京歸 閱京信各件 改片稿三件
中飯後閱本日文件 李眉生、戴子高先後來久談 至幕
府一談 申正寫掛屏四幅 約三百字 對聯一付 傍夕小睡
夜核批稿各簿 二更後倦甚 不願治事 至張廉卿房一談
三點睡 五更醒 因內人咳嗽病甚 余移至外書房一睡

初二日

早飯後清理文件 見之客二次 坐見者一次 習字一紙 圍棋
二局 已刻坐見之客二次 核改京信稿四件 午刻吳竹如來
請看王錫婦之病 與之久談 中飯後唐義渠自直隸
回 與之久談 又坐見之客一次 閱本日文件 改對峴莊寄
來奏摺稿 粘籤於上 又因摺差進京 料理零碎頗多
至方存之處一談 申正寫對聯七付 酉初課兒子背文
閱公牘 知八月十三在武穴壞鹽船極多 紀渠姪鍾章保
全不知平安至漢口否 屢念之 至小睡片刻 核批稿各

傍二更後與紀澤久談讀古文識度之屬 三點睡

初三日

早飯後清理文件 坐見之客二次 立見者二次 習字一紙 圍棋二局 改信稿數十件 午初唐家渠來久談 午飯後閱本日文件 與張廉卿一談 申刻寫對聯掛屏七件 至後園一覽 傍夕小睡 夜核批稿各件 二更後閱戴子高所著論語注 繙閱經義述聞 是日早聞甥婦服 夜又復下血 危症時時惦念 屢去省問 而內人病亦不輕 殊為焦灼 三點睡

初四日

早飯後清理文件 坐見之客四次 習字一紙 圍棋二局 巳午之間立見之客七次 坐見者五次 疲倦甚矣 中飯後清理本日文件 核信稿數件 申刻寫對六付 屏二幅 約百八十字 課兒子背書 至後園一覽 夜核批稿各件 二更後溫古

文氣勢之厲弱補救首四點睡

初五日

早飯後清理文件書見之客二次竟見者之演習字一紙

圍棋二局新買周易述及查初白詩集各一繙閱十餘

葉午刻書見之客一次請吳竹如來看病與之遂談午

正請唐義渠富都統黃軍門小宴申初散閱本日

文件至芸舟府一談申正二刻寫對聯三付挂屏一幅約百

餘字課兒子背書傍夕小睡核批稿各簿二更

溫古文識度之屬四點睡是日接韓殿甲稟知紀澤

婦又有信令輪船前去拖帶渠廿三日擱在武穴閘口計

此時尚未至漢口焦灼無已

附記

王靖　呂建墅　呂九霞

趙蓮士表

錢家傳

學宮記

初六日

早飯後清理文件 見客坐見者四次 立見者一次 習字一紙 圍棋二局 閱周易述數葉 巳正出門坐見之客一次至黃昌岐處 拜唐義渠 與之久談 程與之同看墅廟 午正三刻歸 中飯後 閱本日文件 寫澄沅兩弟信 李季泉來久談 申正寫扁二方 對聯四付 掛屏幅半 約百七十字 傍夕課兒子背書 左眉生來一談 核批稿各簿 二更後閱周易折中 綱領 三點睡

初七日

早飯後清理文件 習字一紙 見客坐見者一次 立見者一次 圍棋二局 巳初坐大堂審案二次 因巳四品官中有痞棍可惡者 予以枷杖 巳正散 坐見之客二次 中飯後閱本日文件 閱先正事實數葉 坐見之客二次 至芝帥府一談 申正出城迎接學政童薇研同年 酉初二刻歸 課兒子背文樓

孫兒至後園一覽小睡片刻核核批稿各件二更後溫
韓詩七古三點睡是夕閱對冊形皆病重深以為慮

初八日

早飯後清理文件習字一紙見客立見者二次坐見者
三次接紀澤信知新患吐血之症媳婦在黃州小產殊
深焦灼准本信摺以六月二十一日起行來金陵計當與澤
姪中途相晤圍棋二局坐見之客二次閱先正事略數篇
中飯後閱本日文件出門拜壺藏研學使稚郭雨亭
李眉生歸申正寫對聯十付至後園一覽傍夕小睡
核核批稿各件二更後閱先正事略三點睡

初九日

早飯後清理文件見客坐見者二次立見者一次閱對冊形皆
於寅刻去世而叶亭媳之婦亦於巳正去世心懷焦悶之
至是日竟日不能治事辰正習字一紙圍棋二局又坐見之

客一次，竟見者一次，閱先正事略數篇，料理楊婦棺木等
事。中飯後閱本日文件，照料棺木，用灑青作裏，另覓
松香十二斤、桐油二斤半，赤磁成麵，渣滓太多，而牆太薄，
又令添買松香九斤、油六斤，細磁鎔化塗之。閱先正事略數篇。
並令顧家搨碑二紙。傍夕小睡。夜課兒子背書。核批稿
各簿。二更後閱先正事略數篇。三點後料理楊婦入
棺等事。四點睡。

初十日

早飯後清理文件，習字一紙，坐見之客二次。余備酒席至
楊婦靈前奠酒，巳正出殯，靈柩由頭二門至西門出，兒紀澤
送至船上。閱先正事略。午正坐見之客二次。中飯後閱
本日文件，寫澄侯弟信一，書寫程穎芝挽聯一付，寫
對聯五付。課兒子背書。傍夕小睡。夜核批稿各簿。小
坐二刻。二更後核湖北撤勇稿，并信稿，閱外海水師章

程四點睡

十一日

早飯後清理文件 坐見之客一次 習字一紙 圍棋二局 閱先正事略 午刻見客一次 中飯後閱本日文件 閱先正事略 申正寫對聯六付 見客一次 課兒子背文 傍夕與方存之一談 核批稿各簿 二更後核外海水師章程 四點睡 內人咳嗽殊甚 屢醒屢寤

十二日

早飯後清理文件 坐見之客二次 立見者一次 習字一紙 圍棋二局 又坐見之客一次 立見者一次 巳正核外海水師章程 劉省三 陳虎臣先後來 久坐 中飯後閱本日文件 李眉生錢子密來 久坐 申初黃昌岐龐省三來 紀澤之長女許字李季荃之子 是日定聘 黃龐為媒 申正後客退 寫挂屏 二葉 對聯三付

課兒子背詩 傍夕小睡 夜核批稿各件 改外海水師
章程 二更三點睡

十三日

早飯後清理文件 出見之客三次 習字一紙 圍棋二局 斟酌
外海水師章程 披閱各圖 吳摯甫來一談 出見之客一次
中飯後閱本日文件 又核水師章程 申正寫挂屏
二幅 對聯四付 酉初王子蕃自蘇州歸 一談 傍夕小睡
夜核批稿各件 又改水師章程 二更四點睡 內人病甚
攪醒 不甚成寐

十四日

早飯後清理文件 習字一紙 圍棋二局 核外海水師章程
一條 出見之客二次 午正請李季荃來会親 及媒人等凡
五客 余陪坐片刻 旋命紀澤陪宴 中飯後閱本日文
件 摺差自京歸 帶信 閱京報等件 核外海章程中

正寫對聯九付　課兒子讀書　偶夕至子密處一坐　旋核批稿各簿　倦甚　二更後與紀澤談文　旋溫古文辭賦類朗誦數首　四點睡

附記

○王補缺摺　○鄧鍾泉摺　○劉松山轉運片

○梅泗州摺　○報銷摺　○外海摺

○崇造辭處片　○呂朝瑞片　○王補缺章程摺

十五日

早飯後清理文件　習字一紙　圍棋一局　見客坐見者二次　立見者二次　改外海水師章程二條　中飯後閱本日文件　李小湖來久談　申正寫對聯七付　內有長聯一付　係自撰者　課兒子讀書　偶夕至後園一覽　小睡片刻　旋核批稿各稿簿　改京信稿三件　二更後溫左傳數首　四點睡

十六日

早飯後清理文件，何鏡海來久談，又坐見之客二次，立見者三次，拜發慈禧皇太后萬壽賀表，習字一紙，圍棋二局，李雨亭來久坐，又立見之客二次，中飯後閱本日文件，坐見之客一次，核外海章程一條，未畢，因與長江章程處處妨礙，焦灼之至。又閱洋英領事郡以揚州之案帶兵船來此，坐事尤為焦悶，在室中散步，躊躇嘆萬官不宜久居也。申正寫扁四方，對聯七付，酉正課兒子背文，傷多，與廉卿存之久談，夜核批稿各簿。二更後溫左傳，疲倦殊甚，四點睡，四更三點醒，五更三點又稍成寐。

改摺稿一件，約二百字

十七日

早飯後清理文件，坐見之客三次，習字一紙，圍棋二局，至蔡中府久坐談，坐見之客二次，核外海水師章程，中飯後閱本日文件，再核外海章程，至申正核畢，寫扁六方，對跋二付課兒子背書偈夕出城接丁中丞未遇歸則丁已在余署與之久談旋核批稿簿二更後溫左傳孟子朗誦數篇三點睡四更三點醒五更後又略成寐

十八日

早飯後清理文件見客二次出門拜丁中丞與之久談旋至季弟靖毅公祠一坐旋至吳竹如處久談午初歸坐見之客二次習字一紙中飯後閱本日文件圍棋二局申初李季泉來久談旋李眉生丁中丞先後來談直至一更四點方散核批稿各簿二更後倦甚不能治事旋朗誦古文識度之屬四更點睡直至五更方醒近日美睡也

附記

○刻寧屬及皖省圖

○何勞績分寧

十九日

早飯後清理文件坐見之客二次習字一紙圍棋二局已刻見客

一次午正初丁中丞李方伯來久坐未正方散丁与余便飯李因飯未久不与也中飯後坐見之客四次立見者一次申初二刻寫對聯十一付剃頭一次酉後課兒子背書核批札各稿二更核外海水師營制窒礙之處甚多焦灼之至三點睡

二十日

早飯後清理文件習字一紙立見之客二次坐見者一次与錢子密久談巳正出城至葉亭甥船上一坐至官廳接馬穀山制軍午正客到寧屬行禮恭請 聖安歸署時穀山同來久坐申初始去請丁雨生李季泉便飯酉初散閱本日文件課兒子背書傍夕小睡夜核批稿簿畢至方存之房中一談借王崑繩所批公穀一閱二更四點睡直至五更三點近來美睡此為最矣是日接沅弟在長沙開船之信而不知紀瑞姪之消息深以為慮

二十一日

早飯後清理文件，習字一紙，見客，坐見者二次，立見者二次，圍
棋二局，又坐見之客二次，与黎蒓齋、錢子密先後久談，核
改外海水師摺稿，沈吟良久而不果改。中飯後閱本日文
件，出門拜馬穀山，久談，申初二刻歸。丁中丞來，久談一時有
餘，直至酉正方去。課兒子背書，小睡片刻，核批稿各簿。
二更後閱《劉端臨遺集》，寫冊頁半葉，閱王批《公羊》，四點睡。

二十二日

早飯後清理文件，坐見之客二次，習字一紙，圍棋二局，核
改外海水師摺稿，未畢。午正，劉開生因与同觀蘇松
常鎮太五府州新圖，東西十九排，每排號十格，南北十四排，
每排十格，每格見方二里半，中國自有地圖以來，以此為最精矣。
坐見之客一次。中飯後閱本日文件，鄧守之來一談，王少蕃來
一談。申正寫條幅一紙，約百餘字，對聯六付。課兒子背
詩偈。夕在室中散步，核批稿各簿，改外海水師摺畢。

共千餘字 二更後溫古文識度之屬 四點睡 是日接沅弟
十九日信 知已抵漢口 廿五六可到金陵 爲之一慰

廿三日

早飯後清理文件 李雨亭來久坐 又坐見之客三次 習字一紙 圍棋二局 丁中丞來久談 閱揚州裁撤一案 麥領事帶兵船五隻前來尋衅 殊以爲慮 午正請馬制軍小宴 丁李陪之 申初散 閱本日文件 申正寫對聯九付 核水師章程 傍夕小睡 夜核批稿各簿 核外海水師章程 將次完畢 四點睡

廿四日

早飯後清理文件 見客坐見者三次 丁中丞坐最久 習字一紙 將水師章程改畢 坐見之客三次 中飯後閱本日文件 李眉生來久談 寫對聯八付 直條一幅 應敏齋等來一談 課兒子背書 傍夕至藩府一談 夜核批稿各簿

二更後念長江水師章程費錢太多深為焦灼与紀澤一談又閱鄂省白蓮教各書三點睡

廿五日

早飯後見之客二次 衙門期也 清理文件 丁中丞馬制軍先後來久坐 旋丘道蔡道來久坐 等候洋人 巳正另會客一次 習字一紙 午初洋人來 領了麥華陀 兵官亨理祺戈師門副領事阿林格 繙譯梅維祺 又委員七人 共十二人 久談 為揚州哉教生事及淮關事反覆辯論 麥領事華陀 桀驁而並鋤逢珠堪憤懣 未正三刻散 中飯後閱本日文件 未末惲次山來久坐 又坐見之客一次 申正寫對聯四付 酉初課兒子背書 傍夕小睡極 核稿各簿 二更後与紀澤一談 又將江蘇水師章程一核 三點睡

附記

清信稿 掃案頭 檢書籍

寄圖目　寄卸銘　題陸像

二十六日

早飯後清理文件　馬穀山、丁雨生來　李雨亭、應敏齋、蔡又臣來久談　皆為洋人要挾之時事　又坐見之客二次　立見者二次　習字一紙　已刻後坐見之客二次　再將外海水師章程核改數條　粗稿完畢　中日已刻文卸送印與馬穀山　中飯後坐見之客一次　立見者一次　李眉生來久談　申正出門至穀山處送喜　至雨生處送行　歸已黑矣　夜課兒子背文　清理文件　將為起行之計　朗誦左傳數篇　二更四點睡　內人病重　徹夜不寐　殊為焦灼

二十七日

早飯後出門至白下寺送丁中丞回蘇　辰正歸　坐見之客一次　立見者二次　清理文件　習字一紙　圍棋二局　陳作梅來久談　午刻請惲次山便飯　請子密、元徵、惠甫等陪之　申初始散

因洋人要挾事鬱悶竟日 申正寫對聯八付 酉初課兒子背文 酉正應敏齋來一談 二更又來 均為洋務之件 旋接澄弟信 知廿五粵東洋船過金陵不打 停泊已至鎮江矣 且慰且憂 二更後溫左傳 朗誦十餘篇 二更前與眉生久談 是日說話太多 倦甚 二更三點睡

二十八日

早飯後清理文件 坐見之客二次 習字一紙 圍棋二局 核信稿多件 改摺稿一件 未刻莘子偲龐省三來久談 中飯後將摺稿改畢 馬穀山來一坐 閱洋合同 似已辦妥 不至決裂 稍為一慰 申刻澄侯弟到 十一年之別 喜慰無已 兄弟久談 直至二更四點 余即携被與弟同宿 說話殊多 尚不甚困 五更二點醒

二十九日

早飯後清理文件 出門至河下拜惲次山 旋至旱西門看吳

城之拖罟船松木篙桅殊不適用進城拜方伯雄烺生兄之客
二次習字一紙与澄弟久談与弟小宴飯後吳竹如來久
談又与錢調甫一談寫對聯四付傍夕与澄弟久談極
寓沅弟信一件約四百字課兒子背書二更後与澄弟
共看家信久談二更四點睡仍襆被同宿

附記

五種遺規　名臣言行錄

十月初一日

早飯後清理文件立見之客二次坐見者一次習字一紙
圍棋二局坐見之客一次核改摺稿三件信稿一件至
未正改畢坐見之客二次申正寫對聯七付課兒子背
書傍夕与澄弟談極久又久談直至二更三點分手各
睡

初二日

早飯後清理文件　坐見之客二次　習字一紙　圍棋二局　坐
見之客又二次　午正請童薇研學政小宴　陪客為西山長
及吳藹人同年　申正散　立見之客一次　寫對聯八付　課兒子
背文　傍夕與沅弟久談　直至二更三點始散　各睡

附記

○寫御書碑跋

初三日

早飯後清理文件　與沅弟一談　立見之客一次　坐見者
一次　習字一紙　圍棋二局　又坐見之客二次　改摺稿一件
中飯後坐見之客一次　將案頭零碎各件料理　撥起申
正寫對聯八付　傍夕與沅弟久談　將至二更乃散　略核批札稿
件　二更後又清理零件頗多　朗誦放翁七律　四點睡

初四日

早飯後清理文件　見客　坐見者三次　立見者一次　習字一紙

圍棋二局 核改信稿三件 又坐見之客二次 竟見我治中
飯後出門至城外送學台於埽 與澄弟一談 改信稿一
件 申正寫對聯七付 課兒子背書 傍夕小睡 旋與澄
弟共飯一談 又改信稿一件 核批稿數件 二更後清
理舊零件 三點後溫放翁七律四點 睡

附記

○閱郭志

○遠 ○楞 ○峴 ○究 ○琹 ○岍

○穆 ○騰 ○光 ○申

初五日

早飯後清理文件 習字一紙 改信稿二件 午刻劉開生
來 與之一談 圍棋二局 中飯後坐見之客三次 馬穀山坐
頗久 又核信稿一件 申正寫對聯六付 旋課兒子背書
傍夕與澄弟久談 核寫沅弟信一件 二更後於案頭

積壓之件一面清理之稿未核者約四十件 檢出應復者十件餘 皆銷毀不復失 三點後溫存偶數葉 又與瀅弟一談 四點睡

初六日

早飯後清理文件 生兒之客三次 雨亭坐頗久 立兒來一次 習字一紙 圍棋二局 張嘯山等來一坐 陳作梅來一坐 將作題陸清獻公遺像詩 未果 中飯後與瀅弟久談 旋作詩十餘句 申正寫對聯六付 課兒子背書 傍夕與瀅弟久談 夜談頗久 旋又作詩十餘句 因係寫於冊頁之上 王曉蓮送此冊求題 已年餘矣 至是始還 殊以為愧 二更後溫韓詩五古 三點後與瀅弟一談 四點睡 內人病甚 徹夜咳嗽 深為焦灼

初七日

早飯後清理文件 與瀅弟一談 習字一紙 圍棋二局 生兒之

客一次核信稿三件中飯後又核二件申未正課兒子背肆

申正寫扁六方傍夕小睡在核批稿簿數件拜郭雲

仙寄來之湘陰縣志閱校第一卷三卷四卷二更三點後

未自外宴飲歸與之一談四點睡

初八日

早飯後清理文件習字一紙見客二次李雨亭來坐頗久

出巳正門拜馬穀山吳竹如坐談久歸中飯後與澄弟

一談又圍棋二局李眉生來談頗久天雨陰霖亦有雪

意酉初與澄弟談直至二更三點說話極多疲甚申講孟

子中也養不中一章弟深於領會殊有和樂且湛之趣

四點睡是日竟日未辦一事愧歉之至

初九日

是日恭逢 先大夫七十九歲冥誕早間與澄弟及家中

內外行禮叩祝飯後清理文件習字一紙圍棋二局與

澂弟久談將以趙厚子神道碑閱其神行述中飯後改信稿一件 黎蒓齋來一談與澂弟一談申正寫對聯六付課兒子背書檢與澂弟略談又閱趙厚子行述二更四點睡

初十日

是日恭逢 慈禧皇太后万壽 黎明至 文廟為明倫堂行禮歸早飯後與澂弟一談清理文件習字一紙出見之客二次圍棋二局中飯後核改信稿二件 未見之客一次戴子高柳賓叔來久談柳名興恩丹徒壬辰舉人七十六歲精於穀梁之學曾在阮文達家課讀十餘年學術頗有家法也申刻寫對聯九付偏文課兒子背書植穎祝之客數人余避不見省城現任各官作壽屏一付朱星檻及各營以壽屏一付安慶局作壽屏一付余閱其文均合作也澂弟與余談甚久接紀渠姪信知已於十七

閱長沙考卷一屆，二更四點睡。

十一日

是日余五十八生日，各客皆謝不見。早間澄弟及妻子婦女行禮。飯後清理文件，習字二紙，作趙厚子神道碑，前後約作四百字，屢作屢輟。申刻彭雪琴來久談，因留夜晚飯。二更三點睡。

十二日

早飯後坐見之客三次，清理文件，習字一紙，圍棋二局，與澄弟屢談。改趙神道碑，約百餘字。中飯後，彭織造廣順來談頗久。寫對聯十二付。傍夕課兒子背書。核改神道碑，至二更四點畢，約近千字。夢未作銘。是日內人病勢頗重，殊以為慮。

附記

柳○ 錢○ 王 薛 洪

十三日

早飯後清理文件彭雪琴來一談作神道碑之銘詞未畢出門拜客賀壽將銘詞作畢午正歸請雪琴與潘季玉李質堂小宴申刻散閱李少泉信及各處文件剃頭一次核清理帶去之人應支餉數單核批稿各件二更後澄弟自外宴歸與之久談頗有抑鬱之態心實憂之老年昆弟不能過責之也三點後溫古文傳誌類下朗誦數首四點睡

十四日

早飯後清理文件與澄弟一談馬穀山來久談汪梅村來一談又坐見之客一次吳清卿庶常大澂來一談巳正出門賀壽拜客十餘家拜新織造廣順一談至昭忠祠一坐未正歸雪琴質堂至署久候一談申刻寫對聯十付橫幅四字偏夕與澄弟久談直至一更四點核批稿各簿課兒子背書

二更後寫信與雪琴接沅弟信知紀渠姪寧妻子彬
九月廿三日到縣矣三點又與澄弟一談四點睡

十五日

早飯後清理文件立見之客一次坐見者兩次習字一紙圍
棋二局譚文卿來談甚久又坐見之客一次立見者一次中
飯後閱本日文件申刻寫對聯十付傍夕至後園一
覽核核批稿信稿核楊州戴重案咨一件信一件三更四點
未睡

十六日

早飯後清理文件習字一紙周縵雲來久坐又立見之客一次
坐見者一次李質堂來一坐寫李少泉信一封約四百字立
見之客一次坐見者二次午正李雨[illegible]眉生[illegible]來署
請余與澄弟小宴未正散閱公文十餘件申刻寫對聯
十二付小扁二幅課兒子背書與澄弟久談權寫冊葉

一閱約百三四十字 核摺稿清單一件 疲乏殊甚 溫古文識度之屬 朗誦數首 與澄弟久談 二更四點睡

十七日

早飯後清理文件 習字一紙 坐見之客四次 立見者二次 馬穀山談甚久 核改信稿一件 錢子密來談頗久 午正至下江考棚赴滌朗軒招飲 申初散歸 坐見之客二次 陳光臣談頗久 酉初寫對聯四付 小橫幅二件 傍夕小睡 燈後核批稿數件 核擬一件 夏單一件 二更三點睡

十八日

早飯後清理文件 習字一紙 圍棋二局 坐見之客四次 立見者一次 陳作梅 莫子偲談均甚久 改信稿三件 中飯後閱本日文件 坐見出之客二次 婁芝田坐頗久 與澄弟久談 寫對聯十付 傍夕小睡 燈後核批稿一二件 核外海水師營制 寫冊葉母一開 約百餘字 廣東咨到全省地圖 細閱一遍

精當絕倫 二更四點睡

附記

江北用兵報銷片 ○李壽對 ○程棧對

十九日

早飯後清理文件 坐見之客三次 習字一紙 又坐見之客一次 午正至藩署赴宴 司道十六人公請 共三桌 周縵雲 李小湖作陪 申初散歸 閱本日文件 申正寫對聯十六付 傍夕與澄弟久談 燈核批稿數件 又核外海水師事宜摺 二更四點睡 是日黎明時紀澤來報 卯刻得生一女 大小均平安 并探得母病少愈 昨夕安眠 差為一慰

二十日

早飯後清理文件 坐見之客三次 馬穀山坐最久 核信稿一件 趙惠甫來一談 午刻坐見之客一次 午正至湖南會館赴宴 同鄉公請 東家陽小秋 張暉庵等十四人 又附湖北同

鄉郭階表兜二人請黃昌岐與朱星檻作陪申初散至書織
造處送行 一談申正寫對聯九付扁一方 傍夕與從弟久
談 極核批稿數件 夜核外海水師章程 二更後改江
北所報銷文代擬稿四更點睡 四更四點醒

二十一日

早飯後清理文件 習字一紙 坐見之客一次 改文代擬稿改畢
午刻坐見之客一次 是日孫女三朝 告祖行禮 中飯後錢子密
等來言定二十五日起程 在於下關以下與李相舟次相會 文武
露立江干伺候 擬自諸多不便 不如東城內會聚 遲行擬日
因改於十一月初四日啓程 寫李少泉信一件 閱縵雲送冊
葉一部 皆城中名流所作送行詩文 繙閱一遍 佳構甚多
申正與李眉生一談 擬寫對聯四付 於作一聯而未成 與從
弟久談 坐見之客一次 極核外海水師營制擬章 再閱
送行詩文冊 二更三點睡

附記
昭忠祠三扁　　　　昭忠祠三對
批張廉卿文

廿二日
早飯後清理文件習字一紙圍棋二局畫見之客三次竟
共二次將桌上零件清理一番午正至貢院赴馬穀山小
宴申正散歸見客一次寫對聯九付傍夕至後園屋內
聽澄弟紀澤吹笛及各樂器旋與澄弟久談二更二點
閱國語數葉四點睡

廿三日
早飯後清理文件見客李雨亭等談頗久習字一紙圍棋
二局午刻至黃昌岐處赴宴渠与富將軍二人作東也飯
後至文廟一看工程申初二刻与澄弟久談申正寫對
聯七付直幅一張約百六十字傍夕与澄弟一談旋核批

緝濤批張廙卿文七首二更三點睡

附記

○澄弟箴言挂屏

廿四日

早飯後清理文件 習字一紙 坐見之客二次 立見者一次 圍棋二局 魏蔭庭來久坐 孫琴西來久坐 中飯後閱本日文件 李眉生來久坐 以豐山巖山碑贈之 與澄弟一談 申刻寫對十付 傍夕小睡 燈後作箴言以規澄弟 約作四百餘字 未正二更四點睡 五更醒

附記 顧祠

秦炳文 無錫 誼亭
鮑康 歙 子年
汪元度 樂平 泉孫
王堃 仁和 小鐵

王軒 洪洞 霞舉
閻汝弼 壽陽 夢巖
戴燮元 丹徒 肖梅
端木埰 上元 子疇

董麟 洪洞
王應孚 河間 信夫
劉桂焯 鹽山 星岑
張師勍 涇陽 念慈

許其光 番禺 涑文

孫勳烈 無錫 伯瑜

徐士鑾 天津 苑卿

董文燦 洪洞 雲龕

二十五日

早飯後清理文件 習字一紙 圍棋二局 朱豐章來 與同至後園一覽 作箴言六條與澄弟 至中飯後 作年約千餘字 與澄弟細看 將用高麗紙書之 黃軍門來一談 寫昭忠祠匾二十字 寫對聯三付 作雨亭壽對云 中伯于蕃 詩賡降嶽 益州年艾 士慶聚星 傍夕與澄弟至後園久談 圍棋 批稿 摺稿 閱孫琴西近作詩文 二十餘葉 二更四點睡 三更二點成寐

二十六日

早飯後清理文件 習字一紙 李雨亭來久坐 又立見之客二次 圍棋二局 寫澄弟箴言二張 用高麗紙 每張十行 每行約二十字 中飯後出城 接李少泉揆帥 申初接到 因同

約至余署久談鐙時始去 核與澄弟一談旅寧地圖之因
僅寫五一葉約近四百字 二更三點睡

二十七日

早飯後清理文件 習字一紙 坐見之客三次 巳刻將出門 周縵雲來一談 巳正二刻至李揆帥處一談 午正二刻歸 中飯後寫澄弟箴言屏二幅約近四百字 又坐見之客三次 何子永坐最久 傷久與澄弟一談 明日將唱戲以請李相 本是余署供張也 核批稿簿數件 作楹對久不能就 直至二更三點睡 後三更後始在枕上作就對云 兩點金焦劃後山容重 舊游方蒼倉貨舟中水調似承平

二十八日

早飯後清理文件 坐見之客四次 立見者五次 習字匾一紙 巳正二刻開戲 午初余出廳聽戲 至申余與馬穀山及將

軍機進提督司芝等公請　李少師　客於午正二刻到共六席未正開席申正三刻客散余寫澄弟箴言桂屏單條夕小坐李師散席往恭邸府旋拜澄弟久坐二更始去余亦陪坐良久二更始見弟同吃夜飯飯後備甚見弟久談三點睡

二十九日

早飯後讀理文件見客坐見者四次並見者三次寫澄弟箴言桂屏單午初至外廳聽戲是日公請李相及其兩弟恭邸府並請余及毅山至恭邸府与澄弟澤兒陪余聽戲大半時午正三刻入内未正与宴也中飯後寫扁字十四個小睡片刻中飯後又寫對聯九付申正歩泉入内未正後毅山旋亦入内一談同吃夜飯後同至外廳聽燈戲二更後散澄弟与余久談三點睡

三十日

早飯後清理文件　見客坐見者五次　應敏齋高談頗久　午刻吳竹如來久坐　是日李撫帥合安徽全省之文武官紳公餞余之行　午初三刻出廳聽戲入座　至傍夕始散　入內　旋與澄弟久談　二更後李帥由藩府出至余處一談　二更三點去　睡後久不成寐　三更二點成寐　四更二點醒一次

十一月初一日

早飯後清理文件　習字一紙　出門拜客　會者李少泉　吳竹如　李小湖及將軍　王曉蓮等處　不會者數處　未初歸　中飯後坐見之客一次　寫扁字　對聯六付　內劉養白者二付　直幅一張　約七百四五十字　傍夕與澄弟久談　旋核批稿各信　核改稿一件　四點睡　屢醒　不甚成寐

初二日

早飯後清理文件　坐見之客三次　出門拜客　辭行　拜會者五家　未初歸　中飯後坐見之客一次　立見者二次　吳竹如來久坐

馬穀山來久坐酉刻李少泉來久坐直至一更四點始去說話
太多疲倦極矣改行稿一件核批稿各件二更三點睡三
更後成寐四更未醒

初三日

是日為　先妣太夫人八十四冥壽率澄弟兒子等行禮飯
後清理文件坐見之客五次立見者二次金龍王廟府學
行香子密等房一坐又同至凌曉嵐處一坐歸立見之客二
次中飯後立見之客一次坐見者一次寫高麗紙楷書一紙送
吳竹如約百六十字又坐見之客三次立見者二次寫對聯
六副匾一方申末李少泉來談至二更始去核批稿數件
與澄弟久談三點睡

初四日

是日余啓程北上入覲早飯後清理文件見客二次將部位
西苑工志寫本另寫十餘字改信稿四件剃頭一次巳正二刻

登行途中觀者如堵，家家香燭爆竹拜送，戲台酒席，路
餞者在署之西為鹽商何公遠等一席，在水西門之外為合
城紳士方伯雄等一席，又有八旗佐領等及船戶等各設綵
棚為餞。午正至官廳，少泉、穀山及文武等送別，寄請
聖安。余旋登舟，見客五次，吃中飯後又見客三次，開船行至
下關，少泉、穀山送至下關，久談，吳竹如亦至下關，與三人久談，而
滿城文武士友皆送至下關，坐見之，客十餘次，夜飯後潘季
玉、李眉生等先後來談，以第一談暢佳極矣。三更三點睡。申
刻行船時，曾將郭雲仙所著湘陰縣志一閱，睡後不甚
成寐，念本日送者之眾，人情之厚，舟楫儀從之盛，於吾
花盛開過於爛漫，凋謝之期恐即相隨而至，不勝惴慄。又
接湖南咨文，不願出長江千六万一款，其至仍舊不減，殊以為
慮

初五日

早飯後見客二次開船行七八里誤行大江之中旋用輪舟拖回
改行由草鞋夾中行至燕子磯以上之八斗山看船廠地
方居民跪求不願賣此地其意不過欲多得錢耳看畢
出口仍用輪舟拖帶申正至欣湖坐見之客四次立見者二次
即在欣湖住宿自午刻後在舟中看雲仙所著湘陰縣
志夜寫丁雨生信一封與澄弟一信万篪軒來久談二更
後再看雲仙所作縣志三點睡

初六日

早飯後清理文件開船用小輪舟拖帶午初至揚州見客五次
午正三刻至李運司署內中飯陪客爲吳同甫厲伯符輩申正
散至魏蔭亭家一坐歸船會客數次至一更四點客去閱雲
仙湘陰縣志二更四點睡

附記

霞与吾信送燕菜三斤　令昌岐寄

李馬信孫縫湖南可　甯澤信言緝私費可

初七日

早飯後清理文件 見客數次 辰正三刻出門拜客 會者三三家 親拜者八家 在湖南會館坐甚久 午正一刻至何廉昉處小宴 觀劇 酉初一刻散 歸船後見客三次 寫郭雲仙信一書 將湘陰縣志寄函 與澄弟久談 二更四點睡 日來送行者多 依依不舍之情 本日如陳 方 虎軒 李眉生 黎蒓齋尤為拳拳 余亦黯然不忍別也

附記

跋色手卷還吳

考河事商之張

初八日

早飯後清理文件 見客三次 又立見者一次 寫沅弟信一書 與澄弟久談 寫紀澤信一書 巳正開船 與澄弟話別 依依不忍分離 弟船仍出辰洲 坐輪舟赴鄂 余船則北上赴淮 分手後行至五臺山小泊 與黃昌岐 李質堂話別 又立見之客二次 申初開船 用快利輪船拖帶 行二十餘里 傍夕至瓦窯

泊宿竟夕水激如箭河聲如吼下半日在舟閱國語周語檀弓馬穀山信一書近四百字二更後與鴻兒論易經程傳頗能領悟作與濬弟別悵悵如有所失二更三點睡

附記

○再錄圖目

初九日

早飯後清理文件 鴻兒慫恿濬弟臨別以火狐馬褂送我蓋以自先述杜小舫之言謂天下之最暖者莫如火狐勝於紫貂云云余曾兩次述此言與濬弟聽或弟意謂我畏寒遂解其所着亦以贈我耶 余本有貂馬褂猞猁馬褂兩弟歸途少此禦寒之具予心十分不安 開船行二十五里午初至邵伯鎮灣泊坐見之客三次雪琴坐甚久中飯後又開船行三十里酉初至露筋祠泊宿坐見之客三次立見者二次

在倪豹岑來久談是日在舟中閱國語周語三卷魯語二卷

校閱齊語未畢二更四（三）點睡三更後成寐

初十日

早飯後清理文件習字一紙開船行至三十三里至高郵州雪琴來船上久談申刻程敬之來船上久談旋至清水潭与敬之同步行觀去年工程又至馬棚灣觀今年工程共行五里許後回船行八九里至六漫閘泊宿是日共行七十里在舟中閱齊語畢閱晉語一二三卷又閱第四卷未畢校核批稿二三件二更後倦甚不能治事三點睡

十一日

早飯後清理文件開船行一里許旋又停泊候莫子偲張廉卿再來久談巳初又開船順風行八十里至寶應泊宿燈後始到巳刻習字一紙閱晉語四卷又閱五卷六卷中飯後將各圖之未清者查寫目錄其不堪用者棄之申正寫單錢

楞仙請作駢體文序去年令吳縣肇甫代筆為之本日始
為删改至燈後改畢 酉刻坐見之客二次雲琴來久坐一
更四點散 為寫錢楞仙信一件 二更鴻兒背書與之
一談驟與澄弟別忽忽如有所失三點睡

十二日

早飯後坐見之客一次開船順風行二十餘里即拉縴行五
十餘里至楊家廟泊宿距淮安府城尚欠六里許在舟中核
正清理文件習字一紙閱國語晉語七八九三卷鄭語一卷
楚語二卷吳語一卷傍夕燈畢午刻坐見之客一次酉刻
坐見之客一次燈後坐見之客二次張子青漕帥談頗久
將另寫邵位西墓志自畫格子一張寫楷書百餘字
余與位西交深而悯其死之慘乃思作墓志輒不稱
意殊悯悯也二更三點睡

十三日

早飯後清理文件習字一紙開船行數里至淮安小泊入城拜張子青丁稚璜均久坐午刻回船開行，行四十里酉初至清江中飯後閱越語二卷國語閱畢旋將詁訓分類記之約寫四百字午正坐見之客一次酉刻坐見之客十一次立見之客四次雪琴摯甫來一談另用高麗紙再寫位西墓志寫二百餘字兩眼蒙二更後不復治事三點睡三更後成寐四更四點醒

十四日

早飯後清理文件陸續坐見之客凡十六次其中如錢楞仙呂廷芷張子青等起坐談甚久又立見之客二次是日寫丁雨生信一書紀澤信一書寫邵位西墓志銘約七百字至一更四點寫畢客來如織無寫忽停又墨凍殊甚申正後大雪始寫完甚不稱意余寫作此銘凡寫二次聊以報故人耳二更後倦甚不復治事略溫古文氣勢之屬三點睡屢醒屢寐

十五日

早飯後清理文件 立見之客一次 坐見者一次 雲琴來久坐 改信稿一件 寫少泉信二葉 未畢 巳正進城拜客 拜會者三處 餘僅親投 午正至張子青處赴宴 申正歸 孫友林來久坐 雲琴及王子蕃來久坐 夜二更寫少泉信四葉 畢 計共七百餘字 倦甚 不復治事 三更睡 寒甚

十六日

早飯後清理文件 旋見客 坐見者三次 立見者一次 錢楞仙坐頗久 午刻劉省三來久坐 又坐見之客一次 立見者一次 料理明日開車起行事件 中飯後郭松林來一坐 旋至雲琴船上一坐 紛紛捆箱裝車 船上住不開也 李少泉送後檔車一輛 試坐行二三里 雲琴來一坐 校核公牘二件 天氣奇冷 不能作字 二更三點睡

十七日

是日自清江堂陸成行早飯後見客二次辰初二刻起行三二里
許張子青率司道等請 聖安行三十里至漁溝打
尖李采臣備席䬻時若自京回在此相会与之略談未初後
行四十里至仲興集住宿見客坐見者六次立見者四次極寫信
与錢子密取歷年奏稿三十本凍甚殊不能作字是日在
轎中閱戰國策秦策一二三三卷二更三點睡三更成寐四
更末醒

十八日

五更三點起飯後起行三五十里至御化集打尖皆係坐車中
飯後坐轎行六十里至順河集打住宿坐見之客七次立見者四
次是日在御化集遇王惕夫錫自京来与之一談揚旌四車送余
至順河集極関屬与之談二更閱陵莉未到內有余批圈之十
八家詩鈔殊當惦念是日在轎中閱秦策四五兩卷齊策一卷二
更三點睡

十九日

是日大站百二十里余嫌其太遠又因雪琹調甫輩送余太遠言明再送一日只走半站六十里余黎明始起飯後因箋箋未到在店久候因將秦策題識五卷巳正箋箋到始啟行行六十里至峒峿住宿雪琹又已前途去矣在轎中閱高策二三四三卷到店後寫近三日日記申正中飯飯後見客坐兒書二次植因腹飽脹在店散步不過一刻二更將高策第一卷酌加題識三點睡

二十日

黎明起飯後起行行四十八里至邳州所屬之半馬莊即新安鎮打一茶尖又行十二里至山東郯城所屬之紅花埠住宿午正二刻即到中飯與雪琹同飯飯後見客二次錢調甫坐頗久是日在轎中閱高策五六二卷楚策第一卷閱總理衙門長信寫信與李雨亭因宿遷包倉雜差

草亭邳州李牧并來出迎娟思撤香以慰之又以蔡送
予送字至六百字之多申刻至雪琴店內久談時許傷
夕歸雪琴又來余店久談二次依依不忍言別又吳長慶等
三鎮送四日亦來一談歐陽利見錢調甫等均來敘別二
更三點睡夢夢王考星岡公一月以來兩次夢見王考殊
增感慕以屢醒屢寐

二十一日

五更三點起黎明與雪琴調甫健飛三君作別三人皆
涕泗交流余亦淒然不忍離也坐轎行四十五里至郯城
縣南關外打尖午初後行坐車行五十里坐轎行十五里凡
六十五里至李家莊住宿係蘭山縣地面在轎中閱楚之集
二三四三卷名銘三卷實僅十九葉耳因重閱一徧在車上
將古文氣勢之屬溫十餘篇申正見客坐見者二次與樊甫
一談傍夕清理文件粗與樊甫久談二更後寫扁字甚多三

點睡

附記

郯城 李溪 蓀山 直隸滿城人　　新泰 李濂 鑑塘 寶坻人

沂州府 豫山 東屏 滿洲　　蘭山 王其愷 敦齋 寶坻進士

沂水 韓光鼎 俊伯 浙江人

廿二日

早起飯後行三里過沂河後天乃明行四十五里沂州府南關外打店尖見之客一次午初又啓行行四十五里至半城住宿仍在蘭山境內也在轎中閱趙策一二三三卷凡四十二葉申正剃頭一次酉初閱高策題識二卷夜飯後與紀鴻兒久談又閱高策題識二卷疲倦殊甚二更後小睡三點睡三更後稍能成寐而不酣暢四更未醒

廿三日

早飯後黎明起行行四十五里至青它寺打尖仍係蘭山縣境午初又啓行行四十五里至垛庄住宿沂水縣境也閱

該城去此一百六十五里故該令未能趕來在轎中閱趙策第四卷魏策第一卷因昨日看書疲困故今日不敢多閱亦老態也念前作湘軍金陵昭忠祠碑久未擬沅弟函恐弟不以為然繫念良久又念沅弟不知過洞庭否亦反覆不釋也燈後將齊策六卷楚策一卷酌加題識又覺用心太勞故二更後不治一事三點睡

廿四日

黎明起早飯後啟行行五十五里午初三刻至龔家城山路崎嶇因惜馬力即在此住宿其地係蒙陰管該令福曜河南駐防係倭艮峯相國之胞姪福新伯觀察咸之堂弟字煥卿頗雅飭有循吏風在轎中閱魏策二三兩卷中飯後清理文件將楚策第二三四卷酌加題識申末墨凍不復能作字即在店中清坐屢次小睡燈飯後又小睡二更溫古文氣勢之屬細繹李廣列傳三點睡屢醒屢

寐

廿五日

五更三點起早飯黎明坐轎行五十五里至嶅陽打尖巳申正三刻到未初又起行〻二十里至新泰縣住宿是日本擬至翟家莊住宿因該處店少改少行二十五里即在縣城宿也自前日在青它寺打尖後即見大道之西有一大山蓋蒙山也前日昨日皆見此山并大路而北本日自離蒙城行十五里云蒙陰縣大道轉向西行似即蒙山此頭盡處矣至嶅陽大道之西有一石山土人稱曰青雲山即嶅山也在轎中閱魏〻策第四卷韓〻策一二兩卷申正與摯甫久談極飯後將趙〻策一二三卷酌加題識又將胡刻地圖批識數處字小字太多眼蒙殊甚二更三點睡寐屢醒是日在嶅陽旅〻店見題壁詩廿一首乙丑六月所作第九首蓋譏余者慣聞譽言得此即藥石也

廿六日

五更三點早飯，飯後坐轎行六十五里至羊流店，俗書楊柳店，蓋羊祜故里也。午正二刻又起行，坐車行二十五里，坐轎行二十里至崔家莊住宿，是日共行百一十五里。山石犖确，車行殊不易也。出新泰城，北望見一山，土人曰蓮花山，一曰新甫山。過羊流店後，望見西北大山，即徂徠山，將至崔家莊則徂徠山將盡，泰山在目前矣。是日在羊流店接劉壽高山到排錯摺，未交部嚴議，批云著照所請，該部知道，實曠典也。在轎閱韓策第三卷、蘇策第一卷。下半日在車中溫子雲《上林賦》。日光甚烈，燥熱異常。傍夕與吳摯甫至崔觀泰山徂徠諸峰，植因眼蒙，不復看書，二更即睡，以明日將赴泰安，從人多思望岱也。未至二更三點而解衣登床，蓋近年無之矣。

廿七日

五更二點起，早飯後起行，行七十里而天明，已初二刻即至泰安府，滿 已行五十里琹軒在此等候已二日矣來談甚久又坐見之客一次立見者二次在輶閱趙策三四卷午刻寫紀澤兒信中飯後至岱廟四拜潘琹軒坐頗久歸家王伯葵來久談小睡片刻燈後紀鴻等自望泰山歸來與之一談核對趙策第四卷魏策一卷酌加題識未畢眼蒙殊甚二更三點睡

廿八日

黎明飯後起行行三十里至彭莊鎮打尖係泰安縣境午初又行四十五里至灣頭鎮住宿係長清縣境因山路犖确故少行數十里非正站也辰巳間在輶閱宋衛中山策二卷國策三十三卷粗閱一過余昔嘗從國策訛脫舛不可讀意謂宋板或當勝此次閱黃刻南宋姚宏本而其不可通如故也午刻閱周本紀十餘葉申刻摯甫來久談核對魏策一卷之半及二卷酌加題識手疼眼蒙不敢多治事二更三點睡五更醒

廿九日

黎明起飯後成行行三十五里至車夏村尖大道循河而行詢之土人此河名舊乙河其源自汶水分出而雜以泰山各溪澗之泉下游入大清河也尖後再行五十里至杜家廟住宿毛寄雲之子承桂來見此間去山東省城僅三十餘里耳 辰巳間在轎閱周本紀秦本紀未申間閱魏世家韓世家趙世家昨夜小雨本日燥熱天將變矣傍夕吳摯甫來一談夜將魏策三中山策酌加題識 二更三點睡四更未醒次早起雪落已半寸許

卅日

黎明起飯後行三十五里過黃河至高河鎮住宿坐見之客一次丁中丞自省城來此迎候與之久談時許渠稱辭歸在此同飯未正散辰巳間在轎中閱東周西周策二卷申初出門拜丁中丞久談申正歸將周策二卷酌加題識夜改後

馬穀山信未畢 二更三點睡

十二月初一日

黎明起飯後見客一次 旋起行至高河北關外 丁中丞在此一談 張旋寄請 聖安 行二十五里至堰城打尖 朱星檻等自清江起行後即在前一站半站先行至此始等候一見 朱與楊雲帆 劉瑞芸 魏壽農 鄧良甫凡五人隨余同行也 尖後坐車行五十里至禹城縣此六里之禹城橋住宿 途中溫左傳襄公二十二年 起凡四十四葉 申刻見客一次 酉刻將魏策四卷酌加題識 復閱馬穀山信稿 約改千餘字 二更三點睡

附記

泰安府 錫惠 二泉　泰安縣 楊寶賢 慎齋 天津人

長清縣 仇恩溥 琳甫 山西人　齊河縣 何毓福 松亭 漢軍 由吏 徽州籍

禹城縣 德銓 法三

濟東道 蘭培元 質齋 雲南翰林　濟南府 龔易圖 藹人 福建[illegible]

初二日

五更三點起，早飯後，黎明起行，坐車行四十五里，巳初三刻至平原廿里鋪打尖。尖後坐轎行五十里至曲鹿店住宿，在平原城之北三十里，平原轄境也。在途中溫左傳襄公四三十葉，溫易繫辭上傳。到店，將韓策一、宋衛策題識。吳摯甫來久談，大半時旋至紀鴻戶外，視其氣象委靡之至，心實憂之。二更三點睡，三更後成寐，四更末醒。

初三日

黎明起，飯後行五十里至德州打尖，坐見之客三次，立見者四德州城守尉富明，寄請聖安。尖後行二十里至劉智廟住宿。坐見之客三次，立見者十餘次。在途中溫左傳昭公四十五葉。申酉間將韓策二、燕策三酌加題識。寫信一書。改信稿四件。閱紀鴻所與沅信件，寫批之，憂念無已。二更訶責之。旋料理發金陵信、發保定信。二更三點睡。是日

用心太過又因臨睡去氣不復成寐心氣跳動三更未稍成寐四更未醒

初四日

黎明飯後行四十里至景州已正即到因昨在轎中不適即在此住亦因直隸派來之巡捕戈什等不能多收令其先帰恐猶在一處州均難供支馬也下半日見客坐見者四六次內李筱泉之高弟孫海岑談甚久派為官秀峯信二葉 景州塔蓋余住開福寺塔在寺內共十二層天下著名也見所傳辦差滙單支應極繁因令巡捕與州均共擬一滙單 余核定發行是日全不看書略養老年心氣二更三點睡

附記 改摺稿 閱李單

平原州 朱鎔 陶庵 北通州人 德州趙彰 睦蘭 天津人

景州 王璵 瑞浦 行一 山東桃源人 監生 前景州石元善 小愚 行六 宿松人 監生

阜城州 褚瑨 文軒 行一 江夏人 舉人 故城縣張學權 稚儀 江寧人

李傳黻 輔臣 候補府 庚戌朝考門生 又河縣朱紹穀 吉園 二監生 會稽人

初五日

黎明早飯後起程行五十里至阜城縣打尖巳正二刻午初三刻再行〻四十里至富莊驛住宿將到〻時北風甚大改坐後轎車到後檢雪樵止查遂閱左傳昭公四十葉申刻將舊冊一酌加題識傍夕與紀澤鴻一談在小睡良久日內思古聖王制作之事無論大小精粗大抵皆本於平爭因勢善習從俗便民救敝非此六者則不輕於制作也吾曩者志事以老莊為體禹墨為用以不與不遑不稱三者為法若再深求六者之旨而不輕於有所興作則咎戾鮮矣二更三點睡冷甚至三更後不能成寐亦因轎中假寐太多也

初六日

黎明早飯後起行〻四十里至獻縣打尖見客坐見者二次矣後行三十里至商家林茶尖府縣等來迎一談〻又行三十里至

河間府住宿。坐見之客三次。朱星檻等在此等候,來談頗久。在轎閱《左傳》,聆公至景王作無射止。是日接金陵各信,將余奏摺稿本箱付來。轎中閱函牘頗多,夜將韓策三酌加題識,殊覺勞倦。二更四點睡,久不成寐。

初七日

早飯後,黎明起行,四十五里至邊渡口打尖。尖後坐車行四十五里至高陽縣住宿。此係由河間至保定之道,非進京之赤大道也。因趙北口積潦未消,故改由此路,名為九十里,實則百餘里。車行如飛,未正即到。尖時坐見之客一次,至高陽坐見者三次。在轎閱《左傳》八葉,酉刻將趙策二酌加題識,國策題識粗畢。夜見客二次,二更三點睡。

附記

獻縣 陸時言 綬生八 似筆吏 江蘇監生

河間縣 朱溥 小岩二 浙江監生

河間府 璽杰 蔚生大 薌生兄

東光縣 項桂輪 少渠三 安徽監生

任邱縣郭金昌 景熙一 河南舉人 李文清之弟子 似庸吏 保定府恩福 雲峯一 戶部 曾任浙江知府

高陽縣張恩翊 星林一 山東進士 太老實 河間協恩崇 峨峰二 大門侍衛 標

中軍冷慶 景雲五 薊州人 六十歲 老滑

初八日

早飯後黎明行五十五里午初至臧村打尖中間行二十五里至邊鄔村打茶尖一次係安州管保定城守尉及司道等皆在臧村迎候談甚久未刻起行行四十里至安肅縣住宿在轎閱左傳廿八葉到店坐見之客三次竟其二次改京信稿三件清理書籍查不應帶者即留於涿州矣二更三點睡

附記

布政司錢寶勳 午峯三 江西進士 按察使張樹聲 振軒一 合肥廩生

清河道費學曾 常州 勇亭 候補道蔭德嵇春 槐庭二

候補道楊詠春 雲卿二 候補道柏春 東輔二

清苑縣何崧泰 駿生一 合肥進士 保定城守尉壽璧顏 樂吾一

安州清俊 湘浦一 四川駐防似有癖 安肅縣程光灐 小韓一
定興縣趙秉恒 子長一 南宮監生 候補府李孟平 錢帆二 崔人之弟
高邑縣徐霖 潤蒼一 江蘇籍住湖南
望都縣吳士銓 衡軒一 候補道李廷瑞 仲宣五 揚州舉人 遵化軍糧長

初九日

黎明起早飯起行々三十里至固城鎮打尖々後午初起行
行三十里未初一刻至此河店住宿在轎中温左傳二十八葉
在固城店内將直隸地圖細閱略考水道約直隸大河不由東西淀
而入海者凡四三 曰南運河其源爲山西之清漳水濁漳水河南之衛
河山東之汶此流之運河皆逆流至天津入海 曰灤河其源出蒙古遇
承德府至永平府之灤州入海 曰北運河其源出於京北獨石
口外至密雲合流又匯昌平州之水玉泉山之水南海子之水至
天津入海 由東西淀而入海者凡五四 曰滹沱河 其北源出山西代
州南源出平定州至衡水縣分爲兩支均經東淀而入海 曰豬龍河

其源為多極靈壽之滋河、阜平郭家之沙河、渾源靈邱之滱河，至祁州合而為一，經西淀、東淀而入海，曰白溝河。其源出於房山涞水，又匯易州之易水，乃經東淀（西淀）而入海，曰桑乾河。其北源出於蒙古，經過宣化；其南源出於朔平、大同，至保安州合而為一，至懷來縣入關，經東淀而入海。本年桑乾河決於蘆溝橋以下，至今未塞，故雄縣積水未消也。至宿店再一考核，校改四六摺稿一件。二更三點睡，竟夕不甚成寐，似亦用心太過之故。從此衰老，不復能看書，任之矣。

初十日

黎明早飯後起行，行三十五里至高碑店打尖，係新城縣境。尖後又行四十五里至涿州住宿，未正二刻即到。上半日在轎閱書十一葉。申刻涿州牧送其祖郝蘭皋懿行所著尓雅義疏、春秋比、春秋說略等書，略一繙閱。又閱近數日京報。擬將車減去五輛，箱子減去三十口，寄於涿州，料理一切

二更三點睡

附記

涿州郝聯薇 近垣三 山東棲霞 其祖父郝懿行〻著書甚富 祖母王亦著列女傳補注等書

新城縣吳先鼎 熙之一 武進壬辰舉人

十一日

黎明早飯後起行〻四十里至竇店打尖〻後午初又起行

行三十里至良鄉縣出南門外三里在壽英[因]寺住宿未正

即到天晴已久灰塵坌起咫尺不能見人在轎温左

傳四十八葉至西狩獲麟止申刻剃頭一次酉刻將李少

荃在京用錢大數開一目錄極約略計算實深沉而未詳

未畢二更三點睡

十二日

黎明早飯後起行〻二十五里至長新店打尖望見〻岩

三次飯後陳小舫自京來与〻久談又行四十里至彰儀門

外天寧寺住宿未正即到許仙屏黃膳做敖甄父皮小舫何鏡芝等五人在此迎候旋坐見之客六次是日在轎中溫左傳二十五葉哀公溫畢傍夕与五人出閒步廟中旋諸君備席小宴至一更五點又久談至二更二點散三點睡

十三日

黎明早飯後与各客稍談起行進彰義門順成門巳初至金魚胡同賢良寺寓居会客坐見者十餘次至申正三刻始息疲倦殊甚旋又与仙屏暢談開單分派各事检清理文件一更五點睡

十四日

五更起寅正一刻出飯後趨朝卯初二刻入景運門至內務府朝房一坐軍機大臣李蘭生鴻藻沈經笙桂芬來一談旋出迎候文博川祥寶佩衡鋆同入一談旋出迎候恭親王軍機全班章京至東邊迎候御前大臣四人及惇王孚王等集九

卿朝房久坐会晤卿寺甚多巳正叫起奕公山帶領
余入　養心殿之東間　皇上向西坐　皇太后在後黃
幔之內　慈安太后在南　慈禧太后在北余入門
跪奏稱臣曾某恭請　聖安旋免冠叩頭奏稱臣曾某
叩謝　天恩畢起行數步跪於墊上　太后問汝在江
南事都辦完了　對辦完了　問勇都撤完了　對都撤完
了　問遣撤幾多勇　對撤的二万人留的尚有三万
問何處人多　對安徽人多湖南人也有些不過數千安
徽人極多　問撤得安靜　對安靜　問你一路來可安
靜　對路上很安靜先恐有游勇滋事卻倒平安無事
問你出京多少年　對臣出京十七年了　問你帶兵多少年
對從前總是帶兵這兩年蒙　皇上恩典在江南做
官　問你從前在禮部　對臣前在禮部當差　問在
部幾年　對四年道光廿九年到禮部侍郎任咸豐二年出京

問曾國荃是你胞弟 對是臣胞弟 問你兄弟幾个 對臣兄弟五个 有兩个在軍營死的 曾家皇上歷年天恩 碰頭 問你從前在京直隸的事自然知道 對直隸的事臣也聽得些 問直隸甚是空虛你須好好練兵 對臣的才力怕辦不好 旋叩頭退出 回寓見客坐見者六次 是日賞紫禁城騎馬 賞克食 斟酌謝恩摺件 中飯後申初出門拜客至恭王寶佩衡處久談 歸已更初與仙屏等久談 二更三點睡

十五日

黎明起 早飯後寫昨日記 辰初三刻趨朝 在朝房晤舊友甚多 巳正叫起 六額駙帶領入 養心殿 余入東間门即叩頭 奏稱臣曾某叩謝 天恩 起行數步跪於墊上 皇太后問你造了幾个輪船 對造了一个第二个現在方造未畢 問有洋匠否 對洋匠不過六七个中國匠人甚多 問洋匠是那國的 對法國的英國也有 問你的病好了

對好了些前年在園家口很〻病去年七八月便好些 問你吃〻藥否 對也曾吃藥退出散朝歸家見客略見廿三次申飯後又見二次出門至索城拜瑞芝生沈經笙不遇至東城拜黃恕皆馬雨農一談拜倭（相艮峯）國久談拜文博川不遇燈初歸 桂與曹鏡初許仙屏等久談二更後略清理零〻了疲〻殊甚〻點睡不甚成寐

十一日

黎明起早飯後寫昨日〻記 辰正趨朝巳正叫起 偕王〻子伯王帶領入見進門即跪墊上 皇太后問你此次來帶將官否 對帶了一千 問叫甚麼名字 對叫王慶衍 問他是甚麼官 對記名提督他是鮑超的部將 問你這些年見得好將多否 對好將倒也不少多隆阿就是極好的也（有勇有謀）人可惜了鮑超也很好（勇多謀少）塔齊布甚好死得太早羅澤南是好的楊岳斌也好目下這的好將就要算劉銘傳劉松山

奏每說一名伯王在旁疊說一次　太后問水師的將　對水師現
多臣將長江提督黃翼升江蘇提督李朝斌俱尚可
用但是二等人才　問楊岳斌他是水師的將陸路何如
對楊岳斌長於水師陸路調度差些　問鮑超的病好了
不他現在那裡　對聽說病好些他在四川夔州府住　問鮑
超的舊部撤了否　對全撤了本存八九千人今年五四月
撤了五千八九月間臣調直隸時恐怕滋事又將此四千全
行撤了　皇上如要用鮑超尚可再招得的　問你幾時到
任　對臣離京多年擬在京過年朝賀元旦正月再行到任
問直隸甚空虛地方是要緊的你須好好練兵吏治也極廢弛
你須認真整頓　對臣也知直隸要緊天津海口尤為要
緊（與今外國雖和好也是要防備的）臣要去時總是先講練兵吏治也該整頓但是臣的精
力現在不好不能多說話不能多見屬員這兩年在江南
見屬員太少臣心甚是抱愧　屬員二字　太后未聽清令伯王再問
余答見文武官員即是屬員

太后說你實心實力去辦必好　伯王又幫　太后說直隸現無軍務去辦
余對遵旨竭力去辦但恐怕辦不好（太后又說有好將儘管往這裏調）　太后說盡心竭力
沒有辦不好的　又問你此次走了多少日　對十一月初四起行
走了四十日　退出散朝歸寓中飯而後共見客坐見者七次　沈
經笙來寓久未正二刻出城拜李蘭生歸寓已燈初矣飯後
與仙屏諸君一談旋寫日記二更三點睡

十七日

黎明早飯後與許仙屏等一談旋見客四次出門拜客董
醖卿處會晤餘多未會午正歸中飯後又出門拜客散
家未會申初至黃恕皆家赴宴暝時散歸核信稿四
件二更後與睦仙等一談料理諸瑣事二更點睡

十八日

黎明早飯後寫紀澤兒信并添寫馬穀山等信交金陵摺
弁帶去又發澄沅兩弟信見客七次午初出門至內閣到大

學士任先至詰敕房更衣在公案一坐次至滿本房公案一坐次至
大堂一坐橫列六案滿東三案漢西三案余在西首第一案一
坐畫稿兩件侍讀中書等數十人來三揖余答揖回憶丁
未六月在此畫到內閣學士之任今已廿二年矣旋至翰林院到
任先在典簿廳更衣次至大堂一坐次至 至聖廟行禮次至典簿
廳更衣次至昌黎祠行禮次至清秘堂一坐學士編檢等以次
來三揖余答揖後回寓中飯後未正二刻又出門拜客四處皆会
文楚川處談頗久歸已更初矣與睦岱等一談二更三點睡
三更後成寐

十九日

黎明早飯後清理文件於見客三次出門拜客十餘家会晤者
王蔭堂金小汀崇文山又至塔軍門家直延入上房具談相待
其母八十歲相對涕泣其三弟戍臺四年已死其次弟本年八
月十三日死其兩弟婦寡居并出拜見三兄弟皆無子僅塔軍門一女

次弟阿陵布四女親房舍可承繼之人實屬可憐其妹及壻均並出拜見汪示程拔其壻等盡歸中飯後会客三次申正再出拜沈經笙燈初歸陳仲鸞來久談旋與吳摯甫久談二更後小睡三點睡

廿

黎明早飯後清理文件見客四次令巡捕等收拾行李搬出城外余在城内拜東北城及皇城内之客出西安門拜西城客數家出順成門至法源寺住中飯後出見之客三次出門拜客數家羅椒生處談頗久酉刻見客五次二更撤小睡片刻三點睡

附記

陸爾熙 廉說

袁保齡 子久

沈源深 崇綺 [illegible] 文山

端木埰 素說 胡宅

朱逌然 肯夫

陶模 秀水庶吉士 方之 崇說

沈源深 吏部 倭素說

李用清 平定州人

張振彭 忻州 工部 紹鎔 崇說

廖壽恒 仲山 中書 翰林 嘉定 徐說
貴成 鏡泉 浙江駐防 蒙古 兵部 崇說 癸卯
伯楨 著三 滿洲 吏部 崇說

李如松 茂峰 吏部 北通州 崇說
陳彝 六舟 翰林 朱說 ~~朱[illegible]~~
陸寶 韞雲 刑部
~~張保齡~~ 子良 河南 中書 廖說

謝維藩 麐伯 翰林 巴陵
曹耀湘 鏡初 長沙

廿一日

黎明早飯後清理文件 旋見客坐見共十餘次 如來子久
羅檉生等坐均甚久 自辰初至午正客方散 中飯後至湖廣館
赴同鄉之宴 聽戲飲酒 至酉初倦甚 入内寶善堂稍休息
又聽燈戲二齣 歸寓已一更四點 與樂甫一談 二更三點睡
紀鴻於三更後始自湖廣館歸

廿二日

黎明早飯後清理文件 旋見客坐見者八次 巳刻出門拜客
宋雪帆 潘伯寅 鮑花潭 龐寶生 毛煦初 壽蘅 俱會 未初
回家中飯後又出門 至文昌館赴宴 係各科門生公請 一曰乙
卯四川鄉試 二曰丁未會試 戊戌教習 三曰己酉順天鄉試覆試 四曰庚

戌朝考閱卷四五日庚戌拔貢朝考閱卷六日庚戌考學正
學錄閱卷共得三十餘人聽戲至酉刻倦甚因至粉房琉
璃街黃曉岱家一談鐙後復至文昌館看鐙戲歸寓已
一更四點矣二更三點睡

附記

鍾佩賢 六美 直隸人 澂江原籍 庚戌進士 素說 伯寅懿其出勝門

端木埰 子疇 江寧 表說 祁文端帳

蔣絡銘 和 戶部 江寧府人 端木埰說

曾金章 印若 內閣 執理 季如松說

夏子錫 懿門 揚州 山西主考 仙屏說

廿三日

黎明早飯後清理文件見客六次午初二刻中飯後出門
拜園莊農壇豐湖皆會又親家拜散家未正至文昌館陞戲
甲午戊戌兩科同年公請又直隸京官丁未共公請兩處
各吃一頓酉初至許仙屏家歇息鐙後又至文昌館陞鐙戲
至一更五點歸寓二更三點睡 星田家 貴福齋紙十張

各色絹箋四卷張湖筆三十支名畫帖子賞凡內廷王軍機大臣 弘德殿 上書房 南書房 大學士皆與焉

廿四日

黎明早飯後清理文件見客四次巳初出門拜客三家即至內閣因總理衙門奏請派親郡王大學士九卿會議預籌條約事宜午初至未正散至前門內大昇館吃飯飯後出城至文昌館係江蘇通省公請酉初至李健齋處一敘極後至文昌館聽燈戲歸時將二更矣與吳摯甫久談三點睡

廿五日

黎明早飯後見客四次巳初再至內閣議事午未議略定公議万落船政定摺稿申初二刻散仍至大昇館吃飯飯後至頤學堂赴宴係倭朱瑞三相國公請飲酒至酉初二刻余出城回寓檢閱王少鶴所作祁公神道碑 朱修伯閱芍農先後來久坐二更三點睡

廿六日

黎明早飯後見客二次，是日因內閣衙門畫了，辰正趨朝，巳初到，巳正散朝，至赤草廠十條胡同拜長沙會館，上湖南館各客，未初歸。飯後曹鏡初等來，與向立文圍棋二局，譚竹崖等來一談，因巡捕人等接待賓客過於疎忽，生氣訶斥良久乃息。燈後見客二次，陳小舫談最久，二更三點睡。早飯後寫澄沅兩弟信一封，交湖南摺差帶去，燈後改一信稿，約改四百字

廿七日

黎明早飯後見客三次，出門拜客，拜騾馬市大街以南各胡同，拜會者六家，親拜者數十家，午正歸。蒲芑山等送席來，因留同飯。飯後會客一次，出門拜騾馬市大街以北之客，會者五家。上半日在轎上閱穆相國彰阿年譜，下半日閱李笠仙詩集。晡時歸，與曹鏡初等久談，清理文件。二更三點睡

李朝儀 藻舟 貴州 廣平府 雲湖說

陳蘭斌 荔秋 刑部 廣東 癸丑庶吉士 仙屏說

李文田 若農 南書房 廣東 仙屏說

王秉琳（劉） 崑圃 深州 湖北 小舫說

劉錫鴻 雲生 刑部 廣東舉人 仙屏說

蕭世本 廣甫 四川 癸丑庶吉士改刑部 耿翰臣 云云姊夫 甄甫說 仙屏說

廿八日

黎明早飯後見客二次出門至景運門是日会集議覆條約
丁宜一摺巳正二刻散至穆師桐舊宅見其七世兄薩善九世
兄薩廉不勝盛衰今昔之感又拜客數家午正歸中
飯後見客二次未正至陳小舫家赴宴渠与單地山賀雲
湖彭畏之四人公請也酉初散歸植与鄧良甫一談倦
甚小睡二更三點睡

廿九日

五更起早飯後卯初出門趨朝房昨日 賞荷包之 恩往
年並外荷包与福壽字均由驛遞出今年福壽字存

於集司處初到京之日即已領到荷包則昨日與諸大臣同賞也辰正初 皇上由乾清宮坐轎至保和殿筵宴余與諸王大臣在階下西邊叩頭巳正歸家清理文件小睡片刻午初請同鄉歐陽崇如朱心檻李健高劉瑞雲等過年便飯飯後文博川來久談旋又往見之客三次酉刻剃頭一次檢料理明日朝賀事件一更四點睡天氣甚熱不能成寐

同治六年正月初一日

寅初一刻起飯後趨朝卯初一刻至景運門旋遇隆宗門拜

慶賀　皇太后表文進至慈寧門之東階案上內監接入回

至書閣學宗晉溎內閣拜表禮侍溫葆深李蘭鴻藻前引出旋

至工部朝房等候辰初隨同　皇上行慶賀　皇太后禮

皇上至慈寧門行禮一二品大臣在長信門外行禮禮畢至

太和殿辰正　皇上升殿受賀余與朱桐軒相國在殿門

正中闌外展表太常寺司官宣讀表文　皇上還余與有

差諸大臣補行三跪九叩禮巳初散朝歸寓與吳甑甫

等一談會客二次中飯請蕭府小宴下半日倦甚屢次小

睡溫左傳襄公十二葉旋又小睡蓋連日辛苦而昨夕未

能成寐故困甚也二更三點睡四更末醒旋又成寐近日極

為佳眠矣接紀澤家書內人目疾用劉殊以為靈丸藥方至三

十四味之多亦決非良方耳

初二日

早飯後清理文件 旋出門拜客、会共三家 親拜二十餘家 午初歸料理各瑣事 中飯後曹鑄六初來一談 未正出門至財盛館赴滿洋軍機章京之招 看戲兩時許 酉正歸 傍夕小睡 旋寫警惕室記約三百餘字 二更三點睡 直至五更三點醒 甚美睡也

初三日

早飯後清理文件 辰正二刻出門 巳初至倭相處 渠廿九日函約至彼處略談 直談至午正方散 又拜客數家 会共一家 未正歸寓中飯後 許仙屏來久談 申酉正寫對聯四付 寫田周荇農信 函宗雪帆信各一件 旋寫警惕室日記二百餘字 溫左傳襄公二十六葉 二更三點睡

附記

查六从坐衛

查忠愍

查條約始末

初四日

早飯後清理文件旋見客多次直至午刻未歇午正中飯仙屏來一談出門拜客五家未正二刻至江右鄉祠江西通省公請也聽戲至晡時暫歸朱修伯來久談更後再至江右鄉祠聽燈戲二更二點方歸略閱本日文件三點睡

初五日

早飯後清理文件見客二次辰正一刻出門至倭艮翁處一坐旋与之同趨朝至長安門外下轎同步行至內閣蓋醇郡王有一摺議驅除洋人之法諭旨飭醇王与大學士會議是以本日閣至內閣集議也王与朱相先到瑞相後到王摺共六條第一條因馬穀山密函有和議局善了則維持大局責在王大臣和議決裂則維持大局責在各督撫等語請旨詢問該督是否確有把握并請垂詢各疆制勝之法第二條請令王大臣各抒所見以濟時艱第三條請令督撫激厲紳民打毀天主堂第四條請將

大内各洋貨須賞屏棄奚物第五條請免宿將以備防禦外
夷第六條請將在京洋人稽查出入數目議論良久將擬摺覆奏
余推倭相起草王及三桐推余起草午正構思及申初二刻脫稿
共千六百餘字申正二刻散朝晡時到家夜飯後与吳摯甫等久談
寫黃惕室日記清理雜事甚多二更三點睡四更未醒

初六日

早飯後清理文件見客五次午初吃飯後即至內閣校對昨日所繕
之摺旋拜客一家未初二刻至寶佩蘅家渠預備酒席兩人對酌
至申正三刻方散到家已黑矣黃聽岱來久談寫黃惕室日記
約千三百字二更後倦甚不復治事三點睡頗得佳眠

初七日

早飯後清理文件見客一次辰正出門赴朝初五日在內閣會議之摺
本日覆奏也午初散朝拜客數家惟王芝汀得會旋至葉廏胡
同聚豐堂買便飯吃之小睡片刻未初二刻至譚竹岩家渠

与董醒卿公請陪客為寶佩衡文百川晤至酉初方散在与
吳摯甫久談寫条惕室日記二更後与鄭庚甫一談三點
睡
附記
核別敬單　　作詩刊稿　　送三處禮
初八日
早飯後清理文件會客數次核公事數件中飯後料理瑣事申初
出門拜客十餘家至景劍泉許仙屏家一談酉初至毛旭初家渠与
羅棣生鮑花潭龐寶生四人公請陪客為萬藕舲潘星齋宋雪
帆飲至戌亥初方散歸寓料理雜事二更三點睡在京經旬應酬
雖不甚多而每日疲精以徇物遠不如外省之得以自由自閒
添出許多鄙俗之念殊無謂也
初九日
早飯後清理文件出門至琉璃廠火神廟觀買書籍字畫玉器各

店檢又至英豊寶文豊兩家書店一坐午正歸中飯後拜客數家未至因訪農家赴宴渠與歐建吾潘心畬李鶯仙四人公請陪客為歐陽崇如張竹汀等九人同坐酉正散歸檢清理雜事寫黃暘室日記二更三點睡

初十日

早飯後清理文件旋寫黃暘室日記寫對聯七付桂屏一張会客二次午正中飯後至外拜客三家檢至文昌館赴宴禮部六堂全小汀方蒲舲察杭阿李蘭生錦佩青宜溫明琳春主陪客則朱瑞二相及賀雲湖也申正散至湖廣会館拜聽戲良久傍夕至寶善堂後少為歇息檢聽燈戲至亥初歸寫E二更三點矣睡後甚得佳眠是日單地山尚書招席閱國藩集所作江忠烈神道碑背誦如流老年好學古不可及也

十一日

早飯後清理文件寫黃暘室日記見客四次許仙屏來久談

對聯七付午初二刻出門至城內拜客四家矣楚江公湘雲處拜
會未末至文時川家赴宴陪客為賓主對酌至酉初二刻散
歸寓已天黑矣曹鏡初黃翰仙來久談二更後小睡閱新
到文件頗多三點睡

十二日

早飯後清理文件寫葉愓室日記見客六次閱荇農書良久寫
對聯七付午末中飯未正出門拜會賈筠堂相國旋至文昌館
安徽全省公請聽戲直至天黑方散歸寓朱修伯來久談至二更方
去清理雜件頗多三點睡通夕不能成寐因說話太多而又有不
懌之事滯於心中也接紀澤十二月廿六日信內有澤弟初六日信叶
亭甥尚未到長沙殊以為念

十三日

早飯後清理文件寫葉愓室日記見客七次寫對聯八付中飯後出門
拜客晤溫明齋未初二刻至陶虹亭赴宴景劍泉馬雨農許仙屏

等五人公請也飲至申正方散歸于朱修伯久談燈後歸清理雜

多黃睡仍閱書鏡初未久談二更後疲倦殊甚小睡閱來文

公事三點睡竟夕不能成寐惟三更二點至四更二點得寐耳

余生平於酬酢之際好察人情之順逆厚薄京師勢利之

藪雲雨之皆有向背冷暖之分余老矣尚存於心而不能化甚矣

余之鄙也

附記

十四　至許家往謁　赴万壽宮　定別儀碼

十五　至保和殿與宴　赴張魏等處（拜森頭客）　再核摺核單

十六　至乾清宮與宴　拜劉聯（宮）　定分送各單

十七　入内請訓　出拜沈（瑞）蔡候黄

十八　赴朱府

十九日

早飯後清理文件細查各雜項辰正至許仙屏家與之久談於小睡

即在渠家作一摺稿約千餘字在渠家便飯未正歸 旋至江
右鄉祠赴宴 應芳濤船至蔭堂之招直至酉正始散席歸小睡
袁子久來久談 旋核別敬單 二更四點睡 三更二點成寐以後
頗佳眠

十五日

早飯後卯正二刻上轎赴朝 皇上定於辰初二刻入座筵宴
外藩 余起行太晏因由順成門進西長安門 余步行三里至保和
殿甫到半刻 皇上已升殿矣 此宴係賜蒙古高麗各藩而大
學士為書之入座 不過陪侍之意 惟賜奶茶賜酒皆僅及外藩至
而大臣不与焉 余於道光廿六年曾以講官在正大光明殿侍宴班
与於此宴 今隔廿四年矣 辰正三刻宴畢 散朝歸 清理文件 作
應酬人員清單 至申正始畢 至湖廣館赴宴 應張竹汀等六人之招
也 飯後散歸 看家信与朱修伯商事 核別敬單 二更三點睡

十六日

早飯後清程文件 辰初二刻起行趍朝是日 廷臣宴午正入乾清門
内由甬道至月台用布幔幃台之南即作戲臺之出入門先立階下
東西排立倭艮峯相國立殿上演禮一回午正二刻 皇上出奏樂升
寶座太監引大臣入左右門東邊四席西向倭相首座文祥二座
三座寶鋆四座全慶五座載齡六座存誠七座崇綸皆滿尚書也
西邊四席東向東列首座朱相次之三座羅惇衍（單懋謙四座）四座（五）万青藜（六）毋座
董恂七座譚廷襄皆漢尚書也桌高尺許升墊叩首後即盤坐
每桌前有四高裝碗如五供之狀後八碗六雞鴨魚肉蔬菜海參之類（方餑 山查糕）
每人飯一碗雜膾一碗内有荷包蛋及粉條等唱戲二齣 皇上
及大臣各吃飯菜 旋將前席撤去 皇上前之菜及高裝碗太監
八人輪流撤出大臣前之菜兩人抬出一桌抬畢另進一桌 皇上前之碟
不計其數大臣前每桌果碟五菜碟十奏樂倭相起衆皆起之倭
相脱外褂擎酒匜 爵於 皇上前退至殿中叩首衆皆叩首（倭相）又坐
御座之右跪領賜爵退至殿中跪太監易爵另進杯酒倭相小飲

叩首。眾大臣皆叩首。旋各賜酒一杯，又唱戲三齣，各賜奶茶一盌，各賜湯元一盌，各賜山茶餅一碗，每賜皆就墊上叩首謝。賞物抬於殿外，各起出至殿外，將宴所賞一一跪三叩，依舊排立東西階下。（蒙賞如意一柄、磁瓶一個、蟒袍一件、鼻烟一瓶、江綢袍褂料二付，各尚書之賞同一例也。）○○皇上退宴，樂闋，家臣申刻矣。中飯後見客二次，寫對聯十付，剃頭一次，黃昏之客二次，朱修伯來久談，二更三點睡。

十一日

早飯後辰初二刻趨朝，是日請訓遞書奏一件也，在朝房久談，午初○召見。○皇太后問爾定於何日起身出京。對定廿日起身出京。問爾到直隸辦何事為急。對臣遵○旨以練兵為先，其次整頓吏治。問你打算練二萬兵。對臣擬練二萬人。問還是兵多些勇多些。問對現尚未定，大約勇多於兵。問劉銘傳之勇現札何處。對札在山東境內張秋地方，他那一軍有一万一千餘人，此外尚須練足一万人，或就直隸之六軍增練，或另募勇練之，俟臣到任後察看再行奏明辦理。問直隸地方如不乾淨，聞尚有些伏莽。對直隸山東交

界本有梟匪又加降捻游匪處處皆有伏莽總須練兵乃彈壓得住
問洋人的事也是要防 對 天津海口是要設防的此外上海廣東
各口都甚要緊不可不防 問 近來外省督撫也說及防海的事否
對 近來因長毛捻子鬧了多年就把洋人的事都看鬆些 問 這
是第一件大事總擱下未辦 對 這是第一件大事不定那一天
他就翻了兵是必要練的那怕一百年不開仗也須練兵防備他
問 他多少國連成一氣是一个緊的 對 我若与他開衅他便數
十國聯成一氣兵雖練得好卻斷不可先開衅講和也要認真練
兵也要認真講和是要件件与他磨件件不可偏廢都要細心的辦
問 也就靠你們替我辦一辦 對 臣盡心盡力去辦凡有所知隨時奏
明請示 問 直隸吏治也疲玩久了你自然也都曉得 對 一路打聽到京
又問人也就曉得些屬員全無畏憚 臣到任後不能不多參幾人 問 百姓
也苦得很 對 百姓也甚苦年歲也不好 問 你要的幾个人是跟你久了的
對 也跟隨臣多年 太后顧帶兒惠郡王云叫 他就跪安 余起身

走數步後跪奏云臣（是日太后兩宮及余所奏皆稱七公指及本日指中而也）留某跪請聖安臣退朝拜客數家沈經笙黃恕
皆處談頗久歸寓已申初矣飯後見客數次寫對二付夜與仙屏
核對數單 二更後張竹汀等來一談 二點睡

十八日

早飯後清理文件見客五次仙屏坐甚久寫十六十七日記約二千餘
字寫對聯四付又下款多付中飯後出門拜客一家旋至恭親王邸
久談約六刻許係為請令僕相仍管部務邀往論他事也出城回
補二刻至朱修伯家赴宴陪客為黃孝侯翁叔平席散談至二更
方散清理各件 二十日將出京也 二更四點睡

十九日

早飯後清理文件核對數單三紙旋見客多次料理城內送
禮各事中飯後見客直至二更未曾停止是日會客二十餘次深
以為苦二更後（寫澄沅弟信一書添函紀高信一葉）小睡片刻三點睡三更後成寐

二十日

早飯後至閻壁何公祠一坐。核別教各單。旋歸。會客三次。巳初起行出京。先於羅椒生一談。未初至長新店。許仙屏亦送至此。與之暢談。共飯。飯後見客五次。傍夕小睡良久。燈後與仙屏暢談。二更三點睡。四更末醒。旋又成寐。

廿一日

早飯後從長新店起行。將看永定河工。行十一里至玉皇廟。茶尖。旋行三里許至灰壩。看減河。減河原所以減洩正河之盛漲。近因正河之身高於減河之堤。遂致減河反奪正河之全溜。而正河乾枯積沙。日高。減河下游亦淤塞矣。旋看南上汛第九號。該處爲前案文辦開減河之處。距灰壩僅八九里。如灰壩減河修復。則此間不必再開矣。旋至蘆仙堡看決口（南上汛十五號內）。該處於戊辰七月潰決至百五十餘丈。去冬已於去冬修築。現存口門七十餘丈。須於二月興工。三月底合龍。乃爲得時。旋回至南上汛署。打尖。尖後行二十餘里至龍王廟南下汛署內住宿。中間過小清河一道。深僅尺許。又於其下游過河。即永定河決口以下之流也。至轄中溫左侍桓莊羋四葉到居後移永定河志。題識書西窗澗霞、紀鴻兒、桓孫窩參陽室日記。二更三點睡。四更未醒。

廿二日

早飯後風極大，塵沙漲天。坐車看工，行二里許，至南下五[十號]看去秋新堵閉之缺口，蓋去年七月初七日在該處決口，[星]廿日又在上游閻仙垡決口。此口無水，於即修堵。余嫌其單薄，須加培也。於正五南二工十四號打尖，清理文件，見客二次。中飯後看金門閘，係乾隆三年建以濬水漲也。於[五]看南三工十三號看已廢之草壩，該處本不應有工，唯十一號兩邊坑塘甚深，余雖未下車，心亦畏其險。於過乾河至北岸三工，看已經堵閉之旱口，該處緊靠北隄，有一深溝，正河分溜竄入溝內，不致害，以致潰決，頗難施工。於五第十二、十三號該處河如之字形，向北則十三號當其衝；折而向南，則南四汛當其衝，故兩岸皆險也。午刻至金門閘龍王廟[拈香河神]，申正至十五號龍王廟拈香，禮於過乾河至南四汛署住宿。該處至固安縣八里。見客五次。接紀澤正月七日信，倦甚小睡。是日坐車看永定河志四卷。核清理文件。寫紀澤信一封，約六百字。二更三點睡。是日車中看永定河志二卷，植不甚成寐。

廿三日

早飯後至龍王廟、將軍廟先後拈香。看南四工四號險工，即昨所看之之字河也。旋至九號看堤，自九號至十二號河身極窄，切逼南堤。河中隆起高土如埂如山，高過南堤，寬則數十倍過之。若能剷挖河中大埂，南堤三四里極可危也。旋至十七八號打尖，看大堤。該處於上年三月決口，四月堵塞，將合龍而不成，八月上流決此處，河乾，乃築大堤，避坑塘之深，棄原堤不用，而於河中另築一堤，約五里許，開一引河，余嫌其淺窄也。自南四工汛二十號起至南五汛十三號堤卑，土高牛不過二尺許，不過三四尺，寬不過三尺許，真同兒戲。至十四號汛署打尖，飯後至南五工十六七號看險工，至南六工十二號雙營住宿。是日共行五十七里

申刻倦甚，小睡，於兒署三次与徐芝蒋芝寃談工務，傍夕小歇，起
清理璽件甚多，是日在車中閱左傳莊閔二公年。二更三點睡，
四更未醒，旋又成寐，近日無此佳眠。

廿四日

早飯後至南六工十七號，該處無工可查，但旗民貪佔淤河汱鐮之地，
紛紛至戶部呈報升科，據看已業六一勘視，旋至南七工四號，該處
看上年決口之處，內外坑塘甚深，河身中有一大灘隆起，其高
過於南隄土腰兩、湖之南隄至此僅十餘丈，不足以容河身，又曲
折殊迎溜頂衝，危也。再下二三里看六七號新開之引河，於
河身堅土中生、以一河，底寬僅四丈五尺，面寬僅十二丈，深僅一丈
四尺，斷不能容定河之全溜，關此下十六里并無河影，純仗生
開新河，每十里以下雖有河影，而節節高仰，計永定一河，紀處處
開挖河身，別無良法，甚可憂也。看至此止，旋小惠家莊打茶尖，行二十五里至回永清縣城外打尖，
後行三十里至半坨住宿，係固安境，是日共行七十五里，在車上溫

左傳僖公二本計八十五葉接澄弟十二月廿一日信知平安到家
沅甫欽倉大進叶亭錫〻到家大慰〻〻小睡頗久見客二次談甚久
擬寄澄沅二弟信未畢二更三點睡

附記

邵志在桂說文之內

廿五日

早飯後起行十八里至禮鄉村打茶尖係固安新城交界旋又行三
十里至新橋打尖該橋本琉璃河之分今永定河於南上流十五里
另決口竄入琉璃河內又時〻泛溢民地如新橋附近則泛溢頗寬轎子
繞越而行〻二十餘里至新城縣住宿是日温左傳文宣二公本計
九十一葉在轎中微受風寒申酉間久睡醒後方起飯後会客一
次清理文件二更三點睡三更後成寐

廿六日

早飯後行五十里至北河打尖自新城至北河路整而又因積潦

饒越坡名者四十里實逾五十矣紀鴻及吳摯甫等在此等候其攜
[illegible]車則已於本日竟赴保定也 尖後行三十里至固城鎮打茶尖
又行三十里至安肅縣住宿是日共行一百一十里申正到縣雨作
寒見客一次在轎中溫左傳成公年凡六十八葉傍夕小睡核
見客一次寫無暢室日記二更三點睡

廿七日

早飯後行二十五里辰正至漕河 慈航等保定司道等在該
處迎候見客一次談頗久已正再起行又廿五里午正至省官
相及司道等在城外迎候跪請 聖安 余進城先拜官相旋至
公館 公館在蓮花池 聖祖及 高宗駐蹕之 行宮也未初中
飯飯後出見之客五次旋周覽公館中名勝申正出門拜客至
中長李鐵梅處久坐傍夕歸小睡是日在轎中溫左傳襄公上五十
四葉燈下又溫廿三葉去歲臘月在途溫左傳四本此數日內又溫六本
凡溫一編老年記性日壞溫時怡然渙然過數日又茫然矣 寫無暢

寫日記二更三點睡

廿八日

早飯後清理文件 寫信與許仙屏 辰正見客同通知府每十八人為一班凡見十一班直至午初二刻方畢 官秀峯相來一談 客散後檢平 飯後至蓮花池藻詠樓一看 游覽全紀鴻務齋中碑帖隨時收拾 并思金石文字之學 推形彭詠莪文集略一瀏覽 李鐵梅來久談半時許 剃頭一次 張月卿寄來樵湖十子詩 中有朱伯韓龍翰臣李小湖諸詩 因瀏覽二三卷 種張振軒來久談 二更去 清理零件頗多 三點睡 枕上以知府官廳聯云 長吏多從耕田鑿井而來 視民事須如家事 與曹同講補過盡忠之道 深心識即是官箴 作平後又沈吟更改 以致久不成寐 三更二點乃成寐

廿九日

早飯後清理文件 辰正見客 補見程鎮各武職一起 補見同通州

引二起見實缺戎敘官一起見佐雜十四起每起十人末起八人前四起坐見佐雜立見直至午正方畢殊以爲苦中飯後至蓮花池射圃各處遊覽並藻詠樓與蟄甫廉甫談甚久申正方歸閱樵湖十子詩粹以所撰之聯不愜於心改作一聯云念三輔新離水旱兵戈賴良吏力謀休息願羣寮共學龔黃召杜即長官藉免愆尤沈吟良久至植方室又與蟄甫等久談向夜作聯作詩每每苦吟不輟蓋由才思遲鈍之故亦過於愛好也睡後仍反覆思之纏綿不休以致不得酣眠次早始起又作一聯云隨時以法言巽語相規爲諸君導迎善氣斯民當火熱水深之後賴良吏默挽天心旋又易改矣

廿日

早飯後清理文件見客坐見共三次旋出門拜客藩臬及清河道三處拜会談頗久餘皆親拜午正歸中飯後至藩府一談將對聯又改一次至藻詠樓等處一覽寄澄沅兩弟信畫前即小睡約睡一時許

乃起老年疲困非睡不能自持也申正習字一紙核寫發件與沅約
八百字二更二點將古文氣勢之屬溫三篇略加圈點批乙識三
點睡幸得酣眠

二月初一日

早飯後清理文件見客二次司道談甚久寫無慢室日記
檢點書件習字一紙午初三刻中飯飯後至浙紹公館赴官
相及司道府廳之招余與官相各一席司道以下四席午正二刻
入座聽戲直至酉初一刻余始先散歸來疲倦殊甚與吳庶
甫摯甫至蓮花池繞池沿周行一遭夜小睡兩次下閱讀趙紫
芳刑名幕友劉應璠為錢穀幕友皆前任所請者也寫紀澤
信一封二更三點睡

初二日

早飯後清理文件寫無慢室日記巳初接印行禮見客四次午刻改
信稿二件與庶甫摯甫一談中飯後又改信稿三件申正寫

對聯五付內二付呈官廳之對各十七八字傍夕見客二次賀麓樵談

甚久傍夕小睡在閱本日未文件添寫信與錢調甫約三百餘字二更

三點睡久不成寐因本日核點零件太多用心稍過也

附記

兩日內閱永定河估冊

初三日

黎明起至文昌廟行禮與司道一談歸寓飯後清理文件司道

來見談頗久又見紳士二班係案豫西任赴清查九人履歷良

久又坐見之客二次寫紀澤信信四葉約四百字添馬穀山處信

一葉約百六七十字中飯後遣施占琦回金陵料理零件甚

多小睡片刻閱本日來文至官相署內回拜因同看上房院

落又同拜刑錢兩幕酉初歸見客一次寫對聯三付傍夕

與幕友一談核清理零件甚多小睡片刻批直隸書籍所

擬章程核批一遍二更三點睡竟夕不能成寐

附記

九人略節　中軍各摺　徐道各摺

鹽院另函　須知冊　江蘇海運章

藩司各摺　行忠愍文　行彩撤委文

保易致麟

初四日

早飯後清理文件。司道來見，談頗久。又坐見之客二次，立見者一次。再添寫紀澤信數行。午刻寫無慢室日記。中飯後小睡片刻。閱本日文件。寫對聯六付，掛屏一幅。傍夕又小睡。核改摺一件，作片稿一件，約四百餘字，未畢。二更三點睡。

初五日

五更三點起。至文廟丁祭，樂章、佾舞甚好，勝於京省。卯正一刻歸。早飯後清理文件。歐陽崇如等來見，談頗久。又坐見之客一次。寫無慢室日記。習字一紙。巳正核各房稿簿。午初後小睡頗[illegible]久。中飯後又清理零件。閱本日文件。至吳摯甫處久談，核

永定河勘估冊 寫對聯五付 傍夕小睡 枉再核永定河勘估冊
約四百餘字 二更三點睡

初八日

早飯後清理文件 習字一紙 見之客三次 檢查零件頗多 巳
正核各科稿件 未半 午初一刻中飯 至浙紹會館 公請官相
聽戲飲酒 如初一日之式 申初二刻散歸 閱本日文件 申正一刻
再閱各科稿件 再酉初二刻畢 與執甫廉甫久談 傍夕小
睡 枉批徐道所呈清摺三件 係領戳條等銀兩 余將改為
大營之用 不交廳汛之手 反覆批詰 又寫信與司道公同酌
核 傳張雅軒來一談 二更後倦甚 不能治事 三點睡

附

巳正以前 [illegible] 寫日記二種 小睡 [illegible] 見客 巳正以後 核各科批稿件

申正以前 [illegible] 守信 閱本日文 申正以後 [illegible] 寫對聯

鐙後 看書 誦古文

取揭參疏防職名由程摺　取履歷不出由程摺

初七日

早飯後清理文件　寫壽愷堂日記約六百餘字見客二次習字一紙小睡片刻巳正核各科批稿簿午正畢中飯後官相來辭行一談旋又見客一次閱本日文件與幕府諸君久談寫邵位西詩冊跋約二百餘字寫許仙屏信約三百字酉初寫對聯五付歐建吾丁憂在此經過戌刻余出城一弔未會植溫治安策朗誦二遍酌加圈識二更三點睡竟夕不甚成寐

初八日

早飯後清理文件寫壽愷堂日記習字一紙拜發到任日期本及謝恩摺見省標各將官一次見司道一次說河工甚不覺生氣出門至官相處送行午初歸見首府縣一次看各科批稿簿未初畢中飯後又核批稿簿未正二刻畢與幕友

談頗久閱本日文件申正畢見客一次任道鎔談頗洽佳甚
小睡直至燈初方起溫古文氣勢之屬漢文三篇二更後課
紀鴻背左傳十葉自上年閏四月起至今始將四書及詩書易
經溫畢而左傳禮記則更生未知尚可溫熟否念紀瑞紀官兩姪
皆少年秀才經書亦並深為懸慮近日當寄信示及之溫經二更三點睡尚能酣眠

附記

蕪館釐捐每年約三万金　大關約十七八万
紫竹林新關約廿万　洋藥捐約十餘万

初九日

早飯後清理文件寫無慢室日記坐見之客二次立見者一次習字
一紙小睡片刻已正核各科批稿簽午初一刻至城外送官相還
京寄請○○聖安午正二刻歸中飯後再核批稿簽至申初方
畢合之飯前共核稿一箇半時辰至幕府一談旋閱本日新到文
件出門至總督署內看屋內外徧行閱視使至刑錢二幕處一

談，歸又小睡。旋溫古文氣勢之屬二篇。二更後課紀鴻背書。寫信壽与楊彩屏及藩司各一葉，約二百字。三點睡。

初十日

早飯後清理文件，習字一紙。見之客一次，見者三次。司道談甚久。旋捡點票件。巳正核科房各批稿簽，午正二刻畢。中飯後至幕府一談。看匠人搨帖。閱本日文件。小睡片刻。申刻寫紀瑞、紀官、兩姪信，未畢。酉初寫對聯八付。傍夕小睡。旋將兩姪信寫畢，發之。溫背經書約六百餘字。旋又核批稿各件。二更後課紀鴻背書。旋溫羽獵、長楊二賦。三點睡。

十一日

早飯後清理文件，寫吳惕庵日記，圈習字一紙。坐見之客一次，立見者一次。至幕府一談。巳正核批稿各簽。午刻賀麓樵來，久談。中飯後續核批稿簽件，未正畢。閱本日文件。申刻司道來，久坐。李黼堂來一談。酉初二刻寫澄沅兩弟信，未畢。傍夕小睡。旋

再寫兩弟信畢檢查各件抄与弟閱二更後課兒背書
因明日考書院將出題目沈吟良久二更三點睡

十二日

早飯後清理文件習字一紙將書院題目寫好兒看一次已正核
批稿簿二刻至考棚費邑將書院生童名點畢余出至號舍巡
視一遍旋將題目交費邑全渠扃門監試余即回署核各科
批稿簿中飯後至未正二刻核畢閱本日文件至慕中府
一談小白睡片刻申正至書院与山長李鐵梅侍郎一談蔣
養吾來一談傍夕批新收呈詞三張小睡片刻燈又批呈詞
八張二更後課紀鴻背書檢點寄澄沅兩弟信中各物件
朗誦杜詩五七古各數篇三點睡

十三日

早飯後卯正一刻從蓮華池移居總督衙門將後出署稿等
事佈置一番清理文件習字一紙寫無慢室日記已正核各科

批稿簿中有孔永宜河道摺工稿核改約百餘字經營良久中飯後未正三刻各稿核畢 司道來久談 旋閱本日文件 申末小睡片刻 酉初二刻寫對聯五付 傍夕小睡 夜核點塵件甚多 疲乏殊甚 孏於治事 与鄭良甫一談 二更後課紀鴻背書 夜朗誦漢文二首 三點睡

十四日

早飯後清理文件 習字一紙 寫葦愓室日記 畫見之害二次竟共一次 巳正核科房各稿簿畢 中飯後閱本日文件 至藩帥府矣孰甫等處久談 又至刑錢兩幕一談 申正小睡 酉初寫對聯九付內有壽聯二付 且作且寫 作朱久香壽聯云吳楚衡文名高北斗祁鄭接武壽滿南陔 傍夕小睡 夜將書院各卷略一繙閱 二更後課紀鴻背書 溫韓文二首 三點睡

十五日

是日武廟大祀 五更三點起 至二廟率屬行禮 禮畢至官廳

与司道一談 歸飯後清理文件 見客二次 請州縣五人來看書院

各卷 寫無慢齋日記 巳初小睡 巳正核各房批稿簿 午正飯

後寫字一紙 閱本日文件 至吳摯甫等處久談 与閱文之州

縣一談 申正剃頭一次 酉初寫對聯六付 下款三付 傍夕小睡

核批劉印渠所定直隸練兵規條 細閱一遍 并加批識 二更

後課紀鴻背書 溫韓文二首 三點睡

十六日

早飯後清理文件 出門至大校場看操 初看中軍所統之練軍

千人 即直隸六軍之一也 凡演急戰陣 藤牌陣 連環陣 三圖 每圖

六七變 皆花法也 次閱趙喜義所帶之義勝後營 係洋鎗隊 而

間用長矛者 次閱李惠英所帶之義勝前營 隊伍不甚整齊

未操雜技 亦平平 無足觀 辰初升座 午初歸 核各科批稿簿

中飯後 坐見之客一次 再核批稿簿 未正二刻畢 閱本日文件 坐

見之客一次 申正後 眼倦之至 骨節酸疼 蓋因在校場 坐太久而

本日公事又太多也小睡片刻西賓兒客一談頗久寫對聯五
付傍夕小睡夜閱潘文恭公思補齋筆記二更後課鴻兒背
書又溫古文識度之屬數篇三點睡

十七日

早飯後清理文件 習字一紙 見客坐見者二次立見者二次巳
初坐二堂因非過堂訊供凡十三起中有一起翻供午初退堂核
各科批稿簿中飯後再看文童各州縣昨日未畢本日又
來余出與之一談閱本日文件至幕府吳摯甫處一談中
正小睡酉初寫對聯六付旋又核公牘四件傍夕與摯甫一
談植山西學及王曉崖編修所來一談飯後核新狀批詞五
件 二更後課鴻兒背書溫古文識度之屬數篇三點睡

十八日

早飯後清理文件習字一紙坐見之客二次請賀麓樵來閱文
因昨清州所閱書院卷恐有不當故請麓樵與摯甫廬

甫畢，再一復核也。余將各卷清點一番，略閱數卷。巳正小睡三刻許。核各科批稿簿。中飯後，萼甫府陳荔秋比部蘭彬自京來，渠曾歷常、許仙屏所薦也，與之一談。旋將批稿簿核畢。又閱本日文件。至萼甫府與閱文諸君久談。寫紀澤兒信一件，約千三百。新狀批畢，倦極不能治事。小睡頗久，不能成寐。傍夕清理零事數件。旋畫諾。為直隸清訟四種冊。二更後，課紀鴻背書。溫古文識度之屬，朗誦五首。三點睡。

附記

直隸練軍器械　二十三萬六千七百十六兩有奇　營房四萬零五十五兩有奇　買馬二萬七千二百五十一兩有奇

十九日

早飯後清理文件，習字一紙。旋生見之客三次。巳初二刻小睡。巳正一刻核各科批稿簿。中飯後至未初二刻核畢。閱本日文件。未正二刻畢。至萼甫府與陳荔秋等久談。申正見客一次，小睡片刻。酉初寫對聯八付，旋又小睡。極將清理直隸積訟擬作十條，通飭各省大小衙門。沈吟良久，始定十條規模。二更後課紀鴻背書，作清訟事宜一條。三點睡。

二十日

早飯後清理文件，坐見之客三次，司道談甚久，立見者一次。習字一紙。巳正小睡片刻。午刻核批稿各簿，坐見之客一次。中飯後將批稿簿核畢。閱本日文件。至鄧良甫處一談。申刻小睡。將陳荔秋所送之陳蘭甫澧著聲律通考一種、漢書地理志水道圖說一種，略一繙閱，服其精博。酉刻寫對聯四付。李蒲生來久談，倦。夕接紀澤初四日信。極作清訟事宜一條，二更四點畢。睡後尚能成寐。

二十一日

早飯後清理文件，至內箭道看箭，旋坐見之客二次，竟見佐雜二班，凡廿二人。習字一紙。小睡三刻。巳正核各科批稿簿，午正核畢

申飯後核本日文件 至王孝帝府一談 核改信稿以上件 又需陳舫仙信 未半 酉初寫對聯五付 至正與鄂良甫一談 傍夕小睡 夜作清訟五宜一條 二更後課晁背書 紀鴻近習靈飛經字頗長進 殊以為慰 小睡片刻 三點睡

二十二日

早飯後清理文件 習字一紙 坐見之客四次 小睡片刻 巳正三刻核批稿各簿 未半 中飯後閱本日文件 申初至陳荔秋處一談 核信稿二件 校點明日應發摺片 申正睡半時許 酉初楊杪屏 毓桐 白大名集 渠已告病 因留在署內住 談至鐙後飯畢始散 旋作清理五宜一條 二更後課晁背書 又作五宜一條 未半 四點睡 竟夕不甚成寐

二十三日

早飯後清理文件 寫黃恕皆信一 未 又添作仙屏信二葉 約二百餘字 坐見之客一次 立見者一次 習字未半 楊杪屏與余久談

巳正二刻小睡 午初核奏科 批稿簿 中飯後閱本日文件 再核批稿簿 申正畢 至(與梅屏同)幕府鬯談 習字一紙 是日摺差進京 發五摺五片 傍夕張振軒來久談 旋與梅屏一談 二更後課兒背書 作昨日未畢之清訟函 宜一條 三點後畢 睡後不能成寐 以公事太多故也

二十四日

早飯後坐見之客三次 兩司坐甚久 習字一紙 與楊梅屏一談 至書院送諸生上學 旋歸 因囚犯過堂 共十五案 內旂人承租公府地畝翻供 午初畢 清理文件 核科房批稿各簿 至未初三刻畢 陪梅屏與幕府諸君便飯 申正散 閱本日文件 核上次放告各呈批稿 直至二更始行核畢 傍夕小睡 二更後課兒背書 與梅屏一談 三點睡 竟夕不甚成寐

二十五日

早飯後清理文件 坐見之客三次 坐談均久 習字一紙 與楊梅屏

一談巳正午初小睡 午正核科房批稿簽 中飯後與樹屏談 賀蘅樵
來一談 閱本日文件 核批稿簽 申正畢 小睡半時 酉初二刻寫對聯
五付 內作一付 旋與樹屏及幕府諸君久談 夜飯後倦甚 寫四聯字
甚多 核稿 胡蓮舫信 言老湘營中哥老會在陝作亂 憂悶殊久之 核
飭作清訟事宜一條 課兒背書 二更三點睡 久不成寐 耳鳴頭暈
心悶怔忡 老年用心太過 便萬不能支矣

二十六日

早飯後清理文件 見客二次 立見之客二次 巳正小睡半時
許 午初核科房各批稿簽 畢 中飯後核釐省三長江事宜
詳三條件 將來擬批 閱本日文件 申初至幕府久談 申正小睡 酉
初二刻寫橫披一幅 約百五十字 寫對聯二付 倦久 小睡 夜飯後
清訟事宜一條 約五百字 課兒背書 二更三點睡 尚能成寐 本
日小睡頗久也

二十七日

早飯後清理文件 立見之客二次 坐見者二次 習字一紙 巳初倦甚小
睡 巳正二刻核批稿 各簿 午刻坐見之客一次 中飯後坐見之客二
次 將批稿簿核一半 閱本日文件 至刑錢二幕中處一坐 申正小
睡半時許 核改與李少泉信稿 酉正三刻寫對四付 傍夕又小
睡 夜作清訟事宜一件 條理見背書 二更三點後始成寐

二十八日

早飯後清理文件 坐見之客五次 習字一紙 小睡片刻 巳正二刻核
各科批稿簿 中飯後坐見之客二次 再核批稿簿 閱本日文件 申
初二刻畢 至幕府一談 小睡片刻 將作清訟事宜中之緝捕
一條 沈吟良久未就 傍夕又睡 夜作緝捕一條畢 約五百餘字
二更三點睡 幸能成寐 近來夜夜作文 尚能酣寢 似反勝於向
年 或壽徵耶

二十九日

早飯後清理文件 作清訟事宜一條 十條作畢 旋出門至校場

閱趙宗道所帶馬隊二營步隊五營 巳正二刻畢 小睡片刻 習字一紙 閱科房批稿稿 中飯 請刑錢二幕便飯 飯畢 圍棋二局 閱本日文件 核批稿各稿 酉初畢 至幕府久談 傍夕小睡 夜核臬司詳批三件 二更後課兒背書 又將批核畢 三點睡 是日接少泉信 得閱李申夫參案 聲名狼狽至此 亦甚平日不恤人言之流弊所致也

卅日

早飯後清理文件 再將十條核改一遍 發摺 見客二次 寫李少泉信 未畢 出過堂審囚十五案 巳初二刻過堂畢 將少泉信寫完 至幕府一談 巳正小睡半時 午初核科房批稿稿 中飯後未初二刻核畢 閱本日文件 申初畢 又至幕府一談 申正核上一告呈詞各批 酉正小睡 本日將清訟事宜摺單發出 案頭歷牘為之一清 夜將杜蘇黃山三家七律朗誦數十首 頗有讀書之樂 數月以來無此況味矣 二更三點睡

三月初一日

早飯後清理文件 坐見之客二次 立見者二次 旋習字一紙 寫昔愓室日記 小睡片刻 巳正二刻核科房批稿簿 中飯後核畢 閱本日文件 未正一刻畢 至幕府與陳荔秋等久談 申初二刻小睡 申正二刻坐見之客二次 核信稿三件 酉初寫對一付 酉刻莊中找余圍棋一局 瞑時畢 夜閱五禮通考中祀天門十葉 蓋自去年七月廿六日起至昨不看書 計凡七閱月矣 [illegible]鞅掌 老而無成 真可媿耳 旋溫放翁七律 少陵五律 各朗誦數十首 三點睡 直至五更三點方醒 誠佳眠耳也

初二日

早飯後清理文件 坐見之客一次 至箭道考驗武員二名 又點保定練軍千人名一次 習字一紙 寫昔愓室日記 小睡半時 巳正三刻核科房批稿各簿 中飯後山長李鐵梅來談半時許 旋將批稿簿核畢 閱本日文件 至幕府一談 申正

二刻核信稿三件寫對聯六付寫紀澤信未畢倦甚小睡
夜閱祀天門十二葉二更後課兒背書朗誦孟子數十章
三點睡

初三日

早飯後清理文件坐見之客二次習字一紙寫紀澤信寫李添書
雨亭信又葉添丁兩生信一葉圍棋二局午初核科房批稿簿
畢中飯後閱本日文件至英帥府與摯甫等久談將廿八日放
告呈詞核批寫對聯五付又核批四件倦甚小睡夜又核批二
件畢閱祀天門十九葉二更後課兒背書倦甚小睡三點
睡

初四日

早飯後清理文件見客坐見者一次立見者一次習字一紙寫參
惕寫日記巳初二刻至城隍廟求雨又至首自二眼泉請水歸來
率司道跪迎神水親上香行二跪六叩禮午初歸核科房

批稿簿中飯後孫蓮堂侍郎來久談大半時又核批稿簿閱
本日文件直至申正畢小睡片刻酉初寫對聯七付改新
咨批稿二件核又閱新狀三件閱祀天門第三卷十四葉
二更後課兒背書倦甚小睡三點睡

初五日

早飯後步行至城隍廟禱雨旋歸清理文件習字一紙圍
棋二局寫魯陽寫日記小睡片刻午初一刻閱批稿各簿
見客一次中飯後又閱批稿簿二本閱本日文件申初至西帥
府半時許申正剃頭一次小睡片刻酉正寫對聯三付核
將清訟事宜十條再一核改課兒背書二更三點核清訟事
宜畢明日可發刻矣睡不甚成寐

初六日

早飯後清理文件行至城隍廟禱雨旋至南門外看修府河
工程看小醒之廟閘工又拜孫蓮堂侍郎巳初歸習字一紙

午巳正小睡半時午初閱五禮通考祀天門十四葉中飯
後核科房批稿各簿閱本日文件申初二刻至幕府
一談申正小睡大半時酉初二刻寫横披一幅挂屏一幅約近
二百字傷夕又小睡極稍清訟事宜中司員所擬之限期功過
燈下核改數條二更後課兒背書背誦廬山詩十餘首三點睡

初七日

早飯後清理文件至城隍廟步禱歸後坐見之客一次立見者一次
習字一紙圍棋二局添寫彭雪琴信二葉黎蒓齋信二葉閱祀
天門十一葉中飯後核各科稿批簿閱本日文件坐見之客
一次至幕府一談申正小睡酉初再核改限期功過傷夕小睡極
又核改數條二更後課兒背書又核改一條三點睡

附記

劾案 十六前

六軍覆奏　　胡令案覆奏

初八日

早飯後清理文件 至城隍廟步禱 歸 晤見之客一次 習字一紙 再將限期功過清單核改 單改信稿二件 巳正小睡 午初閱五禮通考祀天門十七葉 中飯後核各科批稿 隨閱本日文件 申初三刻乘車至蕭府一談 出門弔夏星吾之喪歸 酉初核上次告期呈詞三張 又清理零件頗多 與鄂良甫一談 傷多 小睡 燈後將張世沅絞犯案細閱一遍 思從由緩改實 決於良久 寫一信與臬司商之 二更後課兒背書 並溫韓詩五古數首 三點睡 是日接沅弟信 常費申文之賢 不知其華職也 內有瑞官兩姪與鴻兒館字 均秀潤可喜

初九日

早飯後至城隍廟步禱 並歸 清理文件 習字一紙 晤見之客一次 又見客一次 圍棋二局 午初小睡片刻 旋閱祀天門十一葉 中飯後 崇地山自天津來 久談 閱本日文件 核批稿各件 申正畢 又晤見之客一次 至蕭府一談 出門拜崇地山久談

酉正牌小睡 閱湯文正公語錄 核改批札 清理零件 甚多 二更課兒背書 核閱補曹阮詩 五言古詩有二種最高之境 一種比興之體 始終不說出正意 姓如碩人但頌莊姜之美盛而無子已在言外 此覆說 大叔于田但誇段之雄武而鄭國將亂已在言外 一種曹阮陳張李杜往往有之 一種盛氣噴薄而出 跌蕩淋漓 曲折如意 不復知有聲韻之文 曹鮑杜韓往往有之 余錄此二境而曾未一作此等詩 自愧亦自惜也 三點睡

初十日

早飯後坐見之客二次 立見者二次 清理文件 習字一紙 又坐見之客一次 巳正小睡 午初核各科批稿 將午正三刻畢 請崇地山及兩司小宴 未初到 高堂席 申正散 閱本日文件 寫賀雲甫信一葉 至藩府久談 酉正倦甚 久睡 是日巳初閱湯文正集中奏疏稿 又閱其書牘 核改作梁勳芳貞稿 二更後課兒背書 ○作梁稷傳 單敘川 三點睡

十一日

早飯後清理文件，習字一紙，接崇地山來久談，大半時巳初。
惠因遍查歷十五案，巳正畢，與幕友圍棋二局。午初二刻
至閱湯文正集，惟傳狀碑銘之類不愜吾意，餘如語
錄告諭書牘之屬，皆有誠意扶正氣，以行其學，同年極淵
博講學，又甚公，當不可及也。中飯後核科房批稿簿，
閱本日文件，申正畢，至幕府一談，小睡片刻，閱林鄰溪
射鷹樓詩話甚久，極佳。又閱數葉，擬作案勤勞員清單。
二更後溫兒背書，又核清單，三點睡。

十二日

早飯後清理文件，崇地山來久談，又坐見之客一次，習字一紙，旋作案
勤勞員清單。巳午間坐見之客二次，又作清單一案，中飯後閱本
日文件，核各科批稿簿，申正至幕府一談，出門拜崇地山送
行，酉正歸。小睡半時，核擬作摺，未畢，將清單再核一遍，閱

孫文煥自訴補署被屢屢參二更後課兒背書讀韓讀七古杜

詩五古各數首三點睡

十三日

早飯後出時門城外送崇地山歸清理文件見客三見其一次未見其一次

習字一紙圍棋二局午初作宗劾摺未畢申飯後閱本日文件核

科房批稿各件申初至藩府一談申正小睡旋將宗劾摺作畢約

五百餘字傍夕小睡旋因張臬司調山西作一摺留之約八百字二

更四點畢課兒背書一次睡後不甚成寐

十四日

早飯後清理文件兩司來久談習字一紙出門至城外看挑河工往返

約二十里歸至蓮華池拜劉峴莊坤一渠進京陛見由此經過也申

後閱午初小睡峴莊來久談中飯後閱本日文件又核科房批

稿各件申正至藩府一談小睡片刻酉正核改宗信稿至核二更

畢凡六件課兒背書將參劾各員細核一遍三點睡

十五日

早飯後清理文件　坐見之客一次　將參劾案中派劾劉振中一員將其全卷一閱　又係列十員開一清單　居正請對　峴莊來小宴　巳正二刻散　又將參摺細細查核　午初出閶門至城外送峴莊之行　歸中飯後閱本日文件　核科房批稿各簿　申正至幕府一談　旋小睡片刻　改初八告期至批五件　傍夕與鄧良甫一談　核將明日應發七摺二片細細核對　旋派倭相等信中各一片　共派四片　二更後課兒背書　又將應發摺件查核　連日為此頗費精力　恐有差失也　三四點睡　三更二點成寐

十六日

早飯後清理文件　坐見之客二次　派摺差進京發摺七件片三件　寫字一紙　至城隍二廟求雨　歸園棋二局　午初小睡　閱怡親王奏疏　中飯後閱本日文件　核各科批稿簿　至幕府一談　坐見之客三次　黃翰仙談甚久　傍夕小睡　複將各文件清釐一番　二更後

課兒背書自寫龍神之位於署中西院更後行禮安神拈
香旋溫古文識度之屬 三點睡

十七日

早飯後至城隍廟步禱歸清理文件習字一紙閱湯文正集數
葉見客二次過堂之獄十五起巳正小睡午初閱西洋紀天平
四葉中飯後閱本日文件核科房批稿傍申初二刻畢坐見
之客一次至藩中府一談申正一刻小睡酉初二刻寫對聯四付挂屏
二幅傍夕與客一談至西院行禮燈後核限期功過章程二更後課
兒背書溫古文識度之屬 三點睡

十八日

早至西院龍神處拈香飯後至城隍廟步禱歸坐見之客一次
立見者一次清理文件習字一紙巳初寫沅澄兩弟信一件
因湖南摺差在此經過也圍棋二局小睡片刻午初閱西洋紀
天平十二葉中飯後閱本日文件核各科批稿傍申初二刻

至幕府賀藏推遷吳摯甫兩處一談旋小睡片刻酉初二刻
寫對聯六付掛屏一幅傍夕在院中閒遊夜閱林蘅谿
詩話二更後課兒背書溫古文辭雖類三點睡

十九日

早起至西院神位拈香飯後至城隍廟步禱歸清理文件習字
一紙未見之客四次見者一次巳正閱京譯觀晉祀天門二十葉
午初二刻小睡午正二刻中飯飯後閱本日文件核各科批
稿籌申初二刻至幕府久談黃翰仙新搬入署小住與之暢談
旋小睡片刻酉初二刻核上次出期呈詞至飯後核畢二更後
課兒背書溫古文辭雖類三點睡

二十日

早至西院拈香飯後首府進謁獄節略四件細閱一遍旋出與兩
司及府縣局員議獄四件議畢清理文件旋出坐堂拐訟棍孟
喜林重責枷號旋習字一紙巳刻閱五禮通考摹陳懿高祀

天明午初二刻又小睡午正二刻請賀麓樵黃翰仙等便飯未正三刻散閱本日文件核各科批稿傍申正三刻半小睡片刻寫對聯三付橫額四字傍夕又小睡夜與黃翰仙久談二更後散課兒背書略溫陶詩即已三點矣睡後不甚成寐

二十日

早起西院拈香飯後至內箭道閱射四人旋立見之客一次坐見客二次清理文件習字一紙寫無陽宮日記閱北周隋唐郊天敘門至中宗時凡二十六葉摺差歸閱京報京信等件中飯後閱本日文件核各科批稿傍申正至芸帥府一談旋小睡片刻寫對聯六付傍夕又小睡夜朗誦杜韓五古又誦所抄詩經八十篇二更後課兒背書再溫詩經三點睡三更後成寐

二十二日

早至西院拈香飯後清理文件習字一紙 吐兒之客二次 喜兒共二
人寫魯愓室日記閱棋二局小睡片刻午初閱開元禮郊祀儀
十八葉 吐兒之客二次中飯後閱本日文件核科房批稿 至蕃
府久談小睡片刻寫對聯六付傍夕剃頭一次柏黃翰仙來久
談 二更後課兒背書溫詩杜五古數首 三點睡

附記

四種四柱式再改　　押犯牌告示

廿三日

是日恭逢 皇上十四歲万壽 五更三點起黎明至 万壽宮行
禮歸早飯後清理文件 兩司來一談習字一紙寫魯愓室
日記黃鶴仙來告別一談小睡片刻閱唐肅宗以後至五代郊
天 中飯後閱本日文件核科房批稿 傍（吐兒之客一次）申正二刻至蕃府
談半時許小睡片刻亥初二刻寫對聯八付 旋核改止吹告期
呈詞四張燈後又核改五張朗誦詩經八千章 二更後課兒背

書再誦詩經三點睡

廿四日

早飯後清理文件並見之客一次立見者一次習字一紙寫黃陽室
日記圍棋二局午初後閱宋初鄭天門凡二十葉午正二刻請李鍈
梅山長便飯久談至申正三刻方散閱本日文件核科房批稿
稿簿酉初正至幕府一談燈後吃飯因說話太多不能治事將
清訟事宜再核二事小睡二更後課兒背書又小睡是日巳刻
寫紀澤信一件並見之客一次三點睡是日戌後將雨而未
成深以為慮

廿五日

早飯後清理文件首府進見知田氏丁秀東桌說帖一件細閱一
遍旋見司道并與府縣局員談獄一次又坐見之客二次立見者一次習
字一紙寫黃陽室日記小睡片刻午初閱宋朝仁宗神四朝鄭天門凡十五
葉中飯後閱本日文件核科房批稿各簿至幕府一談申正後倦

甚小睡 見客一次 酉初核信稿三件 接又核信稿三件 二更後課兒背書
溫古文情韻之屬 三點睡

二十六日

早飯後清理文件 習字一紙 見之客一次 寫黄惕室日記 圍棋二局 閱庭訓格言 午初閱宋郊天門元會元祐謝分祭天地等文 中飯後閱本日文件 核科房批稿 未畢 祁子和世長來拜 祁文端之少君 服闋入京也 旋將批稿核畢 出門回拜祁子和 歸已酉正 至岸帥府久談 旋將祁文端公詩集閱二三卷 昔年深不以為公詩為然 茲多閱數十百首 其中多可取者 二更後課兒背書 再閱祁詩 三點睡 是日全未小睡 困乏殊甚

二十七日

早飯後清理文件 費道送到所勘新城雄縣文安等處河道圖說 閱看良久 旋出與費道久談 大抵直隸水道有二 此則永定

河決口竄入大清河而新城安州雄縣受其害南則滹沱河故道不入子牙河而竄入滏水而深冀州饒陽任邱文安等處受其害害閭麥稼已壞無可挽救水旱并災民困已極焦灼之至旋習字一紙閱李次青先正事略將為作序中飯後閱本日文件核其批稿簿坐見之客一次至幕府一談中正二刻小睡再閱庭訓格言眼蒙殊甚傍夕在庭院散步夜核公事數件閱丁中丞信中奏稿一件切中事理二更後課兒背書旋作序稿百餘字三點睡

二十八日

早飯後清理文件因眼蒙遂不習字核稿二件圍棋二局午刻見客二次談頗久寫信一封與丁中丞派人前往迎接小睡片刻中飯後閱本日文件核批稿各簿至幕府一談小睡片刻見客二次作序三百字至二更止課兒背書又將庭訓格言閱一編眼蒙殊甚四點睡寬夕不甚成寐蓋昔年作文後之舊病也

二十九日

早飯後起丁雨生中丞自江南進京過此略談与共早飯飯後一談涯生出門拜客未清理文件 見客二次 雨生旋歸又与久談中（香帥七人過豐錦四凡十二集）飯後談至申初涯生出門余閱本日文件核批稿各簿酉初幸至帶中略談偶久小睡極又与雨生久談二更三點散即睡尚好

[illegible]

三十日

早起与丁中丞一談略吃飯少許卯正二刻請丁与其幕友森岩南便飯辰正三刻幸回道來久談清理文件又与雨生（[illegible]）久談巳正出城送雨生進京歸寫澄沅兩弟信一件添郭雲仙信二葉說話太多疲倦之至小睡片刻 [illegible] 先正事略序 中飯後閱本日文件核批稿各簿中正至幕中府久談旋又小睡在庭院小睡即作序文燈後將序文稿寫出約四千餘字二更畢 課兒背書 核二十三日至

詞四五點半 睡後久不成寐 三更四點始寐。

四月初一日

早飯後料理零事甚多 發題本 發奏摺 至藩中府一行 辰初三刻起行 行至永清一帶 收驗永定河工程 司道在城外八蜡廟公送行 二十五里至閻莊 打茶尖 又行四十里 午正至黑龍口中飯 容城縣境也 飯後行六十里至白溝店住宿 申正二刻始到 午刻申刻見客各一次 在轎中閱王荊石本韓文 酉刻默誦孟子 是日在途中見麥穗為旱所傷 高不過二三寸 節氣已屆收割 而吐穗極少 間有用人力施水灌溉者 高或六七寸 色青而穗亦可觀 嵇康所云一溉者後枯 信人力足以補天工之窮 然百分中不過二三分 餘則立見黃槁 縱三日之內大雨 亦無救矣 目擊心傷不忍細看 偶夕寫昨日日記 補寫本日之記 核批稿件 二更四後小睡 三點睡 涼甚 蓋不雨之象也

初二日

早飯後自白溝河起行，行四十里至新城之孔家馬頭小歇，因時僅辰正，遂未打尖，旋又行三十五里至霸州之鮑河鎮打一尖，又行十五里至霸州，凡行九十里，午未始到，中飯後坐兒之寓四次，是日在轎中閱莊子達生、山木、田子方等篇，因風甚大，日甚燥，不頗治，夕申酉間閱韓文碑誌十餘篇，小睡甚久，燈後会客一次，小睡，每念所撰先正事略序，沈吟字句之間，熟之不已，亦向來之習氣也。二更三點睡。

初三日

早飯後卯初三刻起行，行六十里至巳初二刻至小惠家莊尖。見之客二次，在轎中感受風寒，體中甚覺不適，遂着棉衣二件，又多蓋被，自午初睡至未初三刻起，中飯後閱衛門寄到邑書文件，將先正事略序漸加刪改，日內苦旱而風極大，年角旋轉，最易生疾，余以老年，吃虧風中行路殊非所堪，又念百姓麥禄已失，穫渠不能下種，將成荒

常之突又念紀澤兒在運河一帶風大河淺家眷登船膠滯難行又念招商輪遇風書箱在海中恐有不測種種懸念不勝焦灼 下半日睡最久 擬寫一信與紀澤 又小睡良久體中甚不適 小便黃赤色 二更三點睡 幸尚成寐

初四日

早飯後由小惠莊行四里許至南七工四号驗收引河工程 正月所看之坑塘已挑 隆起之沙洲已裁去雞嘴 又在洲旁挑一引河使大溜不得直注南堤 第一段引河一百四十五丈口寬十二丈底寬八丈深九尺 自第二段以下大約口寬九丈五尺至十丈不等 底寬三丈九尺至四丈五尺不等 深一丈二三尺不等 凡行二十里許至十五段工程丈尺均與第二段相同 至龍王廟拈香行禮 又行一里許 看十五段之末一截 則口寬僅九丈底寬僅四丈矣 至十六段 則口寬僅六丈底寬僅三丈六尺矣 自此以下 余因病不能往閱 十九段底寬僅三丈口寬僅二丈 不復成其為引河矣 旋回小惠家莊公館 往返約五十里至中

晌飯後接署中包書閱證沅兩弟瑞官兩姪信 因病屢睡不能成寐 接批稿數件 夜仍屢睡 二更三點睡

初五日

早飯後起行 看南岸工十三號 南五工十七號兩處工程 至南五工十四號汛署打尖 旋看南四十八號以下之引河 大約口寬八丈 底寬三丈二尺 深一丈五尺 如此者七里許 以下再開溝工七里 則更寬更淺 以上至引河頭 則口寬底寬各加二丈許 旋看十八號大埧 頗為堅實 又看十二號工切坎 甚如法 又看南岸做挑水埧二座 亦甚得力 又看九號不靠河 此坎截去雞嘴 開挖引河 申正二刻至南四大公館住宿 坐見之客二次 剃頭一次 小睡 夜徐翁任芝來久坐 拐升自京來 閱京信 京報一二件 寫本日日記 二更三點睡

初六日

早飯後見之客一次 旋起行 行三十五里至斷莊打一茶尖 又行三

十五里至新橋打尖即正月廿五日打尖之地也飯後連行五十
里許至民間捐辦決河亦於初七日合龍約夫役二千人費
錢万串内外不蒙官帑余因賞錢四百串旌又行二十五
里至新城邑住宿申正到小睡頗久躁熱已不可耐閱看
中丞奏公牘各件燈後核科房批稿僅二更後又閱看
中丞奏公牘是日在轎中温古文識度之屬三點睡

初七日

早飯後自新城起行四十里至北河打尖即正月廿六記所稱實近五
十里也楊海琴翰在此等候与之久談午初中飯後又行二十里至
固安鎮打一茶尖又行三十里至安肅邑住宿在轎中閱古文氣勢
之屬到店後小睡燈後躁熱殊不可耐核批稿數件二更三點
睡為臭蟲所齧不能成寐因改白香山詩作二句云稍有臭蟲忌
勢利貴人頭上不曾饒

初八日

早飯後行二十五里至漕河打一茶尖學兒之客二次之兒出一次旋又行二十五里至省司道在城外官廳迎接一談至署與幕府一談午正至幕府久談申飯後閱本日文件旋與幕友圍棋二局小睡片時申正二刻核批稿簿傍夕乘與紀鴻兒一談良肖一談夜飯後倦甚小睡二更後課兒背書三點睡

初九日

早飯後出城至南門外龍王廟求雨前派員至邯鄲聖井中請鐵牌初一日請到余已出省今日始拈香行禮如儀步行看新修閘工歸遇李鐵梅山長一談回署學兒之客二次之兒出一次圍棋一局小睡閱北學編中飯後閱本日文件申初至幕府久談申正後核批稿各簿酉正李蒲生來久談燈後又核藩司及費道說帖二件二更後課兒背書再核說帖溫蘇詩七古二更三四點睡

初十日

早飯後出城禱雨 歸 見客二次 清理文件 圍棋二局 小睡片刻 將桌上零雜之件清理一番 核案二件 午初閱南宋郊天門十四葉 中飯後閱本日文件 至幕府一談 小睡片刻 申正核科房批稿簿 酉正二刻畢 小睡 極 核批稿二件 二更後課兒背書 溫誦古文序跋類 三點睡

十一日

早飯後至南門外求雨 歸 清理文件 見客五次 疲倦殊甚 小睡片時 閱黃穡商詩集 本日其子來新送也 旋清檢案頭公牘數件 午初閱南宋郊天廿葉 中飯後閱本日文件 至幕府久談 小睡片刻 核科房批稿各簿 天大雷風 似將大雨 竟雨僅一洒而止 會客一次 小睡片刻 圍棋一局 傍夕與彥甫一談 飯後張臬司來久談 二更後課兒背書 改折稿一件 四點睡

十二日

早飯後清理文件出門至南門外求雨歸見客坐見共三次立見共
一次倦甚小睡巳初二刻核改所稿一件摺稿一件旋又小睡
午初閱南宋遼金郊天禮中飯後閱本日文件至藩府
久談旋圍棋二局核科房批稿各條摘夕閱陳舫仙來信
与良甫一談旋与紀鴻兒久談極溫誦中庸一編二更後課
兒背書又誦上諭至聖仁止三點睡

十三日

早飯後清理文件出門至紫門外龍母宮求雨歸署內設龍王神
位下圍蝦蟆若干土匡之內令其口含黃紙一捲紙上硃書火字四六個
又行禮旋坐見之客一次旋至內箭道看二員馬步箭旋坐堂錄
囚過堂之案十起小睡片刻旋改信稿二件午初三刻閱金元
郊天門十二葉中飯後單接紀澤信知須孫年三於十一日殤亡
皆由點牛痘之後餘毒太多在湯寧又連服大黃
故遂傷生亦由余久作大官不甚積陰德之處也未刻閱本日

文件旋又核信稿二件小睡片刻申正核科房批稿各件旋將
明日應發之八摺二片核對一遍傍夕與紀鴻一談核閱河間
所著兵書曰窺妙 引其閱數十葉二更後課兒背書溫上論
四幕三點睡

十四日

早飯後清理文件出門至此閱外求雨歸又至後院行禮旋坐見
之客三次核改信稿一件 圍棋二局小睡片刻 午初閱元郎天
門卿三十三葉粗一涉獵實未深入遇目已全昏矣申飯後閱本日
文件 至幕府久談 天氣炎蒸小睡申正三刻又至後院行禮
核科房批稿各件 傍夕小睡 燈下核改陳元禄案批約改
三百餘字課兒背書旋又改一批二更三點睡

十五日

早飯後清理文件至此閱外禱雨歸至後院行禮見客舉人王蔭
戴即著窺妙引其與之談甚久程兩司來見幫員缺之簽旋

小睡頗久巳正將藩司所送通省歷年出入大數細閱一遍寫
一信與藩司約近三百字又小睡片刻午初閱元未明初郵天廿
五葉中飯後筆閱本日文件未正至幕府久談申初二刻小
睡申正核科房批稿簽直至酉末方畢燈下又核信稿批稿
各二件倦甚不能治事心目俱勞悴矣二更後課兒背書至
後院露坐三點睡

十六日

早飯後清理文件出門至北關求雨歸見之客二次談頗久又坐
見客一次亦見客一次小睡片刻坐堂錄囚凡九案又小睡
片刻改信稿一件約二百餘字又改一件未畢午初劉峴莊
出京來此久談因留便飯未正始去閱本日文件將信稿一件改
畢至幕府一談觀荔秋所畫直隸圖縱一丈橫八尺六寸鋪於院
中久看申正二刻核批稿各簽酉正出城拜劉峴莊久談歸燈後
閱良甫所作制藝四首與之一談二更後課兒背書溫杜詩五古

觀其筆陣伸縮吐茹之際絕似史記懷古人有謂杜少陵似太史
公者不記是東坡之言乎 抑他人之言乎 三點睡

十七日

早飯後清理文件 坐見之客二次 李文敏談甚久 立見者二次 習
字一紙 又坐見之客一次 巳初小睡半時 巳正寫黃愓 寫日記 午
初閱琅邪天門二十葉 中飯後閱本日文件 至幕府一談 未
正二刻越南國陪臣三人來見 一翰林直學士黎峻 字叔嵩 号
蓮湖 一鴻臚寺卿阮思僩 字恂叔 号雲麓 一翰林院侍讀黃
竝 字偕之 号雲亭 與之筆談良久 又令阮恂叔錄其近作過
張桓侯故里五律一首 申初二刻去 小睡片刻 申正核批稿各
簿 酉初三刻寫對聯五付 扁三幅 黎阮黃三人面求 故書以贈之
也 至夜始畢 倦甚 二更後課兒背書 溫杜詩十餘首 三點
睡

附記

溫洪傳原本　先正事略序　抄蘇源生文　兩月日記
申夫信　五姪信　清訟事宜
十八日
早飯後清理文件　見客坐見者二次　閱王伯申經義述聞中通
說　圍棋二局　小睡片刻　巳正二刻寫無慢室日記　午初一刻閱
明世宗以後郊天門　十七葉　中飯後閱本日文件　至幕府
久談　坐見之客一次　小睡片刻　申正後核批稿各簿　酉初二刻
後寫對聯八付　立見之客一次　因許仙屏放貴州主考　又至幕
府一談　燈後寫零字頗多　溫李蘇七言律詩　二更後課
兒背書　又溫誦律詩　三點睡
十九日
早飯後清理文件　坐見之客一次　小睡片刻　圍棋二局　閱王氏通
說　又小睡三刻許　閱劉印渠六軍章程　午初閱通考祈穀
門　十七葉　中飯後閱本日文件　至幕府久談　旋小睡　閱王

民通說數葉　申正二刻核科房批稿各簿　傍夕小睡　是日寫
祖先神位安於中廳　未刻行禮　以明日家眷可到也　夜温書
又識度之屬　二更後温五古　三點睡

二十日

早飯後清理文件　坐見之客四次　立見者一次　辰正後送眷屬來者
陸續進署　巳正全眷俱到　內人病後失明　孫兒元七殤於寶秀
堡有小疾　既喜室家之團聚　亦因此增戚損也　与妻子等久談
午初閱祈穀門　十七葉　中飯後閱本日文件　至幕府刑錢兩
處一坐　又至摯甫等處一坐　小睡片刻　申正三刻始核批稿　而
王霞軒到　久坐　傍夕去　夜核批稿簿　二更後核十三日至狀詞批
六件　三點睡　三更後成寐

廿一日

早飯後清理文件　旋至箭道考驗四員　見客坐見者二次　立見者
二次　辰正後圍棋二局　巳初二刻核改信稿八件　巳正一刻小睡　午初

閱五禮通考大雩門十五葉中飯後閱本日文件 小睡良久 申正核科房批稿簿 酉正李蒲生來久談 傍夕又小睡 核批稿二件 夜溫杜翁山谷七律 渴睡殊甚 二更後課兒背書 又溫律詩 三點睡

廿二日

早飯後清理文件 圍棋二局 見客坐見者二次 立見者一次 小睡片刻 巳正閱直隸六軍始末卷 午初閱大雩門二十五葉 中飯後閱本日文件 至幕府與摯甫等久談 坐見之客一次 是日因孫兒元七孫女寶秀患病 屢入內室探問 寸心焦悶 申初小睡 申正核批稿各簿 酉正又小睡 核信稿一件 夜溫古文識度之屬 二更三點睡

廿三日

早飯後清理文件 坐見之客三次 立見者一次 自辰正至巳正送次小睡 送視孫兒女之病 旋核信稿五件 閱直隸六軍全

巳午初閱大雲門二十葉 中飯後閱本日文件 小睡頗久 申正核批稿各件 酉正寫對聯八付 夜溫古文序跋類 二更後課兒背書 心緒不安 屢次小睡 三點後睡

廿四日

早飯後清理文件 旋圍棋二局 兩司來談一次 因紀兒紀如痢疾 憂悶殊甚 迭次小睡 在床閱經義述聞 黃梅高詩集之類 心緒甚不安也 添寫申夫信又三葉 巳正寫澄沅兩弟信三葉 午初閱大雲門 明畫門凡十六葉 中飯後閱本日文件 小睡良久 紀兒四肢冰冷 舉家惶懼 旋又少愈 申正核批稿各件 酉刻寫對聯三付 扁一方 夜又閱經義述聞 借以遣愁 二更三點睡

廿五日

早飯後清理文件 坐見之客三次 圍棋二局 摺弁過此 發家信及湖南信三封 小睡 閱經義述聞 午初閱明畫門十二葉 中飯後

閱本日文件　唐堯海之子亦藻來久談　旋至蕃府久談　申正
李壬材來久談　核本日批稿　各件閱孫兒孫女之病少愈　暮之
少憩　寫對聯三付　掛屏一張　約百餘字　傍夕小睡　旋溫古文
序跋類　二更後課兒背書　又溫古文三首　三點睡

二十六日

早飯後清理文件　旋圍棋二局　昨日孫兒女之病少愈　今日又翻
焦悶之至　小睡片刻　巳初二刻閱明史門　至午正二刻　閱三十八
葉　中飯後閱本日文件　丁中丞雨生來久談　申正　旋又核科
房批稿件　唐堯海來一談　屬至內室探問病狀　傍夕小睡　燈後
雨生又來久談　二更後課兒背書　旋閱唐堯海先生所著朱子
學案　三點睡

二十七日

早起漱口　飯即至丁中丞處一談　歸坐見之客二次　竟見者一次　旋
請丁中丞來便飯　久談　巳正医張田江南書畫錄因八葉　午初辛

閱明畫門十葉中飯後閱本日文件与李壬叔圍棋二局小
睡片刻申正核批稿各件李宗臣自京　陞兒由江南過此久
談旋寫對聯五付傍夕小睡是日孫兒女之病漸愈核閱朱子
學案二更後課兒背書又閱學案三點睡

二十八日

早飯後見客坐見者三次立見者一次圍棋二局小睡閱朱子學案
午刻閱唐明畫門三十葉中飯後閱本日文件郭遠堂中丞
來久坐至幕府一談申正核批稿各件孫兒病勢增劇深以為
憂酉刻至遠堂處回拜棋小睡二更後課兒背書溫誦論語三
點睡

二十九日

早飯後清理文件為孫病占一卦郭遠堂來一坐旋送之至城外歸
因天氣久旱人口多病焦悶之至不治一事屢次小睡巳正後改摺
稿一件中飯後閱本日文件余向在軍遇極焦悶之時或竟日

昏昏倦臥，蓋由精力不足，志難帥氣，近二日亦有此景況。申初小睡。申正核批稿各簿。酉正寫對聯數付。孫兒少愈，而孫女發熱殊甚。傍夕小睡。燈下將直隸六年金卷細閱。二更後課兒背書，又看卷數件。三點睡。

五月初一日

早飯後清理文件。坐見之客三次，立見者一次。又閱六軍卷宗。午刻坐見之客一次。是日孫兒病不如昨日之輕，孫女更劇，深以為慮。中飯後閱本日文件。小睡片刻。屢入內室視小兒病狀。申正核科房批稿簿。酉刻寫對聯七付。傍夕小睡。燈下閱六軍金卷，草草閱畢。二更三點。是日午後小雨，陸續下，至傍夕燈下間略大，二更後尤大，約計得雨三寸許。公事可以辦，雖小口多病，焦悶無已。

初二日

早飯後清理文件。立見之客一次。卯正秋審過堂，余坐上大堂，兩司及史臬司傍坐，順天、保定、永平等府州次第過點，每點一名，余賞錢五百文，官備賞大臣子八千，約一個時辰點畢。旋又見司道久談。巳正小睡。圍棋二局。午初閱宋明史門十八葉。中飯後畢，閱本日文件。申初小睡。申正見客一次。核批稿各簿。酉正寫對聯五付。傍夕又睡。紀兒本日小愈。夜核對寫好之摺多件。二更後課兒背書。旋核批一件。三點睡。

初三日

早飯後清理文件。李壬耕來一談，回京。又坐見之客一次。小睡一次。余夏間飯後脾困，不能治事，由來已久。旋閱朱子學案十餘葉。核信稿一件。巳正閱南宋明史門三十七葉。因紀兒之病久不愈，又念余日衰老而學業一無成，應作之文甚多，總未能發憤為之，忝竊虛名，毫無實際，愧悔之至。老邁如此，每日辦官事尚不能畢，安能更著述耶。中飯後閱本日文件甚多。坐見之客一次。至幕府一談。申正核批稿各簿。酉正寫對聯五付。夜看公事數件。二更後課兒背書，溫古文，書讀之屬。三點睡。

初四日

早飯後清理文件 見之客一次 立見者一次 困倦小睡 念祖父三代墓道之文未撰 寸心焦灼如有芒刺在背 閱朱子學案十餘葉 巳末閱宋末及明代墓門 五帝門 見客一次 中飯後閱本日文件 申初小睡 閱朱子學案 申正核各科批稿簿 傍夕畢 夜核廿八日呈詞批 二更後課兒背書 閱丁雨生所刻牧令書 三點睡

初五日

早飯後僚從人等叩賀節喜 清理文件 小睡 兩次閱牧令書輯要 巳刻寫萬惕室日記 午刻閱五禮通考五帝門寒暑門 中飯後閱本日文件 又小睡 申初法國傳教士徐指理未見 申正核一批稿各簿 至酉刻 坐見之客一次 小睡 是日紀兒病瘧劇 紀女病尤劇 覆焦閣之函 旋閱牧令書 旋溫古文序跋類 二更後課兒背書 又溫序跋類 三點睡

初六日

早飯後清理文件，倦甚，小睡。旋坐見之客二次，立見者一次。巳初坐
堂審案，過堂者九起。旋小睡。閱牧令書。巳正二刻閱五禮通考，日
月門二卷，四十一葉。酷熱，一涉攔，全未入理。中飯後閱本日文件甚多。旋
又小睡。申正坐見之客三次，皆湖南人出京過此者。鍾仲甫、李健齋
談甚久。旋核本日批稿各簿畢。孫兒因病甚，起念，進閱之至
核將江南北大營紀事本末閱一過，杜小舫寄來者也。二更後課
兒背書，溫古文序跋類。三點睡。

初七日

早飯後清理文件，兩司來，久談。又坐見之客二次。小睡片刻。
午刻坐見之客二次，談頗久。閱五禮通考星辰門，已十二葉。中飯後閱
本日文件。孟莘甫府一坐，雅又小睡。申正核批稿各簿，至初二
刻。寫匾一方、對五付。以孫兒病未痊，進閱之至核（閱）江南大營紀
事本末。二更後課兒背書。三點睡。

初八日

早飯後清理文件 許仙屏放貴州主考 自此經過入署來與之久談 又因至幕府一談 旋見之客二次 小睡片刻 已初正又與仙屏久談 午初閱五禮九宮貴神太乙門 中飯請仙屏與李健齋便飯 未正散 閱本日文件 小睡片刻 申正核批稿各簿 旋又小睡 疲困殊甚 拉仙屏又來久談 渠即在幕府一宿 明日四更起行前進也 二更後閱江北大營紀事本末 三點睡 是日公牘中有樂亭人史夢蘭所著各種書 略一繙閱

初九日

早飯後清理文件 閱孫兒肺疾冷汗甚多 進盧之遜占卦一次 陳心泉出京過此久談 小睡 已初寫芝懷室日記 午初閱五禮風師雨師門 方澤祭地門 中飯後閱本日文件 小睡 撥刻 申正坐見之客一次 核批稿各簿 酉初二刻剃頭一次 孫兒女之病未愈 是日內人又病 紀澤亦病 溫症呻吟 殊覺愁悶 燈後核初三日呈詞各批 二更後閱江北大營紀事本末 未溫項羽本紀 三點睡

初十日

早飯後清理文件，坐見之客二次，司道談頗久。巳刻陳心泉來久談。小睡片刻。寫茶陽宦日記。將深澤、衡水兩縣所案各匯查核一番。趙宗道來一談，令其帶隊至深澤劉補。午刻楊石泉來久談，渠由浙藩陛見過此也。中飯後閱本日文件。閱五禮方澤祭地門。申正核批稿各簿。酉初三刻回拜楊石泉，久談。傍夕小睡。極李蒲生來談。二更後課兒背書。三點睡。

十一日

早飯後清理文件，坐見之客三次，立見者一次。小睡片刻。巳正閱五禮方澤祭地門。核改信稿四件。寫茶陽宦日記。將細兩所收地糧考核一番。午正請楊石泉便飯，直至申正方散。閱本日文件。核核科房批稿簿。酉刻寫對聯五付。傍夕小睡。極擬改摺稿，未采閱發信件。二更後課兒背書。日來因旱象已成，家人多病，焦灼之至。念生平稍致力於古文，思於有所述

作今老邁而一無所成深用自傷又接到直隸頗有民望今諸事皆難振作恐虎頭蛇尾為人所嘆尤為內疚於心展轉慙沮刻不自安三點睡

十二日

早飯後清理文件見客坐見者二次考驗武官弓馬五人於院信稿十餘件辰正二刻畢擬作金陵官紳昭忠祠碑記構思良久至午正而未成一字中飯閱本日文件未正申初又擬作文而不果申正核科房批稿簿酉正仍反覆構思至燈後終無所成余之文思鈍拙固如此耶抑老年衰邁近日心緒不佳乃致然耶本日因紀澤病頗重尤為懸系在溫史記三篇二更後課兒背書三點睡

十三日

早起至關帝廟祭祀旋歸飯後清理文件坐見之客一次小睡片刻辰正圍棋二局已初擬作覆奏直隸練軍摺稿構思良久

並至午正未成一字与昨日相同中飯後閱本日文件旋作摺稿百餘字申正核批稿各簿李佛生來一坐酉刻小睡燈後作摺約五百字未畢二更三點睡

十四日

早飯後清理文件見客坐見者二次立見者一次旋坐堂審案過堂者十起又作摺稿沈吟久之竟成以蘇軍之最難籌餉心甚戚竹坡文不克就耳中飯後閱本日文件未正三刻至李鍾梅山長處一談因昨日書院館課諸生多不交卷一閱而散也歸核批稿各簿又作摺稿百餘字桓作三百餘字二更完畢可之條理与文氣不稱意課兒背書核初八日五詞批稿三點睡

十五日

早飯後清理文件旋坐見之客二次立見者一次同道談甚久旋小睡片刻巳初核改信稿三件巳正改片稿一件午正畢中飯後閱本日文件申初小睡申正核批稿各簿酉刻久睡桓閱朱子學

業二更後課兒背書又閱學案數葉三點睡

十六日

早飯後清理文件見客三見者一次坐見者一次旋閱朱子學案小睡添李少泉信二葉寫張振軒信二葉午刻閱朱子學案中飯後閱本日文件翁養吾來久談至節府一談李錦梅來久談核科房批稿各簿旋又小睡傍夕與紀澤一談旋閱古文傳誌類下編二更後課兒背書又閱古文二首三點睡

十七日

早飯後清理文件史經之來一談閱長蘆鹽法志大致偕權一過蓋余到任百日而於鹽務全未講求故略一繙閱旋寫劉霞仙信一件澄沅兩弟信一件小睡兩次中飯後閱本日文件坐見之客一次立見者一次小睡片刻申正核科房批稿簿酉刻寫對聯七付傍夕小睡夜改昨日摺稿片稿二更後課兒背書溫古文識度之屬三點睡

十八日

早飯後清理文件 坐見之客二次 立見者一次 至書院一坐 前
日諸生一鬨而散 本日補行為課 余親送考也 歸小睡良久 寫
無慢室日記 將同治四年挑挖下口工程全卷一閱 擬作古
文久不能動筆 坐床上轉側不安 中飯後閱本日文件 申初
又小睡頗久 申正核批稿各簿 酉正又睡 蓋思作金陵官紳
昭忠祠碑 而不能成 遂竟日昏睡 如醉如癡 向來習懶惰而
數十年因循不肯苦學作文 至今已衰 悔無及矣 夜閱古文
鈔記類 二更三點睡 是日閱朱子詩數十首 申初得雨寸許
為之小慰 猶不能救旱災也

十九日

早飯後清理文件 坐見之客一次 坐堂審案 凡過堂者十一
案 旋小睡片刻 巳正改摺稿一件 片稿一件 中飯後閱本日文
件 閱彭詠莪文集 申正核科房批稿各簿 大雨將及一時

約二寸許，為之少慰。傍夕小睡良久。夜將明日應發摺片各件細細校對。二更後課兒背書。又作片稿一件，二百餘字。三點睡。

二十日

早飯後清理文件。坐見之客三次，立見者一次。旋至幕府與張振軒一談。改信稿三件。繙閱李茶陵文集。午刻小睡。中飯後閱本日文件。李佛生來，一談。申刻正核科房批稿各簿。酉刻迭次小睡。夜作金陵官紳祠記百餘字。二更後課兒背書，觀其所作制藝，略有清氣。四點睡，較尋常略遲二刻許，便不能成寐，四更後始成寐。

二十一日

早飯後清理文件。見客一次。至內籤道看箭一次。上半日不治他事，作官紳祠記二百餘字。中飯後閱本日文件。蕭廉甫來，一談。閱先正事略。申正核批稿各簿。酉初小睡。再閱先正事略。夜作文起草數十字。二更後課兒背書，朗誦古文三

當三點睡 是日發七摺四片

二十二日

早飯後清理文件 兩司來一見 李雨亭方伯進京還 久談 又見客一次 將作文而不能成 屢閱先正事略 屢次小睡 不覺過混一日 余生平光陰似此耗去者多矣 中飯後閱本日文件 申刻核科房批稿各簿 酉刻寫扁四方 對四付 傍夕又與雨亭一談 溜階 夜飯 二更後課兒背書 略閱湯文正語錄 三點睡

二十三日

早飯後清理文件 見客坐見者一次 立見者二次 作官紳祠記約四百字 午刻畢 叙次甚亂 文氣散漫 竟不成文 愧恧之至 小睡片刻 中飯後閱本日文件 閱先正事略數篇 申正核批稿各簿 酉刻寫扁二方 對五付 傍夕小睡 夜閱古文奏議類 當將十八日呈狀之批核畢 二更三點睡

廿四日

早飯後清理文件 見客坐見者四次 立見者一次 趙惠甫自江南來 談甚久 旋又閱先正事略 屢次小睡 未能治一要事 中飯後閱本日文件 申初幕府蕭廉甫來一談 申正核科房批稿各簿 稍緒 閱五代史 夜閱古文敘記類 二更後課兒背書 又閱古文數首 三點睡

廿五日

早飯後清理文件 坐見之客（生疎）三次 立見者一次 星期也 旋送蕭廉甫進京 一談 以直隸公事擬將畿輔通志細閱 稍將京師一卷閱畢 又閱田賦 河渠 鹽政 兵制諸卷 均不甚了了 不知作者果未得要領乎 抑余不善閱乎 雍正間所修之志 至今情形亦多不合矣 中飯後閱本日文件 旋閱湖海文傳 申正核批稿各簿 酉初閱曝書亭集盡 江南書箱將到 取一涉獵 亦苦茫歸宿之然也 申偏夕

与紀澤一談 燈後閱曝書亭集 二更後課兒背書温古文
識度之屬 三點睡

廿六日

早飯後清理文件 旋見客坐見者二次 立見者一次 小睡片刻起
將抄鹽法志而閱永定河北下四汛口廿一日甫經奏報合龍
廿二日即已決口 憂憤愧悚 不能自釋 旁皇繞室 不能治事
旋將張文端公聰訓齋語温習一過 中飯後閱本日文件 小
睡片刻 申正核批稿各簿 酉刻寫對聯五付 見客一次 傍
夕小睡 核改陳右銘信稿 二更後課兒背書 四點睡 前
因久不下雨 孫兒女多病 心緒惡劣 近聞蝗蝻間起 永定
河決口 尤為焦悶 為疆吏者全仗年豐民樂 此心乃可自怡
若事事棘手 則竟日如在桎梏中矣

廿七日

早飯後清理文件 見客坐見者一次 立見者一次 改陳右銘信稿

政事与之論古文之法已正小睡午初閱葉水心文集中飯後
閱本日文件旌函幕府久談申正核批稿簿旌閱惜抱
軒集旌仍閱惜抱集二更後課兒背書誦古文集證類
數首三點睡

廿六日

早飯後清理文件坐見之客一次立見者一次彭楚漢來見
一談小睡片刻閱白香山集因近日胸襟鬱結不開故思以陶
白蘇陸之詩及張文端之言舒之也已正閱五禮通考方澤
祭地門午刻趙惠甫來久談中飯後閱本日文件寫澄沅
兩弟信寫匾一單梅寫澄沅弟信知科九姪紀湘取郡案首
深為喜慰又寫以寄家子姪取郡首者四人恐惹鄉人議評
亦不能無隱憂申正核批稿各簿酉刻剃頭一次戌初小
睡旌閱古文書說類二更後溫詠孟子四點睡

附記

現職　日查四人　考核一下　常以批牘　常派員訪
後將　月作二藝　二通料理　酌批牘書　陰託端士

廿九日

早飯後清理文件　坐見之客一次　旋出至審案過堂共十二
起　陳作梅　李勉林等自江南來　與之久談　巳正小睡　又坐見
之客一次　午刻閱方澤祭地門三十葉　中飯後閱本日文件
閱白香山集　小睡　申正核批稿各件　酉初寫對五付　偏夕又
睡　旋核廿三日呈詞各批　二更後課兒背書　溫孟子滕文公
上下篇　四點睡

六月初一日

早飯後清理文件　見客坐見者二次　立見者一次　寫[illegible]室日記
辰正小睡　巳刻閱五禮通考　社稷門　并祭地門之末　二十七葉　又
小睡片刻　午正二刻請陳作梅　李勉林等五人吃飯　申初散　旋
閱本日文件　申正核批稿各件　旋又小睡　寫對聯五付　旋閱姚

惜抱文集 二更後課兒背書 溫孟子離婁上下篇 四點睡

初二日

早飯後清理文件 見客一次 寫芝陽宦日記頗多 小睡片刻 巳正將所閱五禮通考中之目標寫於另本之書面 僅寫一本 自覺費力 蓋老態竟不能作小楷矣 午刻閱漢書高紀二十葉 取此書略點 校之五禮通考易於尋業也 中飯後閱本日文件 見客一次 李佛生來坐 久談 申正核批稿各件 酉刻倦甚 小睡 旋溫萬章上下篇 告子上篇 二更後課兒背書 閱韓文十餘篇 四點睡

初三日

早飯後清理文件 旋寫芝陽宦日記 約六百字 巳初小睡 巳正閱漢書高紀三十五葉 小睡片刻 中飯後閱本日文件 閱趙與旹賓退錄 申正核科房批稿簿 旋又小睡 因紀澤患病 為之系念

燈後見客一次 將論語中言仁處彙書一紙 分為子目四條
二更後溫古文下篇 四點睡

初四日

早飯後清理文件 旋至龍世官寧居行禮 送錢 拜還邯鄲知
縣 途至陳作梅李勉亭等處久談 歸署見客一次 巳正將李
忠武公行狀等細閱一遍 午初閱漢書孝惠紀 中飯後閱本日
文件 小睡片刻 申正核批稿各信 旋至花園兩處久談 傍夕
又小睡 核擬李忠武神道碑 作 僅作百餘字 二更四點睡 念
年光而一無所成 又生平溫剛結怨不少 愧悔無已 反覆
進閱竟夕不能成寐 此近年所未有也

初五日

早飯後清理文件 坐見之客二次 立見者一次 小睡半時 巳刻
易臣蓮來久談 旋作神道碑數行 陳作梅來久談 談論以後
閱本日文件 有買新書曰朱書百選 選朱子之古文也 繼閱一

過小睡片刻申正核批稿各簿酉刻閱聖祖庭訓格言又小睡燈後再作神道碑約作三百餘字二更四點睡尚能成寐

初六日

早飯後清理文件坐見之客三次立見者一次旋李勉林黎蒓齋來久談小睡半時許作神道碑百餘字中飯後閱本日文件小睡片刻閱賓退錄閱楊忠愍公諫馬市疏嚴嵩二疏原稿申正核批稿各簿酉刻小睡良久燈後又作神道碑二百餘字枝枝節節而為之竟覺一字甚艱不知何以文思大退精力大減一至於如此少壯不努力老大徒悲傷信有然矣二更四點睡尚能成寐

初七日

早飯後清理文件作客座示僚屬四條旋傳見州縣二員与之久談又坐見之客一次小睡半時巳正改摺稿一件午初

閱賓退錄閱朱子書數首中飯後閱本日文件見客一次作神道碑百餘字粗畢申正核批稿各簿兩刻寫對聯七付傍夕小睡核作銘墓百餘字未畢二更四點睡

初八日

早飯後清理文件旋〻見之客二次坐見者二次小睡片刻核信稿一件午刻英西園中丞來久坐作銘詞數十字中飯後閱本日文件又作銘墓百餘字畢申正核批稿各簿兩刻李佛生來久談傍夕小睡核因所作碑銘之墓差可而序太寡因思就前改而難於下筆沉吟久之溯改數處二更後閱韓歐文數首三點睡〻後出汗甚久天已熱矣

初九日

早飯後清理文件旋傳見細狗二人談頗久又立見之客二次辰正坐書錄因遏重點凡十二起遏遲重後小睡半時午初閱漢書

高后紀七葉、孝文紀二十葉。中飯後清理文件。旋閱朱書西選。小睡片時。申正張振軒來一談。旋核本日批稿簿。傍夕華小睡。燈溫誦韓文。二更四點睡，熟甚。

初十日

早飯後清理文件。旋見司道一次，首府等一次，坐均頗久。又傳見之州縣一次。小睡半時。巳正（改信稿三件）芸善徵、蔡萬高來，久坐。閱漢書景紀七葉。中飯後閱本日文件。又閱景紀三葉、武紀十葉。小睡片刻。申正核各科批稿。酉刻料理明日摺稿各件，校對一遍。傍夕小睡。燈後接家信，知外舅歐陽福田先生於五月初九日棄世，年八十四矣。溫誦孟子盡心篇上下。二更後溫古文情韻之屬。四點睡，不甚成寐。

十一日

早飯後清理文件。旋坐見之客三次，談均頗久。竟見者一次。小睡半時。巳正二刻閱漢書武帝紀二十葉。中飯後閱本日文件閱昭帝紀三葉閱趙忠毅公所著史記申正核批稿各簿酉刻繙閱先正事略數首小睡良久核閱朱子學案十餘篇温古文學類纂二更後与鴻兒講西銘雅又温古文三篇四點睡竟夕大雨如注農田得此堪慰而永定河及各處堤更堪憂矣

十二日

是日為先妣太夫人忌辰早飯後清理文件旋見客坐見者一次立見者一次小睡半時巳刻又見客一次閱漢書昭帝紀七葉宣帝紀二十六葉午刻莫善徵黎蓴齋來久談小睡片刻中飯後閱本日文件核改信稿二件申正核科房批稿各簿酉刻核覆吳竹如信稿約改三百字倦甚不睡核將紀澤所作文批畢二更後温古文論辨類四點睡

十三日

早飯後清理文件小睡片刻 坐見之客二次 立見者一次 又小睡
半時 蓋余夏間有脾困之症 飯後則脾倦思睡 往往於會
客之時 渴睡不可忍 雖云病症 亦不能盡致以支撐之可
愧也 巳初閱孝元孝成本紀三十二葉 午刻閱宋子京集諸論
之屬 中飯後閱本日文件 趙惠甫來一談 申正核科房批稿
各簿 酉刻在室中徘徊 久深以精力衰老 學問無成為
恨 小睡片刻 燈後閱紀澤所作論雜溫李文論辨類酌加
圈識 二更五點睡

十四日

早飯後清理文件 坐見之客二次 出堂錄囚 過堂者十二案
補秋審者三案 巳初一刻 坐見之客一次 小睡片刻 巳正一
刻 閱漢書孝哀孝平二紀 閱陳勝傳 中飯後閱本日文件
將陳勝傳閱畢 李佛生來一談 申正核批稿簿 酉刻改信
稿一件 約改二百字 四川臬司英祥來久談 傍夕小睡 核

核六月初八日呈詞批札溫古文論辨類二更四點睡

十五日

早飯後清理文件 圍棋二局 見客三次 司道談甚久 竟見之客二次 小睡半時許 巳正作梅乾林來久談 閱漢書項羽傳廿三葉 中飯後畢閱本日文件 申初閱朱子學案中敦字一門各文 申正核批稿各簿 酉刻又閱朱子學案 小睡頗久 核月錄 自燈後補錄一更末 倦甚 二更末後元旦行禮三次 派知府四員及文武等隨同行禮 閱性理精義中學類一門 二卷 約七十餘葉 三更睡

十六日

早飯後清理文件 小睡 見客一次 談頗久 旋又小睡頗久 巳初閱漢書張耳陳餘傳三葉 傳韓信傳共三十二葉 中飯後畢閱本日文件 申初至幕府一談 申正核批稿各簿 酉初剃頭一次 傍夕小睡 核溫古文詞類管覆論辨類十葉序跋類

十葉近來常以衰老而學問無成爲悵數日內又有腰疼之
疾痠困已極常常思睡 二更三點睡

十七日

早飯後清理文件 坐見之客一次 立見者一次 李山長來久坐至
子崇文來一坐 小睡半時 巳正閱漢書韓彭英盧吳傳 荊燕吳
傳 中飯後已久乃畢 閱本日文件 小睡片刻 申刻核
批稿各簿 酉刻寫扁二幅 聯四付 核溫古文、類纂序跋
類二十八葉 二更四點睡

十八日

早飯後坐見之客三次 立見者一次 清理文件 小睡半時 巳
正閱楚元王傳三十二葉未畢 中飯後閱本日文件（寄歐陽牧雲兄弟信一封）
核閱性理精義 小睡片時 申正核批稿簿 核畢天已
暝 蓋晝晷漸短矣 傍夕小睡 燈後左腳膝後作癢 不知係
受風與抑老年所留腳腫 與溫古文序跋類十

二葉腳疼而精力疲憊不能治事在室中徘徊而已二更三點睡

十九日

早飯後清理文件旋坐見之客一次小睡半時旋閱李勇毅公行狀將為之作神道碑狀甚長細閱二編中飯後閱本日文件旋作神道碑百餘字中正核科房批稿簿酉刻寫對聯六付傍夕小睡燈後又作神道碑五百餘字二更三點睡

二十日

早飯後清理文件坐見之客四次立見者一次旋小睡半時許巳正作神道碑百餘字中飯後閱本日文件小睡片刻申正核科房批稿各簿酉刻寫匾一方對六付傍夕小睡燈後作神道碑二百數十字二更三點睡

廿一日

早飯後清理文件坐見之客一次立見者一次小睡片刻辰正一

刻法畫審案十二起，至巳正，中有一起翻供。作神道碑百餘字。午初有蜀人黃啟思字靜甫者，學識俱優，來此久談，大半時。中飯後閱本日文件，作神道碑文草。申正核科房批稿各簿，旋作銘辭，傍夕小睡，燈後又作銘辭，至二更四點。作草約千七百字，銘文甚艱，觀而三日作草，稿上次已略速矣。睡後尚不成寐。

廿二日

早飯後清理文件，見客三次，立見者一次，辰正小睡頗久。閱繙趙高邑、顧端文等傳一閱，思將李忠武、勇毅兩碑修改一遍，而良久不就。中飯後閱本日文件，閱惜抱軒文集。申正核批稿各簿，酉刻寫對聯六付，傍夕小睡頗久，燈後又思改碑文而不果，閱姚惜抱文集，二更四點睡。

廿三日

早飯後清理文件，見客二次，談頗久，小睡片刻，將改前作碑銘而不果寫朱修〻伯信二葉 添黃廙甫信一葉 巳正二刻閱劉歆傳季布等傳髙五王傳二十四葉 中飯後閱本日文件 陳作梅來久談 李佛生來久談 核科房批稿多件 傍夕始畢 小睡片刻 在閱近思錄 旋溫古文奏議類 二更四點睡

廿四日

早飯後清理文件 坐見之客三次 翁養吾談頗久 小睡片刻 巳初三刻閱漢書蕭曹傳張陳王傳 凡三十三葉 中飯後閱本日文件 小睡片刻 至幕府久談 申正核科房批稿各件 酉刻寫對聯七付 閱近思錄數葉 寫目錄於書皮 傍夕小睡 在溫古文奏議類 疲倦殊甚 昏〻欲睡 不知何以衰憊若此 念學術一無所成 於為桑榆晚景之計 而精力日頹 愧恨無已 二更三點睡

廿五日

早飯後清理文件 堂見之客二次 衙門畫期也 旋又堂見之客
四次 立見者一次 湘潭王子團虞恩自湘來見 談甚久 已初正一刻
客散 小睡 已正 閱周勃傳 樊酈滕灌傳 二十二葉 中飯後
華閱本日文件 未正二刻 惠甫來一談 旋至刑錢幕友處
一坐 申正 核科房批稿 燈後小睡片刻 寫對聯五付 核溫
古文雜識類 三十四葉 以顯習之文 縮誦一遍而已 二更四點睡

二十五六日

早飯後清理文件 堂見之客四次 立見者二次 旋坐曹審案十二
起 核秋審題稿 無起書一緩字或實字 不能細閱也 午初
閱漢書 傅靳周傳 張周趙任申屠傳 中飯後華 凡十一葉
閱本日文件 核秋審題本 申正 核科房批稿 燈後又核
秋審題本 旋又核二本 二更後閱古文雜識類 二十葉 是
日 孫兒元七又病 殊為焦悶

早飯後清理文件，會見之客一次，立見者一次。核秋審本。辰正李雨亭到此久談，渠將赴山西撫任，由此經過也。巳正會見之客一次。圍棋。閱漢書鄭陸朱安耕孫傳、淮南厲王傳。中飯後筆凡六葉。閱本日文件。未正至雨亭處回拜，久談。申正歸。核科房批稿簿。傍夕畢。小睡片刻。圍棋。閱古文奏議類。二更四點睡。

二十六日

早飯後清理文件，會見之客三次，立見者一次。王霞軒談最久。旋拜發湖南萬壽賀本。小睡片刻。巳初三刻寫澄、沅兩弟信，左葉約六百字。摺差六月初十日過此，聞今已十八日，尚未出京，過此回湘。余久未寄兩弟信，殊愧歉也。午初寫畢。閱漢書淮南王安傳。午正請李雨亭、陳作梅中飯，申初散。閱本日文件。閱衡山王、濟北貞王傳。狂風驟雨，折樹撼壁，約一時餘乃息。核科房批稿各簿。疲倦殊甚，搔頭小睡。圍棋。閱古文奏議類。季介甫

夕二首，二十一葉。二更四點睡。念余生平雖頗好看書，總不免
好名好勝之見參預其間，是以無孟子深造自得一章之味，
無杜元凱優柔饜飫一段之趣，故到老而無一書可恃，
無一事有成。今雖衰暮，當從敬靜純淡四字上痛
加工夫，縱不能如孟子、元凱之所云，但養得胸中一種恬
靜書味，亦稍足自適矣。

二十九日

早飯後清理文件，坐見之客四起，立見者一起。司道及紳士兩起
談甚久。辰正至箭道看箭，倦甚，小睡良久。巳正二刻閱漢書
蒯伍江充傳十五葉。中飯後閱本日文件。申刻王霞軒來
久談，大半時。申正二刻核批稿各簿。傍夕小睡。核閱奏議筆
子三葉。渴睡殊甚。二更四點睡。

三十日

早飯後清理文件，坐見之客四次，傳振邦星軒坐最久。小睡片刻。改

行稿一件批稿一件巳正二刻詣閣潘文息夫彭侍万君

等傳文三至傳凡廿六葉中飯後至閣本日文件改行稿二件

李雨亭來久坐申正核科房批稿來至王曉蓮自天津來一函第府一談

久坐將批稿簿冊核畢傍夕小睡檢閱東坡制科對策

日人送來朱伯韓詩文集將文集瀏覽一遍二更四點睡